Winter ▪ Puchalla

Sprechsport mit Aussprache-, Ausdauer- und Auftrittstraining

Georg Winter ▪ Dagmar Puchalla

Sprechsport

mit Aussprache-, Ausdauer- und Auftrittstraining

BELTZ

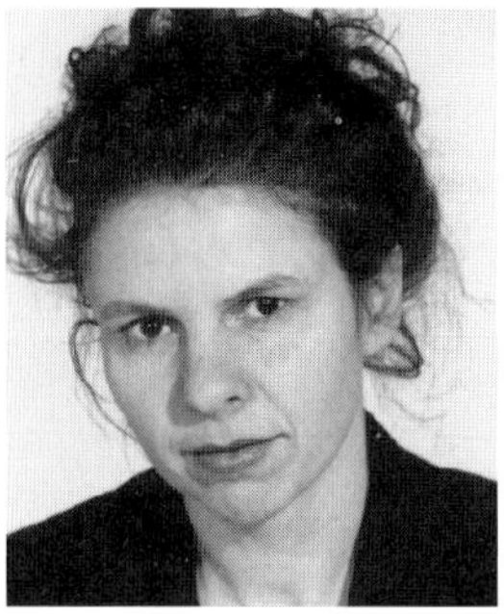

© Studio H, Hamburg

Dagmar Puchalla ist Theaterwissenschaftlerin, Schauspielerin, Sprecherin und Sprecherzieherin. Sie ist wissenschaftliche Mitarbeiterin und Fachkoordinatorin für die Sprecherziehung an der Leuphana-Universität in Lüneburg und Lehrbeauftragte an der Hochschule für Musik und Theater in Hamburg. Viele Jahre lehrte sie Schauspiel und Sprecherziehung an der Stage School of Music, Dance and Drama. Zudem ist sie Autorin zweisprachiger Bücher (Langenscheidt-Verlag), schrieb Drehbücher für die Sesamstraße und Geschichten für das Deutsche Museum, München.

Dr. Georg Winter, Jurist und Pionier des Sprechsports, wurde 2006 bei Thomas Gottschalk in »Wetten, dass ...?« mit seinen Zungenbrechern Wettkönig und gilt gegenwärtig als Deutschlands schnellster Sprecher.
Durch die Veranstaltung von Sprechsport-Meisterschaften, sein Buch und seine Hörbuch-CD »Zungenbrecher« sowie durch zahlreiche Fernsehauftritte initiierte er die Sprechsport-Bewegung. Seine Lyrik fand Aufnahme in die »Frankfurter Anthologie« der Frankfurter Allgemeinen Zeitung. Für die Erfindung und internationale Verbreitung umweltorientierter Managementsysteme erhielt der Unternehmer 1995 den Deutschen Umweltpreis. 1998 gründete er in Hamburg das HAUS DER ZUKUNFT, Kompetenzzentrum für Wirtschaft und Umwelt.

Lektorat: Ingeborg Sachsenmeier

www.beltz.de
Satz und Herstellung: Nancy Püschel
Druck: Beltz Druckpartner, Hemsbach
Umschlaggestaltung: glas ag, Seeheim-Jugenheim
Umschlagabbildung: © Robert Lehmann, Fotolia.com
Zeichnungen: Constanze Keuter, Lüneburg
Printed in Germany

ISBN 978-3-407-36506-4

INHALTSVERZEICHNIS

05 Die Sprechsport-Stationen

06 Training der Artikulation: Lautgriff und Lautstärke – die Konsonanten

07 Training der Artikulation: Form und Vollendung – die Vokale

Anmerkung 1: Dagmar Puchalla verfasste den didaktischen Text dieses Buches. Von Dr. Georg Winter stammen die Idee des Sprechsports, der Anstoß zu diesem Buch sowie sämtliche Zungenbrechergedichte. Diese werden zum großen Teil hier erstmalig veröffentlicht.

Anmerkung 2: Der Einfachheit halber wurde in diesem Buch darauf verzichtet, die weibliche und die männliche Form zu benutzen. Dies soll selbstverständlich niemanden diskriminieren oder ausschließen – es sind immer beide Geschlechter gemeint!

01
Einblicke

SPRECHSPORT

Georg Winter

Im September 2006 wurde ich zur Fernsehsendung »Wetten, dass…?« mit Thomas Gottschalk eingeladen. Ich wettete, dass ich sieben meiner selbst geschriebenen besonders schwierigen Zungenbrecher fehlerfrei innerhalb von 60 Sekunden aufsagen könnte. Nachdem das Abspielen meines Vortrags in Zeitlupe bestätigt hatte, dass mir kein Fehler unterlaufen war, wurde ich mit großem Abstand zum Wettkönig gewählt. Die Zuschauer hatten nicht nur Spaß an der puren Sprechgeschwindigkeit, sondern ebenso an den Zungenbrechern selbst, deren Inhalte sie erst beim Abspielen in Zeitlupe verstehen konnten. Die Häufung ähnlicher Laute, der Wechsel zwischen den Rhythmen, lustige und auf Pointen hinsteuernde Inhalte und die lautmalerische Wortwahl der Zungenbrechergedichte taten ihre Wirkung. War das Hochgeschwindigkeitssprechen eine Art Leistungssport, so dienten meine Zungenbrecher als Sportgeräte, an denen der Sprechsport sich entfalten konnte.

Sprechsport – ein Volkssport?

Von diesem Zeitpunkt an erhielt ich viele Einladungen zu verschiedenen Fernseh- und Rundfunksendungen. Ich stellte bald fest, dass auch Kinder und Jugendliche vom Schnellsprechen witziger Zungenbrecher begeistert waren. So entdeckte ich die Chance, durch den von mir ins Leben gerufenen »Sprechsport« besonders junge Menschen dafür zu gewinnen, das Sprechen mit sportlichen Methoden zu trainieren.

Ich stellte mir daraufhin folgende Fragen: Wie könnte es möglich sein, den Sprechsport zu einem »Volkssport« zu entwickeln? Lassen sich sportartspezifische und sportartübergreifende Trainingsmethoden auf das Sprechen übertragen? Könnten nicht typische Wettbewerbs- und Spielformen des Sports vorbildlich für ein Sprechtraining werden? Könnte nicht der Spaß an Leistungssteigerung, an spannendem Wettbewerb, an kameradschaftlichem Zusammenhalt und an einer sportlichen Szene das Trainieren des Sprechens für viele Menschen äußerst attraktiv machen?

Erste Sprechsport-Meisterschaften

Nach Fernsehauftritten in Deutschland und Österreich initiierte ich die erste schulinterne Sprechsport-Meisterschaft. Sie fand 2007 im Hamburger Christianeum statt. Im gesamten Gymnasium breitete sich das Sprechsport-Fieber aus. Bei Vorbereitung und Durchführung der Sprechsport-Meisterschaft leistete die erfahrene und engagierte Oberstufenkoordinatorin für deutsche Sprache am Christianeum, Susanne Jorzick, sehr kreative und effektive Arbeit. Mit dem NDR-Fernsehen als Medienpartner wurde dann vier Monate später eine norddeutsche Sprechsport-Meisterschaft ausgetragen, an der sich insgesamt 23 Klassenteams aus Bremen, Hamburg, Mecklenburg-Vorpommern, Niedersachsen und Schleswig-Holstein beteiligten. Die Organisation lag in den Händen von Dr. Katrin Wippich-Rohacek, die Öffentlichkeitsarbeit bei Johannes Freudewald. Die Leistungen der Kinder und Jugendlichen waren zum Teil frappierend, und das Publikum tobte vor Begeisterung.

Die Disziplinen der Sprechsport-Meisterschaft

Schneller Vortrag
Ausdrucksstarker Vortrag
Chorischer Vortrag
Erfinden von Zungenbrechern und deren Vortrag

Selbst bei der Disziplin »Schneller Vortrag« ist die Geschwindigkeit nicht ausschließlicher Zweck, ja nicht einmal oberster Zweck. Die hohe Sprechgeschwindigkeit lässt sich nur durch das gründliche Training all jener Sprechfunktionen erreichen, die auch beim normalen beziehungsweise »guten« Sprechen genutzt werden. Geschwindigkeitswettbewerbe gehören jedoch zu den besten Methoden, bereits Kinder zum Sprechtraining zu motivieren.

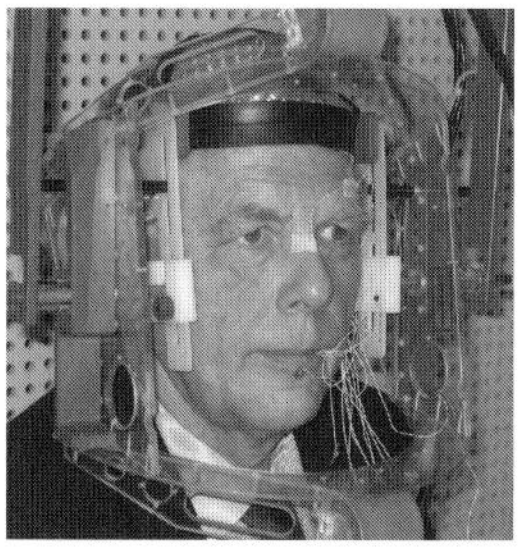

Dr. Georg Winter bei der Geschwindigkeitsmessung des ZAS

Sprechsport und Wissenschaft

Sprechsport wird seitdem vermehrt Gegenstand von Wissenschaft und Lehre. Am Universitätsklinikum Hamburg-Eppendorf führte Professor Dr. Markus Hess eine Sonde durch meine Nase, um Video-Dateien zur Funktion der Stimmlippen bei Extrembelastung zu erstellen. Am Zentrum für Allgemeine Sprachwissenschaft (ZAS) in Berlin wurde im Phonetik-Labor eine elektromagnetische Artikulographie (EMA) durchgeführt. In einer 2010 erschienenen wissenschaftlichen Veröffentlichung stellen die Forscher unter anderem fest, dass in der ihnen bekannten wissenschaftlichen Literatur von einer vergleichbaren Sprechgeschwindigkeit bisher nicht berichtet wurde: »Georg Winter is the fastest Speaker of German in Germany (if not in the world) of whome we are currently aware and who has been reported« (Jannedy/Fuchs/Weirich 2010, S. 227).

Wie ich auf den Sprechsport kam

Immer wieder wurde ich gefragt, wie ich diese Fähigkeit erlangt habe. Im Alter von zwölf Jahren wurde ich von meiner Volksschullehrerin, Frau Höffler, zum Sprechunterricht geschickt, da ich lispelte. Einmal in der Woche fuhr ich in die Hamburger Innenstadt zu einer Sprachschule, deren Leiterin Hannah Jürgensen mich unterrichtete. Hier trainierte ich Zungenbrecher, die mir so viel Spaß machten, dass ich schließlich selbst begann, Zungenbrecher zu schreiben.

Bei der Konzertpianistin Ina Krieger lernte ich eine Geschwindigkeits- und Raffungstechnik für das Klavier kennen, die ich intuitiv auf meine Zungenbewegungen übertrug. Im Alltag sprach ich schon damals mit normaler Geschwindigkeit. Aber am Schnellsprechen meiner Zungenbrecher empfand ich eine geradezu sportliche Lust – wie am Tischtennis und später Tennis, Sportarten, die ich im Verein trainierte.

Helmut Laue, ein damals bekannter Konzert- und Oratoriensänger, bildete mich Jahre später in Gesang aus. Atemtechnik, Sitz der Stimme, Lockerung des Zwerchfells, Artikulation und Akzentuierung – all das war Gegenstand meines mehrjährigen Unterrichts, auf dessen Basis ich beinahe Gesang als Hauptberuf ergriffen hätte. Manche meiner heutigen Zungenbrecher sind deshalb von speziellen Stimmübungen aus dem Gesangsunterricht inspiriert.

Schon als Kind verehrte ich den Schauspieler Will Quadflieg. Als Quadflieg längst ein deutschlandweit berühmter Schauspieler war, nahm er weiter Sprechunterricht, um an seiner Technik zu feilen. Dieses unablässige Streben nach höchster Vollendung beeindruckt mich außerordentlich. Umgekehrt finde ich es traurig, wenn Menschen – vielleicht durch die Umstände gezwungen – ein ihnen gegebenes Entwicklungspotenzial ungenutzt lassen.

Die Zungenbrecher bilden nur einen Zweig meiner Gedichte, die ich bei verschiedenen Verlagen veröffentlichte. Ich habe nicht über all die Jahrzehnte mit der Stoppuhr darauf hingearbeitet, eine hohe Sprechgeschwindigkeit erzielen zu können. Vielmehr bin ich erst vor einigen Jahren auf die Außergewöhnlichkeit meiner Fähigkeit zum Hochgeschwindigkeitssprechen aufmerksam gemacht worden.

Entscheidend dürfte jedoch Folgendes sein: Indem ich beim Dichten von Zungenbrechern stets in deutlicher Sprache zahlreiche Varianten von Wörtern, Wortstellungen, Akzentuierungen, Rhythmen, Sprechmelodien, Geschwindigkeiten, Lautstärken ausprobiere, verwirkliche ich gleichzeitig einen Trainingsgrundsatz des Leistungssports: Die Variabilität der Übungen. Das häufige Wiederholen gleicher Texte in Maximalgeschwindigkeit muss sicherlich ergänzend hinzukommen. Als einzige Trainingsmethode birgt es jedoch die Gefahr, dass dem Gehirn bestimmte Bewegungsabläufe so einprogrammiert werden, dass sie sich später als Bremse einer möglichen weiteren Geschwindigkeitssteigerung erweisen. Dieses Phänomen ist im Leistungssport bekannt.

Sprechsport und Bildung

Als Unternehmer weiß ich, wie wichtig das Sprechen für den beruflichen Erfolg ist. Bei zahlreichen Bewerbungsgesprächen ist schlechtes Sprechen ein Knock-out-Kriterium. Auch die Chancen im persönlichen Umfeld werden durch mangelhaftes Sprechen verringert. Umgekehrt kann vom richtigen Wort – im richtigen Augenblick richtig gesprochen – das Glück eines ganzen Lebens abhängen. Die Entwicklung der sprachlichen Möglichkeiten sind wir uns und unseren Kindern schuldig. Außerdem bringt sie uns viel Spaß.

Es ist für mich eine große Freude, dass die Schauspielerin, Sprecherzieherin und Theaterwissenschaftlerin Dagmar Puchalla bereit war, die Idee des Sprechsports im universitären Lehrbetrieb zu verankern und mit Studierenden verschiedener Fachrichtungen praktische Erfahrungen für die Entwicklung einer Sprechsport-Didaktik zu gewinnen. Besonders dankbar bin ich ihr, dass sie ihre Erkenntnisse in diesem Buch zusammengefasst hat und ihre jahrzehntelange Unterrichtspraxis einfließen ließ.

Neben meiner Grundidee zum Sprechsport und meinen Erfahrungen mit den Sprechsport-Meisterschaften und aus sonstigen Sprechsport-Aktivitäten habe ich in dieses Buch meine Zungenbrecher-Gedichte als »Sportgeräte« eingebracht. Ein Großteil dieser Texte erscheint hier zum ersten Mal.

Loki Schmidt und der Sprechsport

Die Lehrerin, Botanikerin und Kanzlergattin Loki Schmidt, bei der ich in der Grundschule die erste Klasse besucht hatte, wurde auf meine Einladung hin Schirmherrin der ersten Sprechsport-Meisterschaft. Sie richtete an die Teilnehmer folgendes Grußwort:

> »Liebe Schülerinnen und Schüler der 23 Klassen aus Norddeutschland!
> Als alte Lehrerin von Herrn Dr. Georg Winter von vor beinahe 60 Jahren, die in all den Jahrzehnten nie die Verbindung zu ihrem alten Schüler verloren hat, freue ich mich, dass Sie heute Ihre Zungenfertigkeit bei dieser ersten Sprechsport-Meisterschaft unter Beweis stellen wollen. Leider kann ich persönlich nicht dabei sein, aber ich drücke Ihnen allen die Daumen und hoffe, dass Sie am heutigen Tage viel Spaß haben – und aber später auch merken, wie wichtig das gute Sprechen für Ihren Beruf und für Ihr ganzes Leben ist.«

Weitere Hinweise zum Autor finden Sie im Internet unter www.haus-der-zukunft-hamburg.de, Initiator, Literarische Aktivitäten sowie bei Google unter dem Stichwort »Sprechsport«.

WIE DER SPRECHSPORT ZU MIR KAM

Dagmar Puchalla

Begeistert von Sprache

Ich liebe das Lesen, das Eintauchen in fremde Welten war für mich unglaublich faszinierend. Auch das Theater hat mich von Kindheit an begeistert. Was für eine umwerfende Welt war das, die Sprache dabei so variabel, die Schauspieler so wunderbare Wortjongleure. Mein Berufsziel war klar.

Viele Jahre habe ich in München, Frankfurt, Bremen und Hamburg als Schauspielerin und Sprecherin gearbeitet. Nach einer weiteren Ausbildung war ich ab Mitte der 1990er-Jahre zusätzlich als Sprecherzieherin tätig. Ich trainierte Musicaldarsteller, Sänger und Schauspieler.

Als ich im Jahre 2004 begann, auch Menschen anderer Berufe und Studierende auszubilden, war ich überrascht: Warum wussten die Teilnehmer so wenig über den Atem, die Stimme und über das Sprechen? War dieses Wissen etwa nur Schauspielern und Sängern vorbehalten? Selbst Studenten waren praktisch unwissend. Ich dachte tatsächlich, Abiturienten sollten wenigstens grob etwas über diese elementaren Dinge wissen. Aber theoretische Kenntnisse waren vergessen, praktische nie erworben worden.

Nichts war hängen geblieben

Fast könnte man meinen, in einigen Bereichen sei sogar das Gegenteil der Fall: Vor dem Vorlesen zum Beispiel wollten sich die meisten nur allzu gerne drücken. Die Angst vor Fehlern ist groß, von Begeisterung keine Spur. Viele leiden unter Sprechangst, Angst zu ver*sagen* – dabei haben sie oft äußerst interessante Dinge mitzuteilen. Andere sprechen zu leise oder sehr undeutlich. Häufig werden sie dann von lauteren, be*stimmt*eren Menschen über*tönt*. Was ganz und gar nicht bedeutet, dass deren Beiträge interessanter sind.

Und kaum jemand konnte sich unter dem Fach mit dem Titel »Sprecherziehung« etwas vorstellen. Sollte man hier etwa »erzogen« werden? Und wozu? Man kann doch schließlich sprechen, wo war das Problem?

Äußerst überrascht waren dann die meisten Studierenden, denn das Sprechtraining eröffnete ihnen neue Perspektiven. Es veränderte ihr Verhältnis zur Sprache und für viele auch ihr Verhältnis zu sich selbst. Vor allem aber lernten sie, Freude am Vortrag zu entwickeln.

Auftritt des Zungenbrechermeisterschnellsprechers

Eines Tages klingelte mein Telefon. Am anderen Ende war Georg Winter. Eine Studentin namens Jennifer Diewald (heute Lehrerin) hatte den ausgezeichneten Impuls, uns zusammenzubringen. Von der Idee des Sprechsports und den originellen Übungstexten und Gedichten war ich sofort begeistert. Dabei waren Herr Winter und ich uns schnell einig darüber, dass Sprechen weit mehr ist als Sport. Natürlich genügen sportive Techniken ganz und gar nicht. Aber das Können gehört eben auch dazu. Wenn man etwas zu sagen hat, aber zu leise oder undeutlich ist, dann wird man eben nicht gehört. Eine gute Sprechtechnik kann also jedem helfen. Und das Sprechen ist durchaus trainierbar. – So willigte ich ein, das vorliegende Buch zu schreiben.

Nun galt es, eine Didaktik zu entwickeln. In Seminaren mit Studierenden verschiedener Fachbereiche erprobte ich Übungen und Übungsfolgen, die Entwicklungsschritte der Teilnehmenden wurden in Präsentationen überprüft, ihre Meinungen in einer Evaluation erfragt und ausgewertet.

Viele halfen mit

Im nächsten Schritt wurde Eckart Meyners, damaliger Leiter des Instituts für Spiel- und Bewegungserziehung an der Leuphana-Universität in Lüneburg, mit einbezogen. Er überprüfte und diskutierte mit mir die Möglichkeiten einer Verbindung zwischen Sport und Sprechen und war grundsätzlich unterstützend und beratend bei der Fertigstellung des Buchs tätig. Es wurde ein äußerst interessanter und kreativer Austausch, für den ich sehr dankbar bin.

Der Gesangspädagoge Andreas Giermek warf kritische Blicke auf meine zu Beginn noch unsortierten Ideen. Diskussionen mit der Kulturjournalistin und Tanzpädagogin Dagmar Ellen Fischer gaben weitere Anregungen. Die Bildungswissenschaftlerin Corinna Maria Dartenne diskutierte mit mir über Sinn und Unsinn mancher Formulierungen. All diese kollegialen Ratschläge, durch die ich unterstützt und vorangetrieben wurde, ebenso wie das Feedback und die unermüdlichen Fragen der Studierenden sowie der verständnisvolle Einsatz meiner Tochter Katharina, die mich an so manchen Wochenenden bekochte, haben meine Arbeit an diesem Buch unterstützt. Selbstverständlich bin ich für den Inhalt allein verantwortlich.

Neben den vielen neuen und einigen bereits veröffentlichten Gedichten finden Sie in unserem Buch auch eine Menge Sprechübungen. Wo diese nicht von mir stammen und ich deren Urheber kenne, habe ich ihn erwähnt. Manche Übungen habe ich verändert – auch dies mache ich kenntlich. Andere sind sozusagen Allgemeingut, sie tauchen fast überall auf, wo das Sprechen trainiert wird.

Besonders für Lehrkräfte, Trainer, Pädagogen scheint es mir wichtig zu sein, über die eigene Sprechweise zu reflektieren – nicht nur für das eigene Wohlbefinden, sondern auch in ihrer Funktion als Vorbild. Im nächsten Schritt kann man dann sowohl mit einzelnen Übungen zu verschiedenen Themen als auch mit dem gesamten Trainingsprogramm aktiv die Teilnehmenden beziehungsweise Schüler unterstützen.

Abschließend möchte ich aus meiner persönlichen Erfahrung sagen, dass es mich immer wieder mit Zufriedenheit und Freude erfüllt, wenn ich große Hörsäle ohne Anstrengung problemlos akustisch füllen kann – und das hat nichts mit meinem ursprünglichen Beruf als Schauspielerin zu tun, sondern mit Training. Glauben Sie bitte nicht, dass Bühnendarsteller keine Angst vor öffentlichen Auftritten hätten, sie lernen einfach nur, mit ihr umzugehen. Und ganz gleichgültig, wie alt man ist, welchen Beruf man ausübt und was die privaten Interessen sind – jeder Mensch kann mit ein paar regelmäßigen Übungen, die auch noch Spaß machen und guttun, sein sprecherisches Können und seine Wirkung verbessern.

Das Grundlagenwerk zum Sprechsport

Das vorliegende Buch ist als Grundlagenlehrbuch gedacht und soll möglichst viele Diskussionen zum Thema anregen.

Hinweis: Die Übungen dieses Buchs richten sich an gesunde Menschen jeden Alters mit und ohne Vorkenntnisse. Bei stimmlichen Problemen und Beschwerden wie häufiger Heiserkeit oder vermehrtem Räusperbedürfnis raten wir Ihnen, einen Facharzt (Phoniater) zurate zu ziehen. Heiserkeit oder ein häufig auftretendes Räusperbedürfnis kann zum Beispiel die Folge von erhöhter Magensäureproduktion oder auch Knötchenbildung auf den Stimmlippen sein, die auf eine falsche stimmliche Belastung zurückgeht. Sie können dann mithilfe des Buchs zusätzlich zu einer Behandlung trainieren.

SPRECHEN – EIN SPORT!

Eckart Meyners und Dagmar Puchalla

Sprechsport ist neu!

Wenn man ein Buch über Sprechsport schreiben möchte, ist es erst einmal nötig, sich mit dem Begriff »Sprechsport« auseinanderzusetzen. Schließlich existiert er bisher in unserem Sprachgebrauch nicht.

Was bedeutet »Sport«?

Unter dem Begriff »Sport« versteht ein Sportwissenschaftler den Bewegungsbereich, welchen man nach international festgelegten Regeln betreibt, um sich mit anderen Menschen zu messen und einen Titel oder eine Medaille zu gewinnen. Diese Sichtweise kann auf das Sprechen schwer übertragen werden, weil Sprachen international nicht identisch sind. Sprechsport-Wettbewerbe werden typischerweise in einer bestimmten Sprache ausgetragen. Aber möglicherweise kann man Parameter entwickeln, die sogar einen internationalen Vergleich ermöglichen. National ist ein Wettbewerb allerdings durchführbar.

Um eine Sprechsport-Leistung objektiv messen zu können, werden beim Sprechen bestimmte Regeln und Kriterien festgelegt. Darin enthalten sind grundlegende Fähigkeiten des Sprechenden, wie zum Beispiel die korrekte Atmung und präzise Lautbildung, die eine wesentliche Grundlage im Sprechsport darstellen. Schließlich kann man sich mit anderen in unterschiedlichen Disziplinen des Sprechens (wie zum Beispiel im schnellen oder ausdrucksstarken Sprechen) messen und an Sprechsport-Wettkämpfen teilnehmen. Die Entscheidung fällt schließlich eine Jury nach festgelegten Regeln.

Leistungssport oder persönliche Fitness

In der Umgangssprache verbindet man mit dem Begriff »Sport« häufig ganz andere Inhalte und Ziele als einen Wettbewerb. Menschen treiben aus völlig unterschiedlichen Beweggründen Sport. Einige streben zwar den Vergleich mit anderen Menschen an. Andere hingegen wollen nur sich selbst, zum Beispiel in ihrer Kondition, verbessern. Letztere vergleichen sich also nur mit sich selbst: Sie interessieren sich hierbei überwiegend für die subjektiv erlebte Leistung und ihre persönliche Entwicklung. Auf den Sprechsport übertragen bedeutet das: Der Mensch stellt zu einer bestimmten Zeit fest, was er mit seiner Sprache und dem Sprechen zu leisten imstande ist. Und dann versucht er, diesen Zustand zu verbessern.

Im Sprechsport gewinnt man also zusätzliche Fähigkeiten und Fertigkeiten. Man möchte sich dabei nicht zwangsläufig mit anderen messen, sondern für sich selbst eine neue Qualität des Sprechens entwickeln, um die eigene Kommunikationsfähigkeit zu verbessern.

Es kann also im Sprechsport wie im Sport sowohl um die objektiv messbare als auch um die subjektiv empfundene Leistung gehen.

Die Sprechsport-Disziplinen helfen in Alltagssituationen

Ein weiteres Kennzeichen des Sports ist die Aufteilung in Sportarten beziehungsweise Sportdisziplinen. Hier kann ebenfalls eine Parallele zum Sprechsport hergestellt werden. Der Sprechsport wird in unterschiedlichen Stationen trainiert, und man bereitet sich damit auf die verschiedenen Disziplinen des Wettkampfs vor. So geht es einmal um das deutliche und kraftvolle, dann um das schnelle, das rhythmische, das chorische oder das ausdrucksstarke Sprechen.

Die unterschiedlichen Elemente des Sprechsports haben grundsätzlich in alltäglichen Lebenssituationen Bedeutung. Generell soll ein Gesprächspartner ja schon im akustischen Sinne verstehen, was der andere mitteilen möchte. Dazu ist es notwendig, sich deutlich zu artikulieren. Manchmal muss man besonders laut sprechen, beispielsweise wenn Außengeräusche stören oder die Gruppe der Zuhörer groß oder unruhig ist. Das schnelle Sprechen bei Aufrechterhaltung der Verständlichkeit ist in bestimmten Situationen relevant, wenn man zum Beispiel unter Zeitdruck Informationen weitergeben oder einen Vortrag vielfältig gestalten möchte.

Es gibt viele Beweggründe für (Sprech-)Sport

Sport wird von vielen Menschen betrieben, um *soziale Kontakte* zu pflegen. Man hat Spaß daran, sich mit anderen gemeinsam oder gleichzeitig zu bewegen. In diesem Sinne kann beim Sprechsport-Training in einer Gruppe das »Um-die-Wette-Sprechen« als Gemeinschaftserlebnis im Mittelpunkt stehen.

Sport kann aus *Gesundheitsgründen* ausgeübt werden. Das ist beim Sprechsport ebenso der Fall. Denn das gesunde Sprechen ist ein wesentliches Ziel des Trainings. Atem- und Haltungsübungen verbessern unter anderem den Sauerstoffhaushalt, das Körpergefühl, die allgemeine Gesundheit und den Umgang mit Stress. Der Sprechsport hat somit gesundheitliche Wirkung sowohl im vorbeugenden (prophylaktischen) als auch im behandelnden (therapeutischen) Sinne.

Sprechsport kann zudem unter der *adaptiven Sinngebung* (Anpassung des Körpers an erhöhte Herausforderungen) verstanden werden: Jemand betreibt Sprechsport, weil es zu einer körperlichen Leistungssteigerung und einer Verbesserung der Kondition führt. Für Menschen, die viel sprechen (müssen), und das vielleicht sogar vor großen Gruppen, ist das Vielsprechen durchaus vergleichbar mit einem Marathonlauf.

Zusätzlich kann Sprechsport – wie der Sport generell – eine *kompensatorische Sinngebung* verfolgen: Menschen, die Berufe ausüben, in denen die Kommunikation mit anderen eher selten ist oder Schwierigkeiten bereitet, können Sprechsport betreiben, um wieder kommunikative Wesen zu werden.

Der Begriff des Sports lässt sich also problemlos auf ein Training des Sprechens übertragen.

WARUM SPRECHSPORT?

Kommunikative Kompetenzen sind Schlüsselkompetenzen!

Vorträge halten, überzeugen, präsentieren, Gespräche führen oder moderieren sind wichtige Bestandteile des modernen Berufslebens. Natürlich sollte man auch mit Stress gut umgehen können und zudem möglichst fit sein, um seine Leistungsfähigkeit lange zu erhalten. Auch teamfähig sollte man sein. Ach ja, und kreativ.

So weit die Ansprüche – neben den fachlichen Kompetenzen: ein guter, präsenter, angenehmer Auftritt, stressfrei, gelassen, kommunikativ, kreativ, innovativ, flexibel, leistungsstark. »Relevant sind heute, egal ob bei Frau oder Mann: Spezialwissen, Sprachkenntnisse, Netzwerkpflege und die äußere, möglichst souveräne Erscheinung« (Weidner 2005, S. 84).

Aber ausgebildet wird man für einen so souveränen Auftritt in unserem Bildungssystem kaum.

Unzählige Ratgeber für eine gelungene Präsentation, für Rhetorik und Körpersprache sind deshalb käuflich zu erwerben. In zahlreichen Büchern und Zeitschriften gibt es Tipps – manchmal fällt eine Umsetzung allerdings schwer.

Das folgende Beispiel erschien in der Zeitschrift »Maxi« im November 2009 (S. 139): »Sprechen – Vor allem langsam!« [...] »Sprechen Sie nicht zu leise, und trauen Sie sich, Schärfe in die Stimme zu legen, auch wenn es nicht schön klingt.«

Obwohl sie Sprechangst, Stimm- oder Sprechstörungen aufweisen, kommen viele Menschen gar nicht auf die Idee, in diesem Bereich etwas für sich zu tun. Sie wissen zu wenig über die vielfältigen Möglichkeiten, verdrängen das Thema oder glauben, dass sie nicht geboren sind für »Auftritte«.

Die meisten Menschen wissen nur sehr wenig über die Möglichkeit und die Wirkungen eines Sprechtrainings.

Viele wissen nicht einmal, dass man überhaupt etwas an der eigenen Stimme und Sprechweise ändern kann. Andere finden ihre Stimme und Sprechweise ganz in Ordnung – bis sie sich auf einem Tonträger hören. Die meisten Menschen sind schockiert, weil sie dann sehr fremd klingen. Aber so nimmt uns die Umgebung möglicherweise wahr! Wir klingen für uns selbst anders als für unsere Mitmenschen. Das liegt daran, dass wir die Innenresonanz unseres Körpers stärker wahrnehmen als Außenstehende.

Experiment: »Innenresonanz«

Probieren Sie doch bitte einmal folgendes Experiment aus: Verschließen Sie Ihre Ohren mit den Fingern, sodass Sie keinerlei Außengeräusche mehr wahrnehmen. Dann zählen Sie von eins bis zehn. Sie werden feststellen, dass Sie sich über die Innenohrresonanz noch sehr gut hören können. Wie klingt Ihre Stimme? Sicherlich anders, als wenn die Außenwahrnehmung hinzukommt. Wenn Sie hingegen Ihre Ohren mit den Händen wie Elefantenohren vom Kopf weg nach vorne hin leicht vorklappen und noch einmal zählen, dann hören Sie sich selbst schon eher so, wie Sie für andere klingen.

Schön aussehen wollen wir – aber wie wir klingen, ist uns anscheinend einerlei. Dabei hat es sicherlich eine größere und nachhaltigere Wirkung auf die meisten Gesprächspartner als ein neues Paar Schuhe.

Eine volle Stimme suggeriert Klarheit und Souveränität, eine piepsige hingegen Unsicherheit und Schutzbedürfnis

Es gibt allerdings leider auch Menschen, die Vorurteile haben. Besonders weh tut es, wenn es sich dabei um die eigene Familie handelt. So kommentierte eine Mutter, deren Tochter auf dem Weg war, eine klangvollere Stimme zu bekommen, die Fortschritte mit: »Du klingst ja wie ein Mann!« Klischees beherrschen uns offenbar weit stärker, als wir glauben: Frauen sollen eine höhere Stimme haben und nicht wie Männer klingen. Gleichzeitig wissen wir, dass »frau« dann nicht mehr so richtig ernst genommen wird.

Bitte verstehen Sie das nicht falsch, es geht ganz und gar nicht darum, eine möglichst tiefe Stimme zu bekommen, sondern eine gesunde und klangvolle Stimme. Ärzte und Stimmtherapeuten weisen immer häufiger darauf hin, dass ungesunde überhöhte Stimmen bei Frauen – und nicht nur bei Frauen – zunehmen (Waldersee 2008, S. 9–12). Eine ungesunde und nicht gut funktionierende Stimme ist aber eine elementare Beschneidung unserer Persönlichkeit.

Dennoch halten es manche Menschen für verschwendete Zeit, sich mit dem Sprechen zu beschäftigen. Schließlich kann man doch sprechen genauso gut wie laufen. Dem wollen wir entgegenhalten: Sie können lernen, bewusster mit Elementen des Sprechens umzugehen. Vielleicht nur, um sich besser zu fühlen, oder weil es Spaß macht, weil es möglicherweise für »einen längeren

Atem sorgt«, weil man vielleicht nebenbei sogar etwas gegen Rückenschmerzen tun kann und weil man zudem lernt, mit Stress und Lampenfieber lockerer umzugehen!

Stress lass nach!

Wir sind verstimmt, in schlechter Stimmung sozusagen, es stimmt etwas nicht mit uns.

Seit seiner Namengebung durch den Mediziner, Philosophen und Naturwissenschaftler Hans Selye in den 1950er-Jahren ist er in fast aller Munde: der Stress. Viele Krankheiten entstehen durch Stress: Bluthochdruck, Magengeschwüre, Depression, Burnout, Immunschwäche, Impotenz, Zelltod, Krebs. Gegen Stress sollte und kann man etwas tun. Dass dieser Stress schädlich ist, ist jedem bekannt – vielen aus eigener Erfahrung. Die vorherrschende Konkurrenzsituation (lat. concurrere – zusammenlaufen) ist oft ein hartes Gegeneinander in unserer Leistungs- und Konsumgesellschaft, genau genommen ist die Konkurrenz eines ihrer Hauptmerkmale. Da kann ein anderer Mensch schnell zu einer Bedrohung per se werden – und als Zuhörer oder Gesprächspartner zum Stressauslöser.

Wenn Professor Ockel feststellt: »Der Einfluss der Leistungsgesellschaft scheint tendenziell eher ein ›verstimmtes Instrument‹ zu erzeugen« (2000, S. 17), so weist er damit auf die Zusammenhänge zwischen Stress, Körper und der Stimme hin.

Die Stimmung einer Person wird für andere schnell hörbar in der Stimme. Das ist doch eine sehr interessante Angelegenheit! Die Stimme ist also wie ein Barometer! Wenn jemand anruft, ahnt man die Stimmung oft schon am Tonfall. Aber die wenigsten Menschen wissen, warum das so ist.

> Dass wir sowohl unsere Gesundheit als auch den Umgang mit Stress und anderen »negativen« Emotionen durch Bewegung, durch Sport verbessern können, ist eine wissenschaftlich längst belegte Tatsache.

Der Wissenschaftsjournalist Jörg Blech hat in seinem Buch »Heilen durch Bewegung« (2007) die Ergebnisse verschiedener weltweit durchgeführter Studien zu diesem Thema zusammengefasst: Bewegung baut Stress ab! Bewegung beugt Krankheiten vor! Bewegung kann vorhandene Krankheiten heilen! Bewegung macht glücklich und schützt vor Depressionen! Bewegung trainiert neben Muskeln, Herz (das Herz *ist* ein Muskel) und Kreislauf auch die Denk- und Lernfähigkeit (vgl. auch Hannaford 1996)! Es bilden sich gar neue Nervenzellen!

Was die wenigsten wissen, ist, dass all das zusammenhängt: Körperhaltung, Beweglichkeit, Gefühle, Atmung, Stimmgebung sowie das Sprechen – alles beeinflusst sich gegenseitig.

Bewegung hält jung – jung im Körper und jung im Kopf. Und Sprechen ist Bewegung!

Unzählige Muskeln sind beim Sprechen direkt oder indirekt beteiligt. Ein Körper-, Atem-, Stimm- und Sprechtraining sorgt also nicht nur für besseres Sprechen, sondern auch für mehr Gesundheit, Beweglichkeit und Entspannung. »Gutes Sprechen« ist also keine Schönsprecherei, sondern Fitness pur!

Aber nichts ist schwerer, als eine Gewohnheit zu ändern, darum ist es nicht verwunderlich, wenn zum Beispiel in einer Umfrage der Illustrierten »Men's Health« im März 2009 84 Prozent der Befragten angaben, sie würden sich gerne mehr bewegen (Men's Health, 3/2009, S. 48). Aber sie schaffen es nicht. Besonders in jungen Jahren prägt sich so manches ein, was dann später äußerst schwer wieder loszuwerden ist.

Lernen ein Leben lang

Natürlich können wir ein Leben lang lernen und umdenken, diese Fähigkeit besitzen wir durchaus! Darum kann man jederzeit auch mit Sprechsport beginnen. Es ist vielleicht nur schwerer, wenn wir etwas in unserem alltäglichen Verhalten ändern wollen, etwas so Elementares wie das Sprechen oder die Körperhaltung oder regelmäßige Bewegung. Es ist schlichtweg einfacher, wenn man es von klein auf lernt.

Genau das wäre ein Grund, jeden Tag ein bisschen Entspannung, ein bisschen Bewegung, ein bisschen Sprechsport besonders in Schulen und Kindergärten, in Seminaren und in Unternehmen – aber natürlich auch zu Hause, beispielsweise mit den Kindern – zu trainieren. So kann man etwas Gutes für sich selbst und gleichzeitig für die Kinder tun. Mäßig, aber regelmäßig, damit es zu einer Gewohnheit wird, das ist wichtig für alle Beteiligten.

Mit all dem Wissen, das uns heute zur Verfügung steht, müsste so etwas längst im Bildungssystem weit verbreitet sein. Aber das Gegenteil ist leider der Fall. Nur in wenigen Schulen und Universitäten wird das Sprechen als solches gefördert.

Lehramtsstudium ohne »Sprecherziehung« – fatal!

Nun sollte man meinen, dass werdende Lehrkräfte – besonders für das Fach Deutsch – eine Art Sprechtechnik, mindestens aber die korrekte Lautbildung erlernen und beherrschen. Schließlich sollen sie das den Kindern auch beibringen. Außerdem müssen Lehrkräfte täglich stundenlang reden, und das bei einem mitunter recht hohen Lärmpegel um sie herum. Das ist äußerst anstrengend für die Stimme.

Eine konsequente Ausbildung dieses Könnens ist leider in den Studiengängen zum Lehramt wenig oder gar nicht vorgesehen – obwohl die gesellschaftlichen Anforderungen eigentlich in die entgegengesetzte Richtung weisen!

Nur in einigen Universitäten und Hochschulen taucht ein Fach wie die Sprecherziehung für Lehramtsstudierende überhaupt auf, und dann ist es oft nur ein kurzes Seminar – eine Ausbildung findet nicht (mehr) statt. Nicht mehr – denn das war bis vor nicht allzu langer Zeit noch anders.

Im Osten Deutschlands wurde bis zum Mauerfall das Fach Sprecherziehung auf sehr hohem Niveau an den Hochschulen und Universitäten gelehrt (Neuber 1999, S. 7). Lehrkräfte wurden auf ihre stimmliche Belastbarkeit hin untersucht und während des Studiums und sogar während ihrer späteren Tätigkeit betreut. Hier gab es kaum stimmliche Probleme. Dann wurde es – aus finanziellen Gründen – abgeschafft.

Auch im Westen wurde bis in die 1970er-Jahre hinein noch Wert darauf gelegt, dass Lehrkräfte korrektes Hochdeutsch sprechen. Damals musste manch ein Bewerber um einen Studienplatz sogar vorsingen. Die Stimme sollte selbstverständlich in Ordnung sein, wenn ein solcher Sprechberuf, wie es das Lehramt nun einmal ist, ausgeübt werden sollte. Aber irgendwann war damit Schluss. Verantwortlich ist möglicherweise die Reformpädagogik, »die sich Anfang der 1970er-Jahre der bizarren Idee auslieferte, die ›gute Sprache‹ sei nicht ein unerlässliches allgemeines Verständigungsmittel, das möglichst jeder besitzen sollte, sondern ein bürgerliches Herrschaftsinstrument – Literatursprache, Schriftsprache, überhaupt die Hochsprache kamen zeitweise in Verruf« (Zimmer 2008, S. 29).

Das »gute Sprechen« wurde kurzerhand abgeschafft, und die zukünftigen Pädagogen wurden fortan mit diesem Thema alleingelassen.

Damit wurde die einfachste Möglichkeit, jungen Menschen ein fehlerfreies und gesundes Sprechen beizubringen, kurzerhand aus dem Bildungssystem herauskatapultiert.

Aber damit nicht genug, viele Lehrkräfte haben heutzutage Stimmprobleme, sie füllen die Praxen der Stimm- und Sprechtherapeuten, und »44 Prozent der untersuchten Stimmen stellten sich als ›unter Unterrichtsbelastungen gefährdet‹ heraus« (Gutenberg/Pietzsch 2003).

Die Anforderungen dieses Berufs bezüglich der stimmlichen Belastung werden ganz offensichtlich massiv unterschätzt. »Ein Lehrer ohne Stimme ist wie ein Maurer ohne Kelle«, diagnostizierte denn auch lakonisch ein Bericht von Markus Schwandner im WDR am 3. März 2009. Der Bericht zeigt, wie fatal es ist, bei einer angehenden Lehrperson die Stimme und das Sprechen nicht zu schulen, obwohl sie den ganzen Tag über viel und relativ laut reden muss und dabei zudem als sprachliches Vorbild fungiert, ihre Zuhörer über die Stimme und Sprechweise in ihren Bann ziehen kann oder eben auch nicht. Der Mangel wird einfach als gegeben hingenommen, schlimmer noch: Er wird kaum mehr als Mangel erkannt (vgl. Nienkerke-Springer 1997, Hammann 2000).

Die Regierung in Unterfranken weist in ihrem Amtlichen Schulanzeiger immerhin auf die Möglichkeit einer Intensivbehandlung bei Sprach- und Stimmstörungen mit folgender Begründung hin: »Akute Stimmstörungen kommen bei Lehrern wie auch bei sonstigen Sprechberufen ungewöhnlich häufig vor« (Regierungsbezirk Unterfranken 8/2006, S. 203).

Ich persönlich finde das ganz und gar nicht ungewöhnlich. Denn: Lehramtsstudenten werden ebenso wie andere Sprechberufler weder auf ihre Stimmtauglichkeit hin überprüft noch darüber aufgeklärt und schon gar nicht darin ausgebildet.

Nachrückende Generationen bringen ihre Probleme schon mit in den Beruf – und das (fast) unbemerkt

An der Universität Leipzig untersuchte Sigrun Lemke (2006) Lehramtsstudierende und stellte fest, dass bereits mehr als 40 Prozent der überprüften Personen Stimm- und Sprechstörungen aufwiesen. Wir sprechen hier von fast der Hälfte aller Studenten! Diese Lehramtsstudierenden hatten aber noch nicht einmal begonnen, in Klassen mit durchschnittlich 30 Kindern zu unterrichten!

Die ungenügende Ausbildung in diesem Bereich hat nicht nur zur Folge, dass so manche Lehrkraft häufig heiser wird oder unter der Belastung leidet. Eine weitere Konsequenz ist, dass so mancher Laut falsch gebildet wird und die Ausspracheregeln der eigenen Muttersprache nicht beherrscht werden – von anderen rhetorischen Kompetenzen ganz zu schweigen.

Dadurch leiden Lehrer, Kinder und letztlich das gesamte Bildungssystem, denn das sprachliche Niveau wird auf eine niedrigere Stufe gezogen. Das wirkt sich in nächster Konsequenz auf alle Menschen aus, besonders aber auf Personen, die in ihrem Beruf viel sprechen müssen.

Diese Entwicklung setzt sich in den folgenden Generationen immer weiter fort, weil hierin nicht ausgebildete Lehrkräfte selbstverständlich niemanden mehr darin unterrichten können. Zum Teil hören sie sogar nicht einmal mehr, ob Kinder Sprechstörungen haben. So gab es beispielsweise den Fall einer Studentin des Fachs Deutsch, die das »Sch« nicht bilden konnte – ein sogenannter Schetismus. Sie war zudem nicht in der Lage, diesen Fehler bei anderen wahrzunehmen. Als sprachliche Vorbilder sind solche Lehrkräfte nur bedingt geeignet. Sie brauchen daher dringend Unterstützung.

Es herrscht ein starker Handlungsbedarf, auf den viele Wissenschaftler seit Jahren unermüdlich hinweisen. Trotzdem wird kaum Geld zur Verfügung gestellt. Die Folgen sind aber viel kostspieliger – zum Beispiel für das Gesundheitssystem (vgl. Gutzeit/Neubauer 2010, S. 26) –, als es sich viele vorstellen können. Notwendige Stimmtherapien, Unterrichtsausfall oder gar Frühpensionierungen sind die Folgen.

Es wird am falschen Ende gespart, nämlich am Anfang. Denn neben Folgekosten verursachen Stimmprobleme und Heiserkeit möglicherweise auch Unsicherheit, Stress, Unzufriedenheit und Leid.

Die Auswirkungen auf die nachwachsende Generation

In Ermangelung entsprechender sprachlicher Vorbilder haben die Schüler immer weniger Chancen auf eine gute und gesunde Sprechweise. Lehrkräfte sind aber möglicherweise die Einzigen, die es ihnen beibringen könnten! Und viele Kinder haben vielleicht Probleme mit dem Zuhören oder der Konzentration, weil sie die Lehrkraft akustisch nicht richtig verstehen – und nicht etwa, weil sie schlechte Zuhörer sind.

Ob Kinder ihre Lehrer akustisch verstehen, ob die Stimme angenehm ist, ob sie gerne zuhören – all das ist bisher kaum untersucht worden. Aber eines ist gewiss: Der Unterricht könnte durch ein rhetorisch geschulteres Lehrpersonal entscheidend gewinnen, und das für beide Seiten. Das Gleiche gilt für andere Berufe: Denn fest steht, dass die Art und Weise, wie ein Redner (also auch ein Lehrer) spricht, die Konzentrationsfähigkeit der Zuhörer maßgeblich mitbestimmt. Diese Erfahrung hat jeder Mensch in seinem Leben schon gemacht: Manchen hört man gerne zu, manchen eben nicht. Auf jeden Fall beeinflussen Stimme und Sprechweise die Gesprächssituation. Allerdings geschieht dies oft unbewusst.

Hirnforschung und Sprechen

Seit der Entdeckung von sogenannten Spiegelneuronen in allen Zentren des Gehirns ist durch die Forschungsergebnisse der Neurobiologen bestätigt, dass wir vieles durch Nachahmung lernen. »Stimmungen, Gefühle und Körperhaltungen: Vorsicht, Ansteckungsgefahr!«, schreibt der Freiburger Professor Joachim Bauer (2008, S. 11 f.).

Sprechen ist ansteckend! Und Sprechstörungen bei Kindern nehmen zu!

Unter der Leitung von Giacomo Rizzolatti entdeckte die Forschungsgruppe der Universität Parma in Italien diese Spiegelnervenzellen durch »Messfühler« (Caspary 2008, S. 40 f.). Diese Zellen werden schon aktiv, wenn man eine andere handelnde oder fühlende Person nur sieht. Wenn man also andere Menschen in ihrem Tun beobachtet, führt dies zu einer Art innerem Mitvollzug. Handlungen – und dazu zählt auch das Sprechen – werden ebenso abgeschaut, wie Stimmungen gespürt und übertragen werden.

Und so überrascht es nicht, wenn immer öfter Ärzte, Krankenschwestern und Logopäden darauf hinweisen, dass sich Sprechstörungen bei Kindern häufen. In der Zeitschrift LEO zu Sprache und Kommunikation an der TU Chemnitz erschien am 30.01.2007 folgender Bericht von Inga Göbel und Eva Rauls: »Sprachstörungen bei Kindern nehmen zu – frühzeitige Tests und Therapien können helfen, aber viele Eltern und Lehrer hören weg.« – Ich weiß nicht, ob Eltern und Lehrer tatsächlich weghören. Ich vermute eher, dass die meisten hinhören und auch helfen würden – wenn sie es wahrnehmen könnten und wüssten, was zu tun ist!

> Neben Sprach- und Sprechstörungen scheinen auch körperliche Defizite immer öfter und bei immer jüngeren Menschen aufzutauchen.

In Hamburg stellte die Sozialbehörde im März 2007 einen Bericht zur Kindergesundheit vor, dem zufolge vor allem Übergewicht, motorische Auffälligkeiten und Sprachstörungen zugenommen haben. Probleme in der Motorik haben sich in den letzten zehn Jahren gar verdoppelt (nachzulesen unter anderem in »Welt Online«, 23.03.2007). Phänomene wie Übergewicht, aber auch Magersucht und Bulimie – verzweifelte Versuche, einem von den Medien dirigierten Ideal zu entsprechen – zeichnen ein trauriges Bild von vielen (jungen) Menschen. Waren Haltungsschäden, Bandscheibenvorfälle, Rückenschmerzen in den 1980er- und 1990er-Jahren noch absolute Alterserscheinungen, so sind sie heute unter jungen Heranwachsenden weitverbreitet und werden unter den Studenten schon als normal betrachtet.

Für mich persönlich ist das eine äußerst erschreckende Entwicklung und das Schlimmste daran ist, dass sich die meisten dessen nicht bewusst sind.

Es herrscht offenbar eine immense Fremdbestimmung, unter anderem durch Werbung und Medien. Auch in Fremdbe*stimm*ung steckt übrigens das Wort Stimme, nur ist die Stimme der anderen, der Fremden, hierbei lauter als die eigene (innere) Stimme.

Besonders die Werbung versteht das Wissen um die Wirkung von Stimme und Sprache sehr gut für sich zu nutzen. Werbespots werden von ausgebildeten Schauspielern eingesprochen, oft in stundenlanger Feinarbeit. Zuschauer werden auf diese Weise massiv manipuliert. Und je weniger man über diese Zusammenhänge weiß, desto eher fällt man darauf herein.

Ein gesundes Gefühl für den eigenen Körper entwickeln

Der Körper und seine (Körper-)Sprache bilden eine Einheit mit dem Sprechen. Der nicht in Worte gefasste nonverbale Ausdruck des Menschen durch Körperhaltung, Gestik und Mimik ist vom Sprechen nicht zu trennen. »Sprachliche Bildung beginnt [...] nicht erst dann, wenn das Kind Worte beherrscht und erste Sätze formuliert. Zur Sprachförderung und sprachlichen Bildung gehören daher die differenzierte Wahrnehmung und Förderung auch der nonverbalen Ausdrucksformen [...]« (Zimmer/Vahle 2005, S. 7).

Rudolf Laban, einer der großen Bewegungsforscher des vergangenen Jahrhunderts (1879 bis 1958) forderte immer wieder ein grundlegendes Bewegungstraining in den Grundschulen. Es ging ihm um die Entdeckung dessen, was der Körper alles kann, und um die »Freude, sich schlechte Gewohnheiten abzugewöhnen und einen gesunden, schönen Körper zu entwickeln« (Friedmann 1993, S. 32). Seine »Bewegungserziehung« trainierte zudem die Konzentration, den Gleichgewichtssinn und die Zielorientierung. Es geht um das Erlebnis der anregenden »Kraft, die Bewegung auf den Geist ausübt« (ebd., S. 36). Man erlebt, dass Durchhaltevermögen und Ausdauer langfristig befriedigender sind als Bequemlichkeit. Und man lernt nebenbei zudem auch noch Strategien, wie man mit Stress umgehen kann.

All diese Themen sind auch im Sprechsport und in jeder Art von Sprechtraining zu finden

FASSEN WIR ZUSAMMEN: In der breiten Bevölkerung, unabhängig vom sozialen Status, gibt es kein oder wenig Wissen über das Thema Sprechen und seinen Zusammenhang mit der Gesundheit und Leistungsfähigkeit. Forschungsergebnisse sind nur wenigen bekannt. Im Bildungssystem findet das Thema wenig Beachtung. Lehrer werden diesbezüglich kaum auf ihren Berufsalltag vorbereitet. Nicht nur die Lehrer selbst, auch die Kinder tragen die Folgen. Gesellschaftliche Tendenzen wie Leistungsdruck, negativer Stress und Bewegungsmangel sind ungesund und wirken sich zudem negativ auf das Sprechen aus. Diese Entwicklung ist bemerkenswert und äußerst beunruhigend, leben wir doch in einer Gesellschaft, in der kommunikative Kompetenzen sehr gefragt sind.

Wir müssen Verantwortung übernehmen. Es liegt an uns Erwachsenen, interessante und wirkungsvolle Antworten auf Entwicklungen zu finden, die nicht gesund und gut sind für uns selbst und für unsere Kinder. Indem man für sich selbst sorgt, dient man als positives Vorbild, und man kann Verantwortung für seine Wirkung übernehmen. Man muss sich nicht überanstrengen und damit letztlich auch die Zuhörer quälen. Und man kann positive Erfahrungen zur Ermutigung an andere weitergeben.

Es liegt an uns, ob und wie wir Verantwortung übernehmen. Möglichkeiten gibt es genug. – Sprechsport soll eine Möglichkeit sein.

ZIELE UND INHALTE DES SPRECHSPORTS

Jeder gesunde Mensch besitzt die Fähigkeit, zu sprechen; die Tatsache, *dass* wir sprechen, ist genetisch vorprogrammiert und entwickelt sich scheinbar wie von selbst. Alle gesunden Babys sind in ihrem ersten Lebensjahr dazu in der Lage, sämtliche verschiedenen Laute einer beliebigen Sprache zu lernen. Sie sind darin Genies. Mit der Zeit spezialisieren sie sich dann immer mehr auf die Sprache der Mutter und ihrer Umgebung. Das Sprechen der »Muttersprache« wird so zur Selbstverständlichkeit.

Die Art und Weise, wie wir sprechen, ist allerdings abhängig von unserem sozialen Umfeld.

»Jeder hat den Eindruck, dass seine Art zu sprechen, zu gehen, sich zu verhalten, die einzige für ihn sei, ihm eigen und unveränderlich: er identifiziert sich mit ihr, glaubt, er sei so geboren. […] Stattdessen wird all das […] in einem langen Lernprozess erworben« (Feldenkrais 1992, S. 3). Das heißt, *wie* wir sprechen, ist im Wesentlichen erlernt.

Das Sprechen kann jederzeit trainiert werden

Das Sprechen muss also gefördert werden und entwickelt sich bestenfalls zu einer Fertigkeit. Selbstverständlich kann man diese Fertigkeit jederzeit trainieren, genauso wie das Laufen, das Schwimmen und andere Bewegungsabläufe. Und ein Training des Sprechvorgangs kann, wie jedes andere Training, eine grundsätzlich verändernde und verbessernde Entwicklung in Gang setzen.

Schauspieler und Sprecher trainieren das Atmen, die Stimme und das Sprechen. Es gehört zu ihrer Ausbildung und ihrem beruflichen Alltag. Ziel ist, auch die Zuschauer in der letzten Reihe akustisch zu erreichen und dabei variabel, flexibel und spielerisch mit der Sprache umgehen zu können. Wir können also an dieser Stelle festhalten, dass ein sprecherisch gut trainierter Schauspieler ein Spitzensportler auf dem Gebiet des Sprechens ist. Gut ausgebildete Schauspieler sind als mögliche Vorbilder im Sprechsport in Betracht zu ziehen – ähnlich wie ein Fußballstar nicht nur ein Vorbild für Nachwuchsfußballer ist.

Die Leitidee im Sprechsport ist: Sportive Elemente können dem Sprechen »Beine machen«, Sprechsport kann den Sport »beflügeln« – denn sportliche Leistungen können sich durch bewusste Atmung durchaus verbessern.

Sprechsport trainiert KÖRPERLICHE und GEISTIGE PRÄSENZ und vermindert so Sprechangst

Wenn man lernt, die Aufmerksamkeit für Momente auf Körpergeschehnisse zu lenken, trainiert man damit die Konzentrations- und Denkfähigkeit. Man wird körperlich und geistig präsenter, und das vermindert Angst.

Konzentration meint nicht Stirnrunzeln und Denkspannung, Zähne zusammenbeißen oder Anspannung in Schultern und Nacken. »Wenn Konzentration schmerzhaft, schwierig oder zu Stress wird, kann man es nicht länger Konzentration nennen«, schreibt der Bestsellerautor und Leiter verschiedener Sportzentren Timothy Gallwey (Gallwey/Kriegel 1977, S. 183). Es geht vielmehr um einen aufnahmebereiten, entspannten, interessierten Wachzustand. Dieses Bewusstsein beinhaltet neben dem Denken auch Körper- und Sinneswahrnehmungen. »Die Kunst der Konzentration zu entwickeln ist wahrscheinlich die praktischste und nützlichste Fähigkeit, die ein Mensch entwickeln kann« (ebd., S. 180).

Sprechsport trainiert ENTSPANNUNG ebenso wie SPANNKRAFT

Im Sprechsport kann man lernen, sich zu entspannen, im Gegenzug dazu aber auch eine gesunde muskuläre Spannkraft aufzubauen. Bereiche des Körpers, die sich zu sehr anstrengen, werden im Sprechsport entlastet, und Muskeln an den Stellen aufgebaut, wo es nötig ist für gutes Atmen und Sprechen. Man erfährt, wie Ausdruck den richtigen Nachdruck bekommt – ohne Druckgefühle im Hals. Und man entdeckt mit der Zeit, dass man problemlos immer länger sprechen kann – und dass man wie nebenbei auch mehr Aufmerksamkeit erhält.

Sprechsport fördert zudem den eigenen (Atem-)Rhythmus, und man kommt nicht mehr so leicht »aus der Puste«. Mithilfe von Atemübungen kann man anders mit Stress umgehen. Manche Studierende berichteten, dass sie nach Atemübungen besser einschlafen und endlich wieder durchschlafen konnten. Das macht so manches Schlafmittel überflüssig.

Sprechsport fördert GESUNDHEIT und FITNESS

Sprechsport trainiert Ausdauer und Kraft, also die Leistungsfähigkeit der Atemmuskulatur und damit die Kraft in der Körpermitte – die Rumpfmuskulatur. Sprechsport übt Koordination, Bewegungs- und Differenzierungsfertigkeiten nicht nur der Artikulation, sondern »ganzkörperlich«. Sprechsport erhöht durch die Verbindung von Atem-, Sprech- und Körperübungen die Sauerstoffzufuhr und wirkt Haltungsschäden entgegen. Sprechsport erweitert die Belastbarkeit des Skeletts und sorgt so für mehr Stabilität.

Atmen und Sprechen sind Muskeltätigkeiten. Selbst wenn man nur die Atemmuskulatur trainiert, verbessert sich bereits die gesamte Kondition, und es ist tatsächlich »bis zu 25 Prozent mehr Ausdauerleistung möglich«! Das sind die Ergebnisse der Untersuchungen des Schweizer Professors Urs Boutellier (nachzulesen bei nano online am 04.12.2002). »Das Atmungssystem hat einen viel stärkeren Einfluss auf unsere Leistungsfähigkeit als bisher angenommen. Und: mit einem regelmäßigen Atmungstraining können wir die Ausdauerleistung deutlich verbessern« (Wolf in »Fit for Life«, Dezember 2001, S. 64). Laut Boutellier soll Atemtraining übrigens auch gegen Schnarchen äußerst hilfreich sein.

»Endlich schnarchfrei dank Sprechsport.«

Sprechsport bietet Übungen für ein AUFWÄRMTRAINING an

Ein öffentlicher Auftritt ist oft eine Meisterleistung des Körpers, der Stimme und des Sprechens. Alle Zuhörer sollen verstehen, was gesagt wird. Alles soll optimal ausgedrückt werden über den Klang der Stimme, über die Art des Sprechens, über die Körpersprache. Der Akt des Sprechens kann so geradezu zum Leistungssport werden. Schauspieler »sprechen« sich deshalb in der Regel vor einem Auftritt »ein« – denn das ist »alles Muskelarbeit«, wird Klaus

Klawitter, Professor für Sprecherziehung an der Hochschule für Schauspielkunst Berlin, in der Tageszeitung »Welt« am 26.02.2004 zitiert (S. 28).

Durch aktive und passive, aber auch durch mentale Vorbereitung kann man seine Auftritte optimieren. Ein kleines Aufwärmprogramm, zum Beispiel vor einem Vortrag oder einer Prüfung, ist ebenso normal wie das Aufwärmen vor der Tanzperformance oder dem Fußballspiel. Das Ziel ist eine optimale und gesunde (Sprech-)Leistungsfähigkeit.

Sprechsport braucht DISZIPLIN

Zum Sport gehören natürlich auch Ausdauer und Disziplin, die Kunst der Selbstüberwindung. Denn es braucht Zeit, bis Muskeln aufgebaut werden. Niemand wird ein Weltklassesprecher, nur weil einen Zungenbrecher schnell aufsagen kann.

In einem Interview mit der Hamburger Tageszeitung »Morgenpost« (am 24.02.2010, S. 8) sagt der Rapper Sammy Deluxe: »Ich habe Tag und Nacht an meinen Reimen und meiner Technik gefeilt.«

Hilfreich ist es, ein klares Ziel zu haben, zum Beispiel einen gelungenen Auftritt. Mit Sprechsport sollte aber auch jeder einzelne Schritt interessant und abwechslungsreich sein, sodass man bereits weit vor einem Endziel erste Anwendungsmöglichkeiten entdecken und Teilerfolge erleben kann.

Dr. Georg Winter (r) begrüßt den Rap-Star Samy Deluxe als Gast bei der Sprechsport-Meisterschaft für norddeutsche Schulen

Sprechsport trainiert DEUTLICHKEIT

Die Laute einer Sprache werden durch Muskeln gebildet, im optimalen Fall sehr präzise. Die Deutlichkeit der Aussprache hängt vor allem von dieser Präzision ab. Je genauer die Sprechmuskeln arbeiten, desto plastischer wird die Sprache, desto deutlicher also. Und eine gute Artikulation ist zudem sehr unterstützend für einen guten und gesunden Stimmklang. Mithilfe einer präzisen Lautbildung entlasten wir das Stimmorgan und werden nicht nur deutlicher, sondern auch klangvoller und bei Bedarf lauter.

Sprechfehler, dialektale Einfärbungen und starke Dialekte, sogar Akzente können durch Artikulationsübungen verbessert werden. Natürlich sollen Dialekte hierbei ganz und gar nicht eliminiert werden. Es geht vielmehr um ein Bewusstsein dessen, was den Unterschied zwischen dem jeweiligen Dialekt und dem Hochdeutschen ausmacht. Erst dann kann man wählen.

Sprechsport vermittelt REGELN

Neben den Rechtschreib- gibt es auch Ausspracheregeln für die deutsche Sprache. Viele Menschen kennen der Begriff »Orthografie« – die Lehre von der Rechtschreibung. »Orthoepie« hingegen, die Lehre von der korrekten Aussprache, ist weitgehend unbekannt. Im Sprechsport trainiert man nach den Regeln der deutschen Hochlautung, also Hochdeutsch. »Eine einheitliche Ausspracheregelung ist für die gesprochene Form der deutschen Hoch- und Standardsprache unerlässlich. Sie gewährleistet eine einwandfreie Verständigung im gesamten deutschen Sprachgebiet und mit Menschen aller Schichten und Berufe« (Mangold 1990, im Vorwort).

Selbstverständlich geht es im Sprechsport nicht darum, »perfekt« oder gar »gekünstelt« zu sprechen. Aber damit das Sprechen im Sprechsport-Wettkampf überregional vergleichbar wird, gelten die Ausspracheregeln des Hochdeutschen, auch Standardlautung genannt. Zwar gibt es keine offizielle Instanz, die diese Standards festgelegt hat, wie es bei der Rechtschreibung der Fall ist; dennoch gelten die Werke der Wissenschaftler als maßgeblich und wurden vom Allgemeinen Deutschen Sprachverein anerkannt.

Seit dem ersten veröffentlichten Werk, damals noch speziell für das Theater notiert, der 1898 erschienenen »Deutschen Bühnenaussprache« des Professors Theodor Siebs, hat sich die grundsätzliche Regelung für die Aussprache nur an wenigen Stellen geändert. Im 1964 in Leipzig von einem Wissenschaftlerkollektiv in der damaligen DDR publizierten »Wörterbuch der deutschen

Aussprache« (letzte Aktualisierung 2009) und im 1962 erstmalig erschienenen Aussprachewörterbuch des Dudenverlags in der ehemaligen BRD (letzte aktualisierte Ausgabe 2005) wurden die von Siebs und seinen Mitarbeitern erstellten Regelungen aufgegriffen und der Zeit angepasst. 1969 erschien dann die 19. und letzte Auflage des Werks von Siebs, überarbeitet von den Herausgebern.

Die in diesen immer wieder aktualisierten Werken fixierte Ausspracheregelung ist die Basis für das Sprechsport-Training. Sie kommt der alltäglichen Sprechwirklichkeit relativ nahe, sie ist überregional, sie ist einheitlich und schriftnah – und sie wird in den (hauptsächlich öffentlich-rechtlichen) Medien, also bei *ausgebildeten* Schauspielern und Sprechern, genutzt (vgl. Mangold 1990, S. 29). Alle wichtigen Regeln, Besonderheiten und Ausnahmen finden Sie in den jeweiligen Kapiteln zu den einzelnen Lauten.

Durch dieses Wissen um Strukturen der Aussprache kann man die eigene Sprache besser verstehen – und das kann möglicherweise auch bei der Rechtschreibung helfen.

Siebs, Theodor (1969) (Hrsg. Helmut de Boor, Hugo Mooser, Christian Winkler): Deutsche Aussprache. Reine und gemäßigte Hochlautung mit Aussprachewörterbuch. Berlin: Walter de Gruyter.
Krech, Eva-Maria/Kurka, Eduard/Stelzig, Helmut/Stock, Eberhard/Stötzer, Ursula/Teske, Rudi (1974/2009): Wörterbuch der Deutschen Aussprache, Berlin: Walter de Gruyter.
Mangold, Max (1990/2006): Duden Nr. 6. Das Aussprachewörterbuch. Mannheim/Leipzig/Wien/Zürich: Meyers Lexikon.

Sprechsport trainiert sprachliche FLEXIBILITÄT

Die verschiedenen Stationen im Sprechsport bereiten auf die Disziplinen des Sprechsport-Wettkampfs vor. Man fokussiert sich zunächst auf jeweils einen Aspekt: An erster Stelle steht die Präzision und damit das Training von Bewusstheit und Bewegungsfähigkeit und die Vorstellungskraft. Weitere Disziplinen sind das Schnelligkeitstraining bei Einhaltung größtmöglicher Präzision der Bewegung. Das Krafttraining trainiert die für die Lautstärke zuständige Muskulatur. Im ausdrucksstarken Sprechen übt man die sinnvolle Gliederung des Textes und die Betonung. Rhythmisches Sprechen fördert die Fähigkeit, spielerisch, flexibel und variabel mit der Sprache umzugehen. Chorisches Sprechen ebenso wie dialogisches Sprechen verbessern die Gesprächsfähigkeit, die Fähigkeit, zuzuhören, die Reaktionsfähigkeit und das Einordnen in einen Gruppenprozess.

Sprechsport fördert HUMOR und MUT

Das elementare Sportgerät der Sprechsportler ist der Text, vor allem der Zungenbrecher. Fehler kommen also garantiert vor! Endlich sind Fehler nicht mehr dramatisch, sondern das genaue Gegenteil: ein (positiver Lach-)Erfolg!

Dieses Erlebnis sorgt für eine Befreiung aus dem altbekannten Muster von »Nur keine Fehler machen!«. Auf diese Weise übt man sich darin, miteinander und über sich selbst zu lachen.

Lachen ist gut gegen Depressionen! In den USA ist die Lachtherapie bereits voll im Trend, sie unterstützt Studien zufolge den Heilungsprozess zum Beispiel bei Diabetes. »Dr. Lee Berk von der Loma-Linda-Universität erforscht die heilende Kraft des Lachens bereits seit den 1980er-Jahren. In früheren Experimenten stellte er fest: Sogar bevor es ausbricht, provoziert Gelächter schon Hormonausschüttungen. Die Endorphinpegel stiegen bei Probanden, die sich auf einen lustigen Film freuten, deutlich an. Wer keinen Grund zur Vorfreude hatte, produzierte keine Glückshormone. Umgekehrt bauten Studienteilnehmer Stresshormone ab, die sich innerlich auf humorige Stunden einstellten« (nachzulesen in Focus Online am 19.04.2009).

Das Lachen trainiert übrigens wieder die Atemmuskulatur, schon allein deshalb ist Sprechsport gesund. Zudem sorgt es schnell für eine angenehme, offene Atmosphäre in einer Gruppe von Sprechsportlern. Außerdem kann man mit Humor besser lernen. »Gut gelaunt merken sich Schüler selbst komplizierten Unterrichtsstoff; unbeschwert behalten sie Informationen leichter und kombinieren gewitzt. Lösungen zu finden stellt kein Problem mehr dar. Diese Erkenntnisse können sich Eltern wie Lehrer in der Förderung des Nachwuchses zunutze machen. [...] Meist geht es nämlich nur um eines: Lockerlassen! Und auch dem Kind Druck von der Seele nehmen. Der Effekt ist oft erstaunlich.« So schrieb Barbara Czermak über die Lachforschung in »Focus Schule«, und das schon im Februar 2005 (S. 11).

Die wissenschaftliche Erkenntnis, dass wir Menschen weit aufnahmefähiger sind, wenn wir Freude an etwas haben, als wenn wir uns unter Druck setzen beziehungsweise unter Druck gesetzt fühlen, ist ein wesentlicher Grund, weshalb Sprechsport grundsätzlich positive Auswirkungen hat: Der Spaß soll ein wesentlicher Faktor sein. »Lachen ist gesund. Es lockert die Muskeln, sagen Experten, befreit aufgestaute Emotionen, setzt Glückshormone frei und stärkt das Selbstbewusstsein« (aus »Sexy oder hysterisch?«, in »sueddeutsche.de« am 16.04.2008).

Neben dem Lachen wird der Mut trainiert: sich ein bisschen zur Schau zu stellen, über den eigenen Schatten zu springen, die Zunge auch einmal herauszustrecken. Kinder lieben das zu Recht, und es macht Erwachsenen schnell unglaublichen Spaß, solche Übungen durchzuführen. Auf diese Weise bewegen wir uns mit riesengroßen Schritten in Richtung Ausdrucksfreiheit, weil wir gesellschaftliche Konventionen auch mal kurz hinter uns lassen. Diese unterdrücken nämlich in vielen Fällen den spontanen Ausdruck.

Sprechsport fördert KREATIVITÄT und VORSTELLUNGSKRAFT

Um einen Text – selbst einen Zungenbrecher – ausdrucksstark präsentieren zu können, muss man die Vorstellungskraft üben. »Neugier, Fantasie und Kreativität sind wie Muskeln. Wenn man sie nicht trainiert, verkümmern sie.« So wird Professor David Elkind von der Tufts University im »Spektrum der Wissenschaft, Gehirn und Geist« (Nr. 7/8, 2009, S. 43) zitiert. Erst wenn man angstfrei seine Fantasie blühen lassen kann, kann man sie bewusst nutzen und originell und kreativ handeln.

Sprechsport übt spielerische KONKURRENZ und TEAMGEIST

Sprechsport trainiert die Kontakt- und Kooperationsbereitschaft. Im Sprechsport geht man mit anderen Sprechenden spielerisch in Verbindung, anstatt sie als bedrohliche Gegner zu empfinden – und dadurch kann man Angst vor dem Versagen abbauen. Es sollte ein spielerisches und faires Miteinandertrainieren sein, ein positiver sozialer Kontakt, geprägt von gegenseitiger Akzeptanz und Fairness. Das Schöne am Sprechsport ist ja, dass Fehler vorprogrammiert, erwünscht und erlaubt sind, deshalb fällt sehr schnell der Druck von allen ab, denn jeder wird sich garantiert unzählige Male verhaspeln.

Möglicherweise kann man auch die Jungen, von denen viele offensichtlich kein so großes Interesse an Sprache und Literatur zu haben scheinen, auf diese Weise eher für das Sprechen begeistern. Dem »Kess8«-Bericht im Jahre 2010 zufolge hinken die Jungen in allen sprachlichen Bereichen, also Leseverständnis, Rechtschreibung, Sprachen, weit hinter den Mädchen her. Sprechsport bietet ihnen vielleicht die Möglichkeit, ihre (Sprech-)Sportlerehre zu verteidigen.

Sprechsport fördert das SELBSTBEWUSSTSEIN und verbessert die WIRKUNG des Sprechenden auf die Zuhörer

Wie Menschen sprechen, hinterlässt einen starken Eindruck. Nicht nur der Inhalt dessen, was wir sagen, sondern auch die Wortwahl, die Deutlichkeit der Aussprache, Stimmklang, Gestik, Mimik und Körperhaltung – das alles wirkt immer mit. Die Sprechweise einer Person kann attraktiv oder unangenehm sein. Sie beeinflusst die Zuhörer maßgeblich und kann über Erfolg oder Misserfolg, über Sympathie oder Antipathie, also über die gesamte Gesprächssituation entscheiden. »Bei der Beurteilung der Persönlichkeit eines Menschen steht das kommunikative Verhalten in der Face-to-face-Kommunikation an oberster Stelle« (Eckert 2010). Deshalb ist es wichtig, dass schon Kinder spielerische Herangehensweisen an kommunikative Situationen erlernen – ohne Notendruck.

Wie wir sprechen, wirkt aber nicht nur auf unsere Mitmenschen, sondern auch zurück auf uns selbst. Unser Selbstbewusstsein speist sich zu großen Anteilen daraus, wie wir unsere Bedürfnisse, Wünsche und Ziele ausdrücken können. Wo uns die Worte fehlen oder die Stimme versagt, wo wir nicht verstanden werden, da fühlen wir uns schnell ohnmächtig.

Die Art, wie wir sprechen, bestimmt also sowohl unsere Außenwirkung als auch unser Selbstwertgefühl maßgeblich mit. Durch ein Sprechsport-Training kann man lernen, mit dem Sprechen Schritt für Schritt bewusster umzugehen, und sich dadurch sowohl besser zu fühlen als auch besser auf andere zu wirken.

Sprechsport ist eine HERAUSFORDERUNG, bei der alle gewinnen!

Und nun befindet man sich bereits auf dem besten Weg zur Sprechsport-Meisterschaft, und dann heißt es: Ab in den Ring! Und der nächste Schritt wird gemacht, das nächstgrößere Publikum wird erobert. Wie es der derzeitige Weltrekordler im 100-Meter-Lauf, Usain Bolt, so schön formuliert hat: »Wenn ich in den Startblock steige, weiß ich, was ich zu tun habe. Ich kann also immer Spaß haben, so viel ich will« (zitiert in: »Welt Kompakt«, 18.08.2009, S. 20). Von vielen als »Jahrhundertphänomen« bewundert, machen ihm Fehler nichts aus, er quittierte einen eigenen Fehlstart einfach mit Lachen. Er ist damit auch ein sehr gutes Vorbild für Sprechsportler.

FASSEN WIR ZUSAMMEN: Das große Ziel des Sprechsports ist es, die *Ausdruckskraft* der Sprechsportler und -sportlerinnen zu fördern, das heißt die Fähigkeit und die damit verbundene *Freiheit und Kraft des verbalen Ausdrucks*. Muskeln, die für ein gesundes, wohlklingendes, deutliches und bei Bedarf auch schnelles und lautstarkes Sprechen tätig sein müssen, werden aufgebaut, und ganz nebenbei wird das zu mehr *Selbstbewusstsein* führen, denn man wird sich seiner selbst bewusster – der eigentliche Sinn des Wortes. Fehler werden nicht länger stigmatisiert, sondern sie sind wichtiger Bestandteil eines kreativen Prozesses. Negativer Druck kann wahrgenommen und Stresshormone können abgebaut werden.

Glückshormone werden im Sport oft freigesetzt. Es kommt also auf einen Versuch an, ob beim Ausüben von Sprechsport nicht auch eine Art *Lust am Sprechvorgang* entstehen kann, ein Vergnügen – und ganz nebenbei auf der anderen Seite eine *Freude beim Zuhören.*

FÜR WEN IST SPRECHSPORT GEDACHT?

»Was Hänschen nicht lernt, das lernt dann eben Hans.« – In einer Zeit und in einer Gesellschaftsform, in welcher neben kommunikativen Kompetenzen auch »lebenslanges Lernen« erwünscht ist, muss man einige Sinnsprüche hinterfragen. Es ist längst erwiesen, dass wir Menschen sowieso ein Leben lang lernen und lernen können. Selbst Persönlichkeitsmerkmale entwickeln sich oder wandeln sich gar. Und selbstverständlich kann man jederzeit an einer Entwicklung seiner Persönlichkeit arbeiten. Auch mit 70 Jahren kann man noch beginnen, für einen Marathon zu trainieren, ein Instrument oder eine andere Sprache zu erlernen, und bis ins hohe Alter hinein kann jeder Mensch auch seine Sprechweise verbessern.

Es sei also vorangestellt, dass Sprechsport von jeder Person, egal welchen Alters, durchgeführt werden kann. Sprechsport ist für alle gedacht. Für alle, die ihre Sprechweise weiterentwickeln und sich selbst fördern wollen. Auch für alle, die Lust auf einen kreativen Umgang mit dem Sprechen und der Sprache haben. Für alle, die ihre Angst vor Fehlern abbauen wollen. Für alle, die ihre sprachlichen Mittel bewusster und gekonnter einsetzen möchten.

- Für Politiker, Professoren, Trainer, Pädagogen, Dozenten, Künstler, Moderatoren, Journalisten gehört das öffentliche Auftreten zum Beruf, und »gutes Sprechen« ist oft von entscheidender Bedeutung.
- Für »Vielsprecher« wie Trainer, Lehrkräfte, Pädagogen und Erzieher ist zudem eine Sprechtechnik, welche die Stimme schont, eine wesentliche Unterstützung in ihrem Berufsalltag. Sprechsport hat den großen Vorteil, dass man das eigene Training regelmäßig im Seminar, im Workshop, im Unterricht durchführen kann, also während der »Arbeitszeit«. Sobald man die einzelnen Elemente des Trainings kennt, kann man sie in verschiedenen Zusammenhängen nutzen und muss nicht mehr zusätzliche Zeit außerhalb des Unterrichts einplanen. Man kann sowohl einzelne Elemente aufgreifen und für kurze Pausen nutzen als auch eine ganze Unterrichtseinheit damit füllen. Zudem können Atemübungen zu mehr Energie und Ruhe, Bewegungsübungen zu sinnvoller Nutzung von Bewegungsdrang verhelfen.

- In der Wirtschaft ist der Sprechsport für Manager, Führungskräfte, Betriebsräte und andere Menschen mit Verantwortung eine gute Unterstützung. Man erweitert nicht nur seine Präsentations- und Kommunikationskompetenzen, sondern auch die Fähigkeit zur Entspannung.
- Für Kulturschaffende, die Texte auf die Bühne bringen wollen, wie beispielsweise Rapper und Teilnehmer von Poetry-Slams, ist Sprechsport ideal. Sie können mithilfe von Sprechsport verständlicher und schneller werden. Beatboxer können die für das Beatboxen wichtige Muskulatur trainieren. Und als Vorbereitung im Darstellenden Spiel eignet sich der Sprechsport ebenfalls.
- Für Kinder ist Sprechsport sehr gut geeignet. Sprechsport möchte schließlich Spaß an der Sprache vermitteln. Sir Ken Robinson beschreibt in einer Rede seine Beobachtung des Verhaltens von Kindern: »They are not frightened of being wrong.« (Sie haben keine Angst, etwas falsch zu machen.) Und: »If you're not prepared to be wrong, you'll never come out with anything original.« (Wenn man nicht bereit ist, Fehler zu machen, wird man nie etwas Originelles hervorbringen.) – So äußerte sich Robinson im Feburar 2006.
- Sprechsport kann eine Erweiterung für den Sportunterricht darstellen. Es gibt in diesem Buch Übungen, die man in den Sportunterricht integrieren und für ein Aufwärmprogramm oder zum »Abkühlen« nutzen kann. Atemtraining kann so den Sportunterricht durch die bewusste Atmung »beflügeln«. Die Zeitschrift »Vital« 3/2011 rät: »[…] immer beim Anspannen der Muskeln tief ausatmen. Wenn Sie locker lassen, wieder einatmen. So werden die Muskeln optimal mit Sauerstoff versorgt.« Genau das ist die Vorgehensweise im Sprechsport: Parallel zu den Bewegungen wird bewusst ausgeatmet.
- Sportler können sich mit Sprechsport einerseits auf Interviews vorbereiten. Andererseits können sie den Atem immer mehr mit in ihr Training einbeziehen. Wussten Sie zum Beispiel, dass Seitenstechen noch nicht wirklich erklärt werden kann, dass eine falsche Atemtechnik aber mit Sicherheit mit dazu beiträgt? Sportliche Leistungen können sich durch bewusste Atmung verbessern. Neben den äußeren Muskeln werden hierbei auch die inneren Muskelschichten trainiert.
- Sprechsport kann natürlich ebenso privat und generationenübergreifend trainiert werden. Großeltern können mit den Enkelkindern »wettsprechen«, Mütter gegen Väter, Geschwister, Onkel, Tanten, Verwandte, Freunde und Kollegen – gemeinsam, gegeneinander, also in beliebigen Kombina-

tionen ist Sprechsport möglich. Mütter und/oder Väter können sich und ihre Kinder gleichzeitig sprachlich und kreativ fördern.

- Berater oder Vertreter können im Sprechsport ihre Sprechweise und ihre Dialogfähigkeit verbessern.
- Geschäftsinhaber und ihre Mitarbeiter können ihren Pausenraum für Sprechsport nutzen. Hier kann entspannt, trainiert und »gesprechsportelt« werden – je nach Bedarf. Und beim Betriebsausflug werden dann vielleicht Texte zum Besten gegeben. Nach außen hin wird eine solche Belegschaft sicherlich ein imposantes Auftreten liefern.
- Berufstätige mit Familie können sich mit Sprechsport zu Hause spielerisch »weiterbilden« und alle anderen Familienmitglieder gleich mit. Und wer gewinnt, wird vielleicht von allen ins Kino eingeladen.
- Berufstätige, die wenig in kommunikative Prozesse eingebunden sind, können in einer Sprechsport-Mannschaft das Sprechen spielerisch ausüben. Falls hier zudem selbst verfasste Texte einbezogen werden, kann der Sprechsport zu einem sehr intensiven Austausch führen.
- Berufstätige, die viel sitzen, können durch einige Übungen neben dem guten Sprechen auch ihr Körpergefühl entwickeln und lernen, für sich zu sorgen – bevor es vielleicht zu Bandscheibenvorfällen kommt.
- Senioren können sich und ihre Stimme fit halten und zudem soziale Kontakte pflegen.
- Menschen, die die deutsche Sprache lernen wollen, können mithilfe von Sprechsport ihre Aussprache trainieren.
- Menschen, die neben ihrem Heimatdialekt ebenso das Hochdeutsche beherrschen wollen, können dies spielerisch mit Sprechsport tun – und gleichzeitig ihren Dialekt kultivieren und zungenbrecherische Texte in ihren Dialekten verfassen.

KURZ GESAGT: Jeder Mensch kann den Sprechsport ausüben, ob in Seminaren, Workshops, Betrieben, Schulen, Kindergärten oder auch zu Hause, allein oder in Gruppen. Jeder kann mit jedem um die Wette sprechen. Literatur kann spielerisch erfasst und ein kleines Gedicht pro Woche locker auswendig gelernt werden. Am Ende entsteht ein Repertoire von Texten, das man jederzeit überall einbringen kann. Man wird die Stimme erheben, für gute Stimmung und Lacheffekte sorgen – und damit sogar etwas tun für die eigene Gesundheit und die aller Anwesenden.

Und hiermit schließt sich der Kreis unserer Einblicke.

02
Was ist Sprechen, und wie funktioniert es?

SPRECHEN IST EIN ENTWICKLUNGSPROZESS

Menschliche Evolution und Kultur

Sprechen ist ganz einfach, und wir können es (fast) alle. Wenn man es aber genau betrachtet, ist es äußerst komplex

Unterschiedliche Wissenschaften beschäftigen sich seit Langem mit Fragen rund um das Sprechen. Paläoanthropologen untersuchen anhand von Knochenfunden die Entwicklung des menschlichen Sprechapparats. Molekularbiologen erforschen die genetischen Grundlagen. Neurophysiologen nehmen unser Gehirn unter die Lupe und untersuchen die Tätigkeit der Nervenzellen bei Sprachempfang und Sprechleistung. In den Sprach- und Sprechwissenschaften, in Linguistik und Phonologie wird unermüdlich nach neuen Erkenntnissen geforscht. Und diese Reihe von Beispielen ist bei Weitem nicht vollständig.

Sprechen ist ein fantastisches Phänomen, sozusagen ein Wunder, eine verrückte Laune der Natur, ein ausschließlich dem Menschen eigenes Potenzial und Ausdruck seiner Kultur.

Andere Lebewesen können zwar ebenfalls kommunizieren, sich auf verschiedene Weisen austauschen – aber das Sprechen selbst ist nur dem Menschen möglich. Bei allen anderen Säugetieren befindet sich der Kehlkopf verhältnismäßig weit oben im Rachenraum. Nahrungsweg und Weg der Luft sind dadurch voneinander getrennt. Bei Menschen sitzt der Kehlkopf tiefer, ungefähr auf gleicher Höhe mit dem vierten und fünften Halswirbel. Er ist sozusagen *ver-rückt*. Durch den so vergrößerten Raum oberhalb des Kehlkopfs sind vielfältige Veränderungen dieses Schallraums möglich. So entstand im Laufe der Evolution der notwendige Platz für unzählige verschieden gebildete Laute. Persönliche Erfahrungen und Erlebnisse der Menschen konnten immer differenzierter kommuniziert werden. »Auf diese Weise entstand ein ständig wachsender, kulturell tradierter Schatz kollektiver Bilder« (Hüther 2006, S. 37).

Viele Linguisten, Philosophen, Anthropologen und Evolutionsbiologen vermuten, dass sich Sprache, Denken und Bewusstsein parallel entwickelt haben. Der Paläoanthropologe André Leroi-Gourhan schreibt der »Aufrichtung« eine große Bedeutung in diesem Zusammenhang zu. Die Hände konnten sich freier bewegen, die Kopfform veränderte sich, und es bildeten sich neue Areale auf der Hirnrinde (Jäger in: »Gehirn und Geist« 3/2006, S. 13). Der Neuropsychologe Robert Provine wird in der Zeitschrift »Der Spiegel« wie folgt zitiert: »Der aufrechte Gang, der eine veränderte Atmung ermöglichte, ist das Schlüsselereignis für die Entwicklung der Sprache« (Traufetter in: »Spiegel« 43/2002, S. 220). Zudem wird angenommen, dass sich die Lautsprache aus der Gestik beziehungsweise der Gebärdensprache entwickelt hat (Wachsmuth in: »Gehirn und Geist« 3/2006, S. 54).

Interessant ist, dass die Entwicklung des Sprechens bei Kindern ähnlich verläuft wie bei der Menschheit insgesamt.

Erst im Laufe der Zeit, ungefähr ab dem dritten Monat, beginnt der Kehlkopf des Babys sich abzusenken, die Zunge wird beweglicher, der Raum für die Lautbildung erweitert sich. Die Kinder beginnen, ihre Sprechmuskulatur zu erforschen und zu trainieren, um im Alter von ungefähr fünf Jahren locker alle Laute ihrer Muttersprache bilden zu können – manche wachsen sogar zweisprachig auf.

Auch scheinen sich Lautbildung und Motorik bei Kindern parallel zu entwickeln. »Etwa in der Zeit zwischen dem sechsten und dem achten Lebensmonat beginnt der Säugling, rhythmische [...] Handbewegungen zu vollziehen. [...] Gleichzeitig, und meistens auch im gleichen Takt, gibt das Kind jetzt auch in stetiger Wiederholung Laute wie ›da-da-da-da‹ und Ähnliches von sich. Die parallele Entwicklung von Motorik und Lautbildung ist eine Fortsetzungsgeschichte« (Bauer 2008, S. 77 f.).

Kindern macht es offensichtlich nichts aus, stundenlang zu »trainieren«. Sie brabbeln und lallen, und es scheint ihnen oft außerordentlich viel Freude zu bereiten. Sie rollen sogar stundenlang das R – was die meisten Erwachsenen längst nicht mehr können. Kinder lernen ihre Sprechmuskulatur zu (be-) nutzen, um bald darauf Dinge zu sagen, die vielleicht noch niemals jemand vor ihnen gesagt hat. Der Mensch lernt ja nicht nur, Gehörtes nachzuplappern, sondern versteht mit der Zeit immer besser die Struktur der um ihn herum gesprochenen Sprache. Mit dieser Struktur wird dann – dem Entwicklungsstand entsprechend – immer weiter geübt und experimentiert.

Sowohl im Senden als auch im Empfangen von Botschaften, also im Dechiffrieren, sind wir Menschen nicht zu bremsen. »Wenn wir gesprochene Sprache wahrnehmen, merken wir in der Regel nicht, was für eine komplexe

Verarbeitungsleistung unser Gehirn währenddessen vollbringt« (Herrmann/Fiebach 2005, S. 80).

Sprechen ist also eine motorische (muskuläre) und kognitive (geistige) Höchstleistung des Menschen

Unser Gehirn kann sogar über das Denken und das Sprechen nachdenken, darüber reflektieren – und das ist eine sehr hohe Bewusstseinsstufe. – Aber wozu das alles?

Warum sprechen wir Menschen?

Menschen haben immer einen Grund, zu sprechen! Auch hier sind Forscher unermüdlich damit beschäftigt, herauszufinden, was die Beweggründe sind.

Wir sprechen ...

- ***... weil wir etwas loswerden wollen:*** Sprechen ist Ausdruck unseres Wissens, unserer Gefühle, Ideen, Gedanken, Erinnerungen, Empfindungen. Worte sind Symbole für etwas Gesehenes, Gehörtes, Erfahrenes oder Vorgestelltes. Wir drücken »es« in Worte aus, sofern sie uns nicht fehlen. Wir suchen nach Worten, und manchmal liegen sie uns auf der Zunge. Aber wir Menschen können auch das Gegenteil von dem behaupten, was wir denken oder fühlen. Worte können ausgezeichnet lügen.
- ***... weil wir uns damit als Individuum erleben:*** Wie wir sprechen, ist subjektiv und einmalig. Wir drücken uns und unsere ganz eigene Sicht der Welt aus. Die Sprechweise eines Menschen vermittelt die Kultur, aus der er kommt, ferner sein Elternhaus, und sie drückt sein ganz persönliches momentanes Weltbild aus. Sie ist Ausdruck der persönlichen Wahrnehmung. Sprechen ist »Wirklichkeitskonstruktion« (Burkart/Hömberg 2007, S. 3) – die durch unsere Augen gefilterte Wirklichkeit. Wir können uns sogar selbst Dinge »einreden«, die mit der äußeren Realität wenig oder manchmal sogar gar nichts zu tun haben (Watzlawik 1983).
- ***... weil wir etwas erreichen wollen:*** Sprechen ist zielorientiert. Wir haben immer einen Grund, zu sprechen – immer wollen wir etwas erreichen, Dampf ablassen, uns beschweren, jemanden überzeugen, jemanden begeistern, jemandem näherkommen. Man könnte es auch so sagen: Wir »manipulieren« unsere Welt, sobald wir den Mund aufmachen. »Die sprachliche Äußerung ist Teil einer auf bestimmte Weise motivierten Tätigkeit. Sie hat also immer ein ›Handlungsziel‹« (Klawitter/Minnich 1991, S. 257).
- ***... weil wir »Action« brauchen!*** Sprechen ist in diesem Sinne Handlung, ein Ausdruck von Lebendigkeit! Wir schimpfen, jubeln, klagen, loben, jammern, schreien, befehlen, flüstern, säuseln, tadeln – wir verbalisieren uns

gerne in Verben. Für das Verb »sprechen« existieren unzählige Synonyme. Sie alle drücken die Handlung hinter den Worten aus.

- ***… weil wir etwas teilen wollen:*** Sprechen entspricht dem Wunsch nach Verbindung und Austausch mit anderen. Wir teilen etwas (mit). Sogar im Selbstgespräch redet man mit jemandem: mit sich selbst, oder mit einem imaginierten Gegenüber. Es geht also um Gemeinschaft, um Einfühlungsvermögen, kurz: um Verstehen und Verstandenwerden. Zwischen Verstehen und Verstandenwerden liegt leider oft das Missverstehen. Häufig sind wir sprachlos. Sprachlosigkeit führt bisweilen zu Trennungen. Und ohne Ansprache sterben wir.
- ***Um all dem zu genügen, ist Sprechen äußerst vielschichtig:*** Der Kommunikationswissenschaftler Friedemann Schulz von Thun hat die verschiedenen Ebenen sinngemäß so zusammengefasst: Wir kommunizieren sowohl auf der Sachebene (das ist die reine Information, der Sachgehalt dessen, was wir sagen) als auch auf der Gefühlsebene, der »Selbstkundgabe« (die ausdrückt, wie man sich fühlt), auf der Beziehungsebene (die zeigt, wie man zu den jeweiligen Gesprächspartnern steht) als auch auf der Appellebene (die ausdrückt, was man will) (vgl. Schulz von Thun 2000, S. 33 ff.; Schulz von Thun 2004, S. 19). In Kommunikationstrainings wird versucht, die verschiedenen Ebenen zu differenzieren, damit Gespräche besser funktionieren.

Angeblich hat Kaiser Friedrich II. Säuglinge von Ammen versorgen lassen, die weder sprachliche noch emotionale Äußerungen den Kindern gegenüber zulassen durften – alle Kinder starben (Zimmer 2008, S. 7 f.).

Das Sprechen hat also eine Menge Aufgaben zu erfüllen. Dementsprechend hat es viele Mittel zur Verfügung. Da reichen Worte allein nicht aus.

Der Ton macht die Musik

Eine gängige Möglichkeit der Differenzierung ist die Unterteilung in verbale, paraverbale und nonverbale Kommunikation.

- ***Die verbale Kommunikation:*** Die verbale Kommunikation besteht aus der jeweiligen Sprache: Grammatik und Semantik, dem Benutzen von Regeln und Struktur; außerdem aus Lauten (Phonen), Lautverbindungen (Phonemen) und Worten – unserem Wortschatz. Einem Schatz also! Einem Schatz von Begriffen und Redewendungen. Und je größer unser Schatz ist, desto differenzierter können wir uns üblicherweise ausdrücken. Der Wortschatz ist also ein Vermögen! Der Begriff »Vermögen« bedeutet ursprünglich auch »Können«, zum Beispiel bei: »Ich vermag dir zu helfen.« Etwas zu können ist also ein »Vermögen«. Es führt – mitunter – auch zu materiellem Vermögen.

- ***Die paraverbale Kommunikation:*** Paraverbal wird genannt, was »zwischen den Zeilen« ausgedrückt wird. »Der Ton macht die Musik« – so veranschaulicht der Volksmund diesen Aspekt des Sprechens. Was aber hören wir jenseits der Worte? Wir nehmen vielleicht die Atmung wahr, den Stimmklang und die Artikulation (also die Lautbildung, die Deutlichkeit der Aussprache), Pausen, Betonungen, Rhythmus, Tempo – die sogenannte Prosodie oder Satzmelodie – und verschiedene Stimmungen. Die »Ge*stimmt*heit« der Person, die spricht, klingt durch.
- ***Die nonverbale Kommunikation:*** Wenn man den Gesprächspartner nicht nur hören, sondern auch sehen kann, kommt ein drittes Element hinzu: die Körpersprache, auch nonverbale Kommunikation genannt. Körperhaltung, Gestik und Mimik fallen darunter, aber ebenso unruhige, unbewusste, fahrige Bewegungen sowie Anspannungen im Körper. Am Blick des Sprechenden ist zudem die Art der Kontaktaufnahme gut erkennbar. Manchmal verraten Gesten, Zuckungen und Ausweichbewegungen das Gegenteil von dem, was der Mund behauptet. Der Körper zeigt oft die wahren Gefühle und Gedanken, ohne dass man selbst es bemerkt. Manchmal stört es, wenn der Körper seine eigene Dynamik hat, wenn er durch eine zittrige Stimme und zitternde Hände verrät, wie aufgeregt man ist. Er scheint einen geradezu zu boykottieren. Aber wenn man lernt, seine Sprache zu verstehen, können Körper und Geist immer besser kooperieren.

Es ist manchmal gar nicht schlecht, wenn Körper und Stimme nicht so gut lügen wie ihr »Herrchen«. Die meisten Menschen kennen das Gefühl, von anderen belogen, betrogen, oder »übers Ohr gehauen« zu werden. Wir »spüren« es meistens – und hoffentlich rechtzeitig. In dem Fall sind wir dankbar für allerkleinste Signale auf Verlogenheit

Sprechen ist machtvoll

Sprechen ist eine machtvolle Kunst. Das Wort Kunst kommt von »können«. Auf einer Schauspielschule trainiert man drei bis vier Jahre lang diese Kunst. Sprechen ist demnach ein kunstvolles Handwerkszeug des Menschen.

> »Die Rede (logos) ist eine große Herrscherin,
> die mit kleinstem und unscheinbarstem Körper die göttlichsten Werke vollbringt:
> Sie kann Furcht beenden und Trauer nehmen,
> sie kann Freude erwecken und Mitleid groß machen«
> (Gorgias zitiert in: Stroh 2009, S. 9).

Und Sprecher sind wie Magier:

> »Die einen betrüben, die andern erfreuen,
> die einen entsetzen, die andern versetzen den Hörer in Mut,
> und manche vergiften und verhexen mit böser Überredung die Seele« (ebd., S. 10).

Da das Sprechen offenbar existenziell wichtig ist und unser Dasein maßgeblich mitbestimmt, ist es unbedingt förderungswürdig.

SPRECHEN IST KOMPLIZIERTER, ALS MAN DENKT (MIT ÜBUNGEN)

Sprechen funktioniert scheinbar ganz einfach: Mund auf – Mund zu. Und aus dem geöffneten Mund kommt Luft – nicht unbedingt heiße Luft, aber doch im Körper angewärmte und angefeuchtete, dann in Schwingung versetzte und schließlich in Laute geformte Luft.

So einfach funktioniert das Sprechen?

Die Atmung ist die Basis für Stimmgebung und Sprechen. Deshalb hat alles, was den Atem betrifft, Auswirkungen auf das Sprechen. Also beginnen wir mit der Atmung.

»Der Prüfstein jeglichen Wissens ist das Experiment«, behauptete Richard Feynman, Physiker und Physikprofessor (Feynman 2002, S. 44). Er zeichnete sich übrigens auch dadurch aus, dass er ein begnadeter Redner war.

Die Wahrnehmungsübungen im folgenden Kapitel sollen dazu dienen, dass Sie wie in einem Experiment am eigenen Leibe spüren können, was beim Atmen und Sprechen eigentlich geschieht. Theorie soll hierbei mit Erfahrungen verknüpft werden. Denn generell gilt: Bevor man trainiert, ist es wichtig, sich Grundkenntnisse über die Vorgänge und Zusammenhänge anzueignen, damit man weiß, mit welchem Ziel man welche Übungen durchführt. Lesen Sie bitte die Erklärungen zu den einzelnen Übungen beziehungsweise Experimenten immer zunächst einmal komplett durch, und beginnen Sie erst im Anschluss daran mit der Durchführung.

Betrachten Sie jedes einzelne Thema als kleines »Forschungsprojekt« für sich. Nehmen Sie sich für jedes Unterkapitel ausreichend Zeit. Die Übungen selbst dauern meist nur wenige Minuten. Die Kunst wird sein, sie in den Alltag zu integrieren. Wenden Sie nach Möglichkeit jede Übung regelmäßig an, sei es unter der Dusche, im Auto, nach dem Aufstehen oder vor dem Zubettgehen. Nutzen Sie sie für kleine Pausen am Arbeitsplatz, in Seminaren, im Unterricht oder auch als Vorbereitung für Vorträge oder Prüfungen. Üben Sie lieber häufig und kurz, als selten und lange.

Jeder einzelne Schritt ist wichtig, damit eine gute Basis für das spätere Training gelegt wird. Ruhe und Klarheit sollten in diesen ersten Lektionen der Maßstab sein. Wenn nämlich die Grundsteine unumstößlich gelegt sind, kann darauf ein gigantisches Hochhaus gebaut werden. Tänzer, Schauspieler, Tennis- oder Fußballspieler brauchen eine sichere Basis in all ihren Bewegungsabläufen. Wenn die Grundlagentechnik klar ist, sind Höchstleistungen, ist die Kür möglich.

Atmung ist die Basis – die Respiration

Durch die Nase, in der kleine Härchen wie eine Filteranlage fungieren, strömt Luft in den Körper. Sie wandert durch den Mund-Rachen-Raum (Pharynx) und passiert den Kehlkopf (Larynx) – das obere Ende der Luftröhre (Trachea). Hier gibt der Kehldeckel den Weg für den Atemstrom frei. Die Luft fließt weiter durch die zehn bis zwölf Zentimeter lange Luftröhre bis in die Bronchien. Dort erreicht sie die kleinen Bläschen an den Enden der Bronchienzweige, die Lungenbläschen (Alveolen). Hier tritt der Sauerstoff in den Blutkreislauf ein. Diesen Vorgang bezeichnet man als *äußere Atmung.*

Wir differenzieren hierbei den oberen Atemweg – alles oberhalb des Kehlkopfs und der darin liegenden Stimmritze (supraglottischer Raum) – und den unteren Atemweg (subglottischer Raum). Der linke Lungenflügel ist übrigens kleiner als der rechte, weil sich in der linken Brustkammer das Herz befindet.

In der sogenannten *Ruheatmung,* also wenn man nicht spricht, sollte eine Atmung durch den Mund nach Möglichkeit vermieden werden. Wenn der Mund geöffnet ist, trifft beim Einatmen die oft kalte, trockene Luft ungehindert auf die sehr empfindlichen Schleimhäute im Rachenraum. Deshalb ist es gesünder, sie durch die Nase strömen zu lassen. Hierbei wird die Außenluft gefiltert und gereinigt, angewärmt und befeuchtet.

TIPP: Wenn der Mund zum Beispiel bei einer Erkältung nur schwer geschlossen werden kann und austrocknet, so hilft es ebenfalls, wenn die Zungenspitze locker den oberen Zahndamm berührt. So kann der Zungenmuskel einiges an Staub abfangen und der Rachenraum trocknet nicht so stark aus.

Während des Sprechens, also der *Sprechatmung,* wechseln Nasen- und Mundatmung ab. Im Redefluss ist es in vielen Fällen nicht möglich und sinnvoll, die Einatmung in Ruhe durch die Nase strömen zu lassen.

In der Ruheatmung ruht die Zunge im Idealfall unten im Mundboden, und die Zungenspitze berührt – je nach Zungenlänge – den oberen Zahndamm, also den Saum der Schneidezähne, nicht die Zähne selbst. Falls die Zunge zu weit nach hinten in den Rachenraum fällt, drückt die Zungenwurzel auf den Kehlkopf. Diese Zungenposition begünstigt übrigens das Schnarchen.

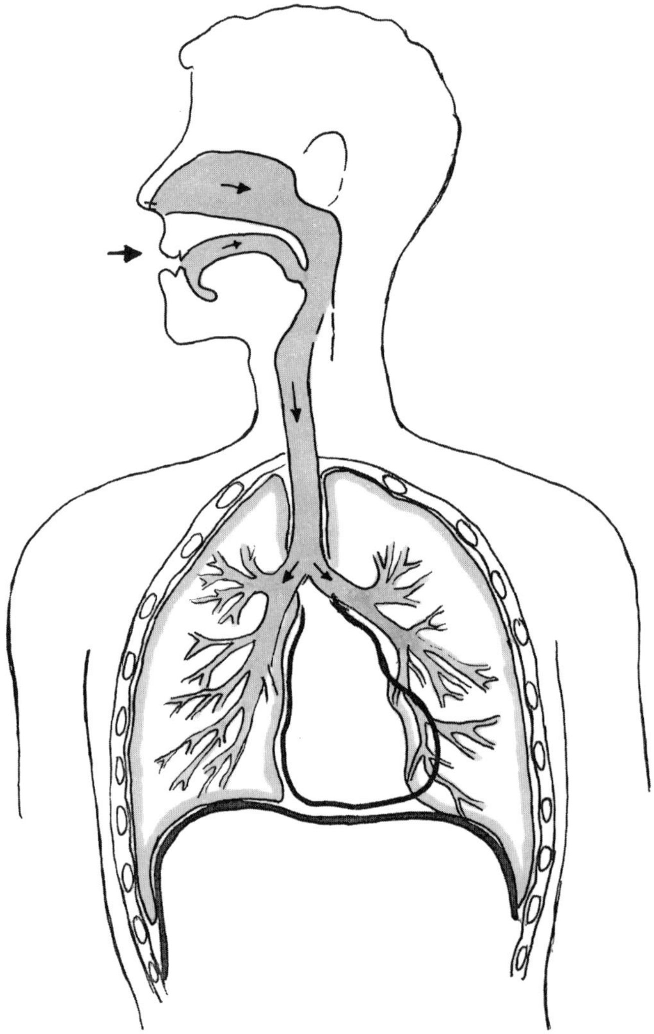

Weg der Luft

In der angewandten Kinesiologie wird die Stelle hinter den oberen Schneidezähnen der »neutrale Punkt« genannt, weil von hier aus über die Körperlängsachse alle Meridiane aktiviert werden. Die Aktivierung dieser Stelle kann entstressend wirken (Meyners 1996, S. 191). Und dieser Punkt ist beim Sprechen auch interessant, denn genau so wird das L gebildet.

Die *innere Atmung*, auch Zellatmung genannt, versorgt mit der Einatmung (Inspiration) unseren Körper mit Sauerstoff. Rote Blutkörperchen transportieren ihn von der Lunge über die Blutbahnen in den gesamten Körper, zu allen Organen und Zellen. Sauerstoff ist lebenswichtige Energie, ohne ihn gehen unsere »Lampen« sofort aus. Auch für unser Gehirn ist Sauerstoff existenziell. Wir können am besten denken, wenn wir über genügend Sauerstoff verfügen. Es ist also existenziell wichtig, dass wir gut atmen. Folgen von flacher Atmung sind unter anderem Müdigkeit oder Konzentrationsmangel und Energielosigkeit.

Die Ausatmung (Expiration) hingegen ist für die Ausscheidung von Abfallstoffen zuständig. Verbrennung im Körper erzeugt Abfälle wie zum Beispiel Kohlendioxid. Sie werden unter anderem durch die Ausatmung wieder an die Umwelt abgegeben. Gutes Ausatmen ist also ebenso wichtig wie gutes Einatmen. Es entgiftet und entsäuert den Körper.

Atmung ist eine Primärfunktion: EINatmung ist Sauerstoffversorgung, und Sauerstoff ist unsere Lebensenergie. AUSatmung ist Ausscheidung von Abfallstoffen.

Im Folgenden möchte ich Sie zu einigen kleinen Experimenten mit Ihrer Atmung einladen. Für diese Experimente können Sie sitzen, stehen oder auch liegen, Hauptsache, es ist bequem für Sie.

Experiment »Sauna«

Hauchen Sie nun bitte einmal in Ihre hohle Hand. Sie werden dabei vermutlich feststellen, dass die Ausatmung warm und feucht ist. Wir atmen also tatsächlich verhältnismäßig tropisch – »heiße« Luft – aus, wie eine kleine Sauna.

Falls diese Übung Sie zum Gähnen bringt – genießen Sie es, denn mit dem Gähnen gleicht der Körper vermutlich die Sauerstoffverhältnisse wieder aus. Und Gähnen ist eine ausgezeichnete Atemübung.

Experiment »Gähnen erwünscht«

Versuchen Sie als Nächstes, mit zunächst geschlossenem Mund einen Gähnvorgang zu provozieren – als ob Sie auf einer langweiligen Party zu Gast wären –, ein Anstandsgähnen. Sie können sich dabei vorstellen, dass in Ihrem geschlossenen Mund ein kleines »Luftei« in alle Richtungen wächst und wächst und wächst ... bis Sie schließlich gähnen müssen.

Das Gähnen sorgt für eine wunderbar tiefe Einatmung, das Hauchen für eine gute Ausatmung. Diese beiden Übungen sind für die Weite und Entspanntheit unseres Rachenraums sehr hilfreich. Ist Ihnen dabei aufgefallen, dass das hörbare Aushauchen des Atems ein Teil unserer Sprache ist? Es ist das H.

Experiment »Schnuppern«

Stellen Sie sich als Nächstes vor, Sie würden an einer Rose riechen. Atmen Sie den Duft tief ein – und hauchen Sie ihn wieder aus. Wo liegt Ihre Zunge? Ist es möglich, dass sie beim Riechen unten im Mundboden ruht, Ihr Mund-Rachen-Raum also möglichst weit und groß ist? Wie ist der Unterschied in der Atmung, wenn die Zunge oben am Gaumensegel klebt? Vergleichen Sie, wie tief sich der Atem jeweils anfühlt.

Experimentieren Sie mit diesen kleinen ersten Übungen, zum Beispiel vor und nach dem Zähneputzen, also ebenso regelmäßig. Achten Sie in den nächsten Tagen auch ab und zu darauf, wo sich Ihre Zunge befindet, wenn Sie nicht sprechen. Klebt die ganze Zunge oben am Gaumen, so kann das ein Zeichen für eine Anspannung, für Stress sein. Lassen Sie die Zunge los, und berühren Sie nur mit der Zungenspitze den harten Gaumen hinter den Schneidezähnen. So bekommt man ein Gefühl für den Zungenmuskel, der von großer Bedeutung für das Sprechen ist.

Diese Übungen entlasten übrigens Ihre Stimme, wenn Sie viel gesprochen haben, und sie tauchen im Aufwärmprogramm wieder auf.

Atmung – bewusst oder unbewusst?

Die Atmung ist ein unwillkürlicher, also unbewusst stattfindender, lebenserhaltender Prozess. Zugleich kann jeder Atemzug bewusst wahrgenommen und verändert werden.

Es wird in Fachkreisen viel darüber diskutiert, ob die Atmung bewusst und direkt geschult werden soll, oder ob es besser ist, dies indirekt zu tun. Die Gefahr, dass man den Atemvorgang manipuliert, wenn man auf ihn achtet, ist leider besonders zu Beginn sehr groß. Deshalb nimmt man gern die Vorstellungskraft zu Hilfe, denn die Muskeln reagieren auf Bilder, ohne dass man etwas tun muss.

Die *Vorstellungskraft* ist ein wesentliches Element in jeder Stimm- und Sprechausbildung. Um ehrlich zu sein, ist sie ein wesentliches Element in jedem Augenblick unseres Lebens – meistens allerdings unbewusst. Wenn man sich klarmacht, dass die Angst vor einem Vortrag ebenfalls auf einer Vorstellung, nämlich der von einem möglichen Misserfolg beruht, so ahnt man ihre Kraft.

Das Training der Vorstellungskraft ist auch in einem anderen Zusammenhang später wieder wichtig: Man benötigt sie, um Texte nicht nur mechanisch aufzusagen, sondern mitzudenken und sich ein Bild zu machen von dem, was man eigentlich sagt.

Im Sport kennt man die bewusst genutzte Vorstellungskraft als *mentale Fitness*. Hierbei differenziert man zwischen observativem und mentalem Training. Eckart Meyners beschreibt dies in seinem Buch »Aufwärmprogramm für Reiter« (2008, S. 18 f.): Observatives Training beobachtet so präzise wie möglich einen Ablauf, mentales Training spielt diesen Ablauf lediglich in der Vorstellung durch. »Durch das Beobachten der zu vollziehenden Bewegungen oder das rein geistige Sichvorstellen finden sogenannte ideomotorische Reaktionen statt. Das heißt, biochemisch laufen dieselben Abläufe im Körper ab, wie wenn der Reiter selbst reiten würde« (ebd., S. 19). Muskeln reagieren auf unsere »Einbildung«, und deshalb ist ein mentales Training wichtig.

Eines der Erfolgsrezepte des jüngsten Rennrodelweltmeister Felix Loch ist seine mentale Fitness. Er berichtet in einem Interview in Men's Health: »Vor dem Start fahre ich die Strecke in Gedanken ab, lege für mich fest, wie ich jede einzelne Kurve nehme« (03/2009, S. 22). Ähnlich wie ein Sportler, der sich wichtige Bewegungsabläufe vorstellt, ist es für den Sprechsportler von elementarer Bedeutung, die Atmung bewusst wahrzunehmen und sich ein genaues Bild von ihr zu machen.

Experiment »Strömungsempfinden«

Für das folgende Experiment können Sie sitzen oder liegen. Wichtig ist wieder, dass Sie es bequem haben. Schließen Sie Ihre Augen, sobald Sie die folgende Anweisung durchgelesen haben. Spüren Sie dann für einige Augenblicke die Luft durch Ihre Nase und den Mund-Rachen-Raum in den Körper hineinströmen. Achten Sie bitte auf die Position der Zunge. Stellen Sie sich nun vor, wie die Einatmung durch den Hals in den Körper hineingleitet, als würde sie im Schwimmbad eine riesige, weite, breite Rutsche hinunterrutschen. Nehmen Sie die Einatmung auf diese Weise bewusst wahr, und stellen Sie sich dabei dieses Bild vor. Mit der Ausatmung strömt die verbrauchte Luft auf demselben Weg wieder hinaus. Nehmen Sie sich nun einige Atemzüge lang Zeit – solange es Ihnen gefällt. Wichtig ist einzig, dass es angenehm für Sie ist.
Wenn Sie sich dieses Bild vor Augen führen und eine Weile so den Atem laufen lassen – wohin breitet er sich aus? Lassen Sie den Atem einfach kommen und gehen. Spüren Sie ihm nach, ohne etwas ändern zu wollen. Denken Sie nicht an richtig oder falsch – was auch immer Sie bisher über den Atem gehört haben. Versuchen Sie einfach nur, die Luft einströmen zu lassen, wie und wann und wohin sie will. Will sie sich im Brustkorb ausbreiten? Oder im Bauch-Becken-Raum? Will sie vielleicht auch in den Rücken? Oder breitet sie sich im Kopf aus? Alles ist möglich, experimentieren Sie mit diesem Bild, auch wenn es noch so verrückt erscheint. Achten Sie dabei auf Ihre Zungenposition.

Vielen Menschen fällt das Beobachten oder Spüren des Atemvorgangs zu Beginn sehr schwer. Aber es ist durchaus möglich, sich den normalerweise unbewusst ablaufenden Prozess des Atmens bewusst zu machen, ohne einzugreifen – wie das Beobachten eines Motors, der automatisch läuft. Das ist reine Übungssache, Training.

Menschen nehmen sich selbst, ihren Körper und die Atmung subjektiv wahr. Das Wort Wahrheit kommt von Wahrnehmung. Man nimmt etwas wahr, das kann niemand wegdiskutieren, das ist die eigene Wahrheit – aber deswegen nicht zwingend die einer anderen Person. Was wir in einer solchen Wahrnehmungsübung also wahrnehmen, ist grundsätzlich weder richtig noch falsch, es entzieht sich jedweder Bewertung, denn es ist subjektiv. Und was wir wahrnehmen, nehmen wir mithilfe unserer Sinne wahr, denn: »Der Körper ist der Ort unserer (Sinnes-)Wahrnehmungen« (Gelb 1986, S. 59). Wir differenzieren also zwischen objektiver und subjektiver Anatomie. Die subjektive Anatomie ist die eigene, ganz persönliche Wahrnehmung und somit auch die subjektiv empfundene Wahrheit.

Es ist eine objektive Tatsache, dass der Sauerstoff in den Blutkreislauf eintritt. Das kann man nicht spüren. Aber man kann sich sehr wohl ein Bild davon machen. Man kann sich sogar vorstellen, dass der Sauerstoff überallhin fließt, in jede Zelle des Körpers, denn das ist es, was er im besten und gesündesten Fall auch tut. Es ist also gleichgültig, wo sich Ihr Atem ausbreiten will, lassen Sie ihn! Und beobachten Sie, wie es sich mit der Zeit entwickelt und wie es Ihnen damit geht. Nehmen Sie sich einmal eine Minute Zeit, das andere Mal fünf Minuten, mal zehn Minuten – wie Sie Lust und Zeit haben.

Die Sinne schulen und die Selbstwahrnehmung verbessern

Frederick Matthias Alexander (1869–1955), ein Schauspieler, beobachtete bereits vor 100 Jahren eine allgemeine Verschlechterung im Umgang mit unserem Körper. Er entwickelte seine Körperarbeit zwischen 1890 und 1900 und stellte fest, was später von Ärzten und Wissenschaftlern bestätigt wurde: Der allgemeine Fehlgebrauch unseres Körpers und die damit einhergehende fehlerhafte Wahrnehmung unserer Sinneseindrücke führen zur Verringerung unserer allgemeinen Fähigkeiten, der Gesundheit und des psychischen Befindens. »Stattdessen bemerken wir nur bestimmte Symptome und versuchen dann, diese isoliert zu behandeln« (Stevens 1989, S. 38).

Es ist also wichtig, die Sinne zu schulen, die Selbstwahrnehmung zu trainieren, um bewusster mit sich umzugehen. Es ist ein interessantes Unterfangen, jahrlange Angewohnheiten zu ändern, denn unsere (oft schlechten) Angewohnheiten fühlen sich für uns schon »natürlich« an. Es kann sich dementsprechend falsch und unnatürlich anfühlen, wenn man das gewohnte Anspannen und Verkrampfen der Muskulatur sein lässt und plötzlich anders atmet (ebd., S. 49). »Unsere schlechten Gewohnheiten – wie schlaffe Haltung und Mundatmung – die meistens unbewusst bleiben, werden uns vertraut erscheinen und nicht mehr von uns zu trennen sein« (Gelb 1986, S. 59).

Experiment »Tägliches Bewusstseinstraining«

Versuchen Sie in der nächsten Zeit öfter einmal abzuschalten und Ihrem Körper immer wieder mit der Vorstellung vom sich ausbreitenden Atem ein Angebot zu machen. Strengen Sie sich nicht an! Genießen Sie vielmehr dieses Atembild einige Minuten lang. Falls andere Gedanken auftauchen, lassen Sie sie kommen und wieder gehen und konzentrieren Sie sich wieder auf die Atmung, begleiten Sie den Weg der Luft in den Körper hinein und wieder hinaus, Es ist eine einfache Möglichkeit, zu entspannen. Gönnen Sie sich ab und zu diese kleine »Atempause«, denn nach kurzen regenerativen Pausen ist man wieder leistungsfähiger.
Nach einer Weile wird es Ihnen auch mit geöffneten Augen gelingen, einfach immer wieder auf Ihren Atem zu achten und sich für einige Augenblicke vorzustellen, wie er sich im Körper ausbreitet und dann wieder hinausströmt in die Welt. Es kostet Sie nur wenig, später gar keine zusätzliche Zeit mehr, denn Sie können jederzeit Ihre Aufmerksamkeit auf Ihren Atem lenken, überall und für andere unbemerkt. Es ist in jedem Fall eine wunderbare Konzentrations- und Entspannungsübung. Versuchen Sie es zum Beispiel, wenn Sie im Bus sitzen oder irgendwo warten müssen, wenn Sie sich an Ihrem Arbeitsplatz befinden oder vor dem Fernseher, also in den verschiedensten Situationen.

Joe Hyams, der unter anderem mit Bruce Lee verschiedene Kampfkünste studierte, zitiert seinen Meister wie folgt: »Wenn ihr atmet, müsst ihr eure Lungen ganz mit Luft füllen. [...] Die meisten Menschen benützen nur die obere Hälfte ihrer Lungen. Sie füllen nicht den unteren Teil. Wenn ihr richtig atmet, benützt ihr sowohl die obere als auch die untere Hälfte eurer Lungen, wie ihr es auch im Schlaf automatisch tut. Stellt euch vor, die Luft, die ihr atmet, sei wie Nebel, und visualisiert dann, wie er durch Nase und Kehle in euren Unterbauch strömt. Lasst ihn erst dort zirkulieren und dann in eurem Körper, euren Armen und Beinen. [...] Wenn ihr ausatmet, beobachtet den Nebel, wie er euren Mund verlässt. Zu Anfang seid ihr euch vielleicht eures Atems zu sehr bewusst und fangt an zu schnaufen, als ob ihr ein hartes Training macht. Wenn das passiert, fangt einfach von vorne an« (Hyams 1979, S. 61).

Der erste Schritt ist also, ein Bewusstsein für den Atemvorgang zu entwickeln, ohne etwas zu forcieren. Der normalerweise unbewusst ablaufende

Prozess wird nun bewusst wahrgenommen. Man wird sich also seiner selbst bewusster – selbstbewusster.

Wir füllen in der folgenden Übung den Raum um uns herum mit Atem – so wie wir gerne später raumfüllend sprechen möchten. Finden Sie diese Vorstellung einleuchtend oder verrückt? Erinnern Sie sich bitte an einen kalten Wintertag, wenn die ausgeamtete Luft plötzlich sichtbar wird. Luft nimmt tatsächlich Raum ein, sie trägt Schwingungen, zum Beispiel die Schwingung Ihrer Stimme. Sprechen ist ja immer ein Dialog, sonst macht es keinen Sinn, und die Luft sorgt dafür, dass Ihre Botschaft auch ankommt.

Experiment »Raumfüller«

Auch hier sollte Ihre Ausgangsposition einfach nur bequem sein, gleich, ob liegend, sitzend oder stehend. Konzentrieren Sie sich jetzt auf Ihre Ausatmung. Hauchen Sie noch einmal, dieses Mal jedoch, ohne die Hand vor den Mund zu halten. Hauchen Sie hinaus in die Welt. Wie füllt der Atem den Raum um Sie herum?
Schließen Sie für die folgende Einatmung den Mund, lassen Sie einen Atemzug geduldig durch die Nase kommen und wieder gehen, ohne etwas zu tun, um ihn für das nächste H wieder zu öffnen.
Probieren Sie diesen Ablauf dreimal: H – Mund schließen und einatmen – ausatmen – einatmen – H … Wichtig ist hierbei, dass Sie nur für das H den Mund öffnen, nicht aber für die vorhergehende Einatmung.

Stellen Sie sich am Ende Folgendes vor: Die Einatmung füllt Ihren ganzen Körper, und Ihr ausgehauchter Atem den ganzen Raum um Sie herum.

Denken Sie nicht mehr, Sie »müssten« einen Vortrag halten. Stattdessen wollen Sie jetzt den ganzen Raum ohne jede Anstrengung mit Ihrem Atem füllen. Das sollten ab jetzt Ihre geheimen Gedanken bei einem Vortrag sein.

Wir haben im Normalfall immer einen Anlass, zu sprechen, eine Intention. Wenn dieser Beweggrund negativ ist –, zum Beispiel, einen Vortrag halten zu *müssen* – so kann das äußerst kontraproduktiv für den Sprechablauf sein. Es ist oft schon hilfreich, negative Modalverben wie »müssen« oder »sollen« umzuwandeln in positive wie: mögen, dürfen, wollen. Denken wir also um, führen wir positive, umstrukturierende Selbstgespräche wie zum Beispiel: »Ich *möchte* den ganzen Raum um mich herum mit dem, was ich zu sagen habe, füllen. Und ich *will* jede anwesende Person damit erreichen.«

Atmung ist Bewegung

Wenn wir atmen, findet Bewegung statt. Der ganze Rumpf mit dem Brustkorb, der Wirbelsäule, dem Schultergürtel bis hinunter zum Becken und all den dazugehörigen Muskeln ist bestenfalls am Atemgeschehen beteiligt. Muskeln sind die Motoren unseres Lebens. Auch ein ruhender Muskel befindet sich übrigens stets in einer gewissen Grundspannung. Die Lunge, der Umschlagplatz für den Sauerstoff, ist aber kein Muskel. Sie kann sich nicht selbst bewegen, sie ist wie ein Schwamm. Sie *wird* bewegt, und zwar durch die sie umgebende Muskulatur.

Wenn man von Atmung spricht, so meint man meistens die Atembewegungen, die dem Luftaustausch dienen.

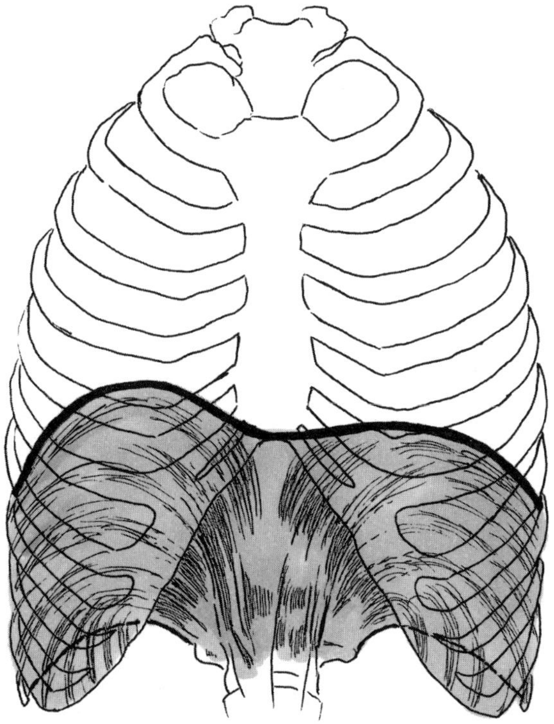

Das wichtigste Organ für unsere Atmung ist das Zwerchfell

»Zwerch« ist ein altdeutsches Wort für quer. Das Zwerchfell (Diaphragma) ist eine nach oben hin gewölbte riesige Muskel-Sehnen-Platte, die sich quer durch den ganzen Rumpf erstreckt. Es wölbt sich in Form von zwei Kuppeln in den Brustkorb hinein und trennt den Brustraum vom Bauch-Becken-Raum. Man kann es sich vorstellen wie ein Trampolin oder ein Zirkusdach oder wie einen aufgespannten Schirm. Dieses quer liegende Zwerchfell ist durch Muskelfasern am Brustbein, an den untersten Rippen und an der Lendenwirbelsäule festgezurrt.

Sobald das Gehirn durch die Rezeptoren im Blut die Information bekommt, dass Sauerstoff fehlt, rast ein Nervenimpuls vom Atemzentrum zum Zwerchfell mit dem Kommando: »Lunge dehnen zur Sauerstoffaufnahme!« Das Zwerchfell bewegt sich abwärts und zieht die Lunge mit sich nach unten. Die Zwischenrippenmuskulatur dehnt sich fast zur selben Zeit aus und nimmt die Lungen mit: nach vorne hin, aber auch zu den Seiten und sogar nach hinten hin zum Rücken – und kaum nach oben.

Bei jeder Einatmung drückt das Zwerchfell auf die Organe im Bauchraum und drängt sie nach unten und außen. Die Muskeln des Bauch- und Beckenraums geben der Bewegung nach, leisten aber auch Widerstand und sind somit Partner oder besser »Gegenspieler« des Zwerchfells (Fiukowski 2004, S. 11). Aber nicht nur die Zwischenrippenmuskulatur und die Bauchmuskulatur, auch die Rücken- und Beckenbodenmuskulatur und die Flanken sind unterstützend aktiv – allerdings sprechen wir hierbei vor allem von inneren Muskelschichten.

Durch die Ausdehnung des Brustkorbs in alle Richtungen entsteht ein Unterdruck wie bei einer Luftpumpe, und Luft strömt in die Lungen. Die Luft wird durch die Ausdehnung der Atemmuskulatur angesogen.

Natürlich funktioniert das nur, wenn wir nicht selbst hörbar nach Luft schnappen und die Luft willentlich in uns hineinziehen. Dann befinden wir uns nämlich in der sogenannten »Hochatmung«. Das bedeutet, dass der Brustkorb und die Schultern stark nach oben gezogen werden. Möglicherweise bewegt sich das Zwerchfell sogar »paradox« – das heißt, es bewegt sich nicht abwärts mit der Einatmung, sondern aufwärts. Auch wenn sich für die (vielen!) Betroffenen diese Form der Atmung »natürlich« oder »normal« anfühlt, so ist es doch eine krank machende falsche Angewohnheit. Darum sollte man lernen, sich geduldig zu beobachten (Stevens 1989, S. 48 f.). Mit einer Hochatmung ist gesundes, kraftvolles und ausdauerndes Sprechen nämlich kaum möglich.

Die Atmung geschieht durch die Veränderungen im Brustraum: Einatmung bedeutet Ausdehnung, Weite, Spannung für die Muskulatur. Ausatmung ist Rückzug, Entspannung, Loslassen – wenn wir nicht sprechen. In der sogenannten Ruheatmung gilt also: Einatmung ist Spannung, Ausatmung ist Entspannung.

Gute Atmung ist innere Massage!

Wenn man auf den Atem achtet, spürt man oft das Herz klopfen. Das Herz ist ja auch ein Muskel. Die linke Herzkammer pumpt das mit Sauerstoff angereicherte Blut in den Körper, die rechte das abfallstoffhaltige Blut in die Lungen. Unser Herz ist ein etwa faustgroßer Hohlmuskel, den wir durch

Ausdauersport und regelmäßige Bewegung trainieren können – und durch Atemtraining! Mit der Ausatmung, also wenn das Zwerchfell sich hebt, wird das Herz auch noch sanft massiert, ebenso wie die Organe im Bauchraum mit jeder guten Einatmung. – Gute Atmung ist also permanente innere Massage.

Vielleicht kennen Sie das Gefühl, mit einem vollen Magen kaum richtig durchatmen zu können? Menschen mit einem großen Bauchumfang, auch schwangere Frauen, können ebenfalls oft eine Beeinträchtigung der Bewegungsfähigkeit des Zwerchfells spüren.

Experiment »Luftballon«

Setzen Sie sich für diese Übung bequem auf einen Stuhl. Lehnen Sie sich an, aber versuchen Sie, dabei möglichst aufrecht zu sitzen – so weit, wie es für Sie bequem ist. Legen Sie dann bitte ganz absichtslos beide Hände auf Ihren Bauch. Bitte beengende Gürtel öffnen oder gar ablegen – beengende Kleidung sollte man sich einer guten Atmung zuliebe sowieso eher abgewöhnen.
Lassen Sie Ihren Atem wie in den vorhergehenden Übungen einfach kommen und gehen. Richten Sie Ihre Aufmerksamkeit nun auf die Bewegung unter Ihren Händen. So können Sie vielleicht beobachten, dass sich der Bauch von selbst bewegt. Bitte tun Sie nichts extra!
Objektiv fließt hier natürlich keine Luft hin, subjektiv können wir uns aber vorstellen, die Luft würde sich dort unten ausbreiten, als wäre unser Bauch-Becken-Raum ein Luftballon, in den die Luft ein- und ausströmt. Stellen Sie sich das bitte einige Atemzüge lang vor. Verändert sich die Bewegung durch die Vorstellung?
Spüren Sie die Atembewegung auch im Rücken? Falls Sie es (noch) nicht spüren, konzentrieren Sie sich bitte trotzdem für eine Weile auch auf diesen Körperbereich.
Stellen Sie sich zuletzt bitte vor, der Atem strömt in den Körper hinein, wie wenn Wasser in ein Glas fließt – also von unten nach oben sich füllend.

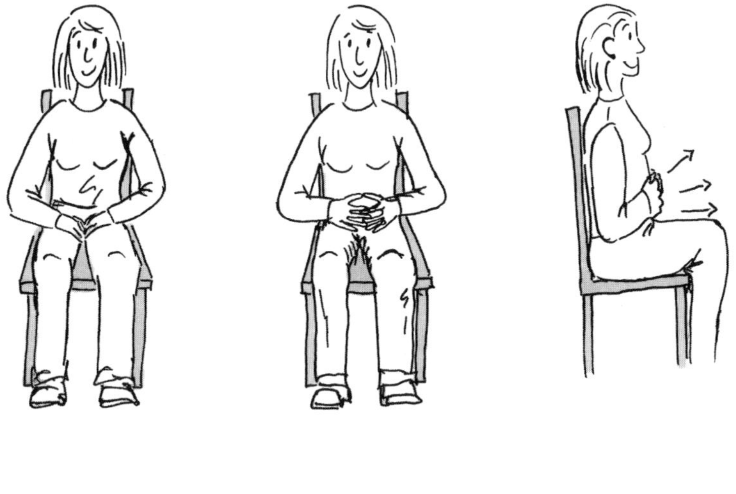

Vielleicht fühlt sich das alles sehr ungewohnt für Sie an, so als ob man sich in einer neuen Sportart versucht und plötzlich Muskeln spüren soll oder spürt, von denen man vorher nicht einmal wusste, dass es sie überhaupt gibt. Haben Sie Geduld, das Wichtigste an dieser Übung ist nicht das Ergebnis, sondern das sich entwickelnde Bewusstsein. Erlauben Sie sich, nichts erreichen zu müssen. Entdecken Sie die Atemmuskulatur, und entdecken Sie Ihren persönlichen sich ständig wandelnden Atemrhythmus.

Dann stützen Sie bitte Ihre Fäuste einige Atemzüge lang in die Taille, in die Flanken. Gibt es hier auch Bewegungen, wenn Sie atmen? Die Übung, Ihre Hände aufzulegen und die Atembewegung mit Ihrer Aufmerksamkeit zu begleiten, können Sie auch im Liegen durchführen (vgl. Middendorf 1990, S. 18–22).

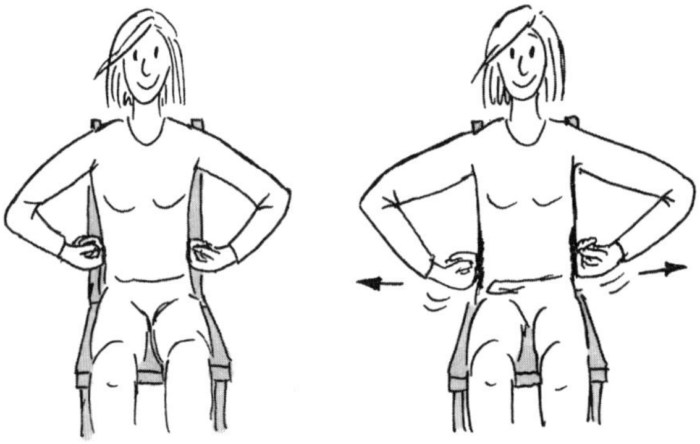

Vielleicht bemerken Sie mit der Zeit, dass immer mehr Muskeln am Atemgeschehen beteiligt werden. Ein Muskel zieht den nächsten mit sich, denn nichts in uns geschieht isoliert. Wobei es nicht um die *Menge* der Luft geht, die wir einatmen, sondern darum, alle Bereiche der Lunge zu erreichen, also ihre Kapazität optimal zu nutzen. Es sollte sich niemals voll oder beklemmend anfühlen!

TIPP: Falls Sie sich einmal beengt fühlen sollten, so machen Sie sofort eine Pause. In seltenen Fällen können Atemübungen zu Schwindelgefühl oder gar Hyperventilation führen. Wenn das passiert, stoppen Sie sofort. Dann hilft es, die Ohren zu massieren. Diese kleine Übung des Ohrenmassierens finden Sie auch in der Kinesiologie, hier wird sie »Denkmütze« genannt.
Die »Denkmütze« unterstützt auch Kinder, die nicht mehr zuhören können. Das Reiben der Ohrläppchen ist sehr aktivierend. Kleinkinder kann man oft dabei beobachten, dass sie es von alleine tun, wenn sie müde sind, aber unbedingt wach bleiben wollen.

Das »Powerhouse«

Wenn man sagt: »Atme doch einmal tief durch!«, so heben die meisten Menschen die Schultern hoch und ziehen viel Luft ein, sie gehen in die bereits erwähnte Hochatmung. Die oberen Bereiche der Lungenflügel sind aber sehr klein und in ihrer Dehnbarkeit äußerst begrenzt. »Tief durchatmen« bedeutet eben genau das, was das Wort sagt: *tief.* Und tief heißt nicht unbedingt *viel,* sondern tief nach unten hin, tief in den Körper hinein in Richtung Beckenboden.

TIPP: Im Stress sollte man grundsätzlich AUSATMEN! Wenn man wütend, also »sauer« ist, ebenfalls! Das baut die Säure ab!

Am besten ist, in Stresssituationen gut auszuatmen, nicht einzuatmen! Gutes Ausatmen entschlackt und »entsäuert« und führt dann wie von selbst zu einer folgenden tiefen Einatmung. Übertriebenes Einatmen kann Verspannungen unterstützen! Auch für Asthmatiker ist gutes Ausatmen wichtig, ebenso das Einüben des Vertrauens, dass die neue Einatmung folgen wird.

Das Ziel aller Übung ist schließlich die Vollatmung, die sich mit Zeit, Geduld und Übung einstellt. Es geht tatsächlich um den gesamten Rumpf, das »Powerhouse« – wie es in der Trainingsmethode von Pilates genannt wird.

In der Körpermitte ist die Kraft für Atem und Bewegung – und für eine laute, kraftvolle Stimme

Um ein Gefühl dafür zu bekommen, wie viel Kraft sich in Ihrer Körpermitte versammelt, probieren Sie die nun folgende Übung, angelehnt an die Übungsmethode, die in den 1920er-Jahren von Joseph Pilates (1880–1967) entwickelt und nach ihm benannt wurde.

Experiment »Das Powerhouse«

Legen Sie sich auf den Rücken und stellen Sie die Beine auf. Gerne dürfen die Hände auch hier auf dem Bauch liegen. Mit einer Ausatmung, die Sie mit einem »fff …« begleiten, ziehen Sie Ihren Bauchnabel in Richtung Wirbelsäule. Tun Sie dies, solange es angenehm ist. Mit der folgenden Einatmung lassen Sie die Anspannung wieder los und atmen einige Atemzüge lang, ohne etwas zu tun!
Wiederholen Sie nach einer Weile die vorhergehende Übung, spannen Sie dabei bitte zusätzlich alle Bauchmuskeln an und ziehen Sie dazu auch noch Ihre Beckenbodenmuskulatur »wie einen Fahrstuhl nach oben« (Moriabadi 2005, S. 21). Vergessen Sie dabei nicht, auf »fff …« auszuatmen, solange es angenehm für Sie ist. Lassen Sie dann alle Anspannung mit dem folgenden Einatmen wieder los, und machen Sie zwei, drei Atemzüge lang Pause.

Diese Übung können Sie gerne dreimal täglich oder auch öfter ausführen, um die Muskulatur unterhalb des Zwerchfells gut kennenzulernen und zu trainieren. Sie können es dann auch im Sitzen und im Stehen versuchen. Die

Gelassenheit bedeutet – körperlich betrachtet – eine Tiefstellung des Atemvorgangs im Sinne eines gut schwingenden Zwerchfells und das Zulassen des vollen, den gesamten Rumpf einbeziehenden Atemvorgangs.

Rumpfmuskulatur soll eine stabile »Säule« werden. Sie ist grundsätzlich nicht nur wichtig für die Atmung, sondern auch »die Basis für die Balance des Körpers«, so beschreiben es die Trainer der Fußballnationalmannschaft (Müller-Wohlfahrt/Schmidtlein 2007, S. 50).

Experiment »Rhythmus«

Es ist ratsam, die folgende Übung zunächst im Liegen zu versuchen, weil hierbei der Körper am entspanntesten ist. Wenn Sie lieber dabei sitzen, versuchen Sie dies möglichst aufrecht zu tun.
Schließen Sie bitte Ihre Augen und tun Sie gar nichts, lassen den Atem einfach kommen und gehen und lauschen seinem Rhythmus. Er ist vielleicht wie eine Meereswelle, die sanft hinein- und wieder hinausströmt, sie dehnt sich aus und zieht sich wieder zurück. Nach einer Weile beobachten Sie Folgendes: Gibt es eine Pause nach der Ausatmung? Lauschen Sie sozusagen in sich hinein: Ist da vielleicht eine kleine Pause, in der einen Moment lang scheinbar nichts geschieht, bevor es irgendwann wieder umschlägt zur Einatmung? Können Sie wahrnehmen, wo dieser Impuls stattfindet? Richten Sie Ihre Aufmerksamkeit immer wieder besonders auf diese Pause.

Der Ruheatemrhythmus funktioniert im besten Fall so: Einatmung – Ausatmung – Pause (vgl. unter anderen Saatweber 1990, S. 14 ff.). Lauschen Sie bitte diesem Rhythmus vollkommen absichtslos, geradezu gleichgültig. Haben Sie Mut zur Pause! Mut zur Pause benötigt man auch bei Vorträgen! Lernen Sie, diese kleinen Pausen zu genießen. Irgendwann ist ein Impuls spürbar, ein Richtungswechsel der Muskulatur. Mit der Ausatmung bewegt sich alles nach innen hin, dann schlägt es um in die Ausdehnung nach außen hin.

Probieren Sie diese Atemübungen in den nächsten Tagen so oft wie möglich aus. Schalten Sie einen Moment um, lenken Sie Ihre Gedanken auf die Atmung, ohne sie verändern zu wollen. Spüren Sie einfach nur hin, und achten Sie manchmal besonders auf diese Pause. Wenn Sie Ihre Atmung im Liegen beobachten, vielleicht bevor Sie einschlafen, so wird die Pause möglicherweise sogar sehr lang sein, weil man dann besonders entspannt ist. Wenn Ihr Kopf voller Gedanken ist, können Sie mithilfe dieser kleinen ersten Übungen vielleicht besser abschalten und einschlafen.

Betrachten Sie sich als Forscher in eigener Sache. Experimentieren Sie, beobachten Sie, lauschen Sie Ihrem persönlichen Atemrhythmus, der Bewegung, oder folgen Sie dem vorgestellten Bild des Atemwegs. Sie werden bemerken, dass die Atmung immer anders ist, dass wir sie beeinflussen können, lenken können – und damit unser Denken gleich mit lenken.

Die drei Übungen zur Atmung auf einen Blick:

- Der Atemweg: Die Luft strömt ohne aktives Zutun ein, breitet sich aus und strömt wieder hinaus in die Welt.
- Die Atembewegung: Mithilfe der Hände nimmt man die Bewegung der Atemmuskulatur wahr, und sie vertieft sich wie von selbst.
- Die Atempause: Versuchen Sie, die Pause nach der Ausatmung bewusst wahrzunehmen und sie Tag für Tag mehr zu genießen.

Atem und Körperhaltung

Wenn wir im Folgenden von Haltung sprechen, muss man sich zunächst einmal klarmachen, wovon man genau spricht, denn »Haltung« meint ja sowohl die innere als auch die äußere Haltung. »Das Phänomen Haltung steht somit im Spannungsfeld der alten philosophischen Diskussion um das Verhältnis zwischen Leib und Seele« (Ernst 1998, S. 5). An der (physischen) Körperhaltung kann man häufig den inneren (psychischen) Zustand, die innere Haltung des Menschen dem Leben oder der jeweiligen Situation gegenüber erkennen.

Durch eine Veränderung an der Aufrichtung kann man sowohl die eigene Gefühlslage als auch seine Wirkung auf andere Menschen beeinflussen.

Im Folgenden möchte ich zunächst auf die *äußere Haltung* des Menschen eingehen.

Das Zwerchfell ist, wie schon erwähnt, mit großen Muskelsträngen fest an der Lendenwirbelsäule verankert. Der Brustkorb ist optimal in alle Richtungen dehnungsfähig, wenn die Wirbelsäule aufgerichtet ist. Neben einer kräftigen Rumpfmuskulatur ist die gute Haltung also eine Bedingung für den reibungslosen Ablauf des Atemvorgangs. Und für eine gute Haltung ist wiederum die Rumpfmuskulatur wichtig. Alles bedingt sich gegenseitig.

Physikalisch betrachtet ist der Mensch »im Lot«, wenn die Wirbelsäule aufrecht ist. Es geht um eine »Lotlinie« durch den Körper, einen vertikalen »Zug nach oben durch die gesamte Wirbelsäule, der sie nahezu völlig streckt« (Aderhold/Wolf 1989, S. 12).

Allerdings geht es nicht darum, stocksteif gerade zu stehen oder zu sitzen, denn anatomisch betrachtet weist die Wirbelsäule eine doppelte S-Form auf. Sie ist nicht gerade, sondern leicht geschwungen und sehr beweglich, damit sie Stöße und Belastungen durch eine optimale Federung auffangen kann.

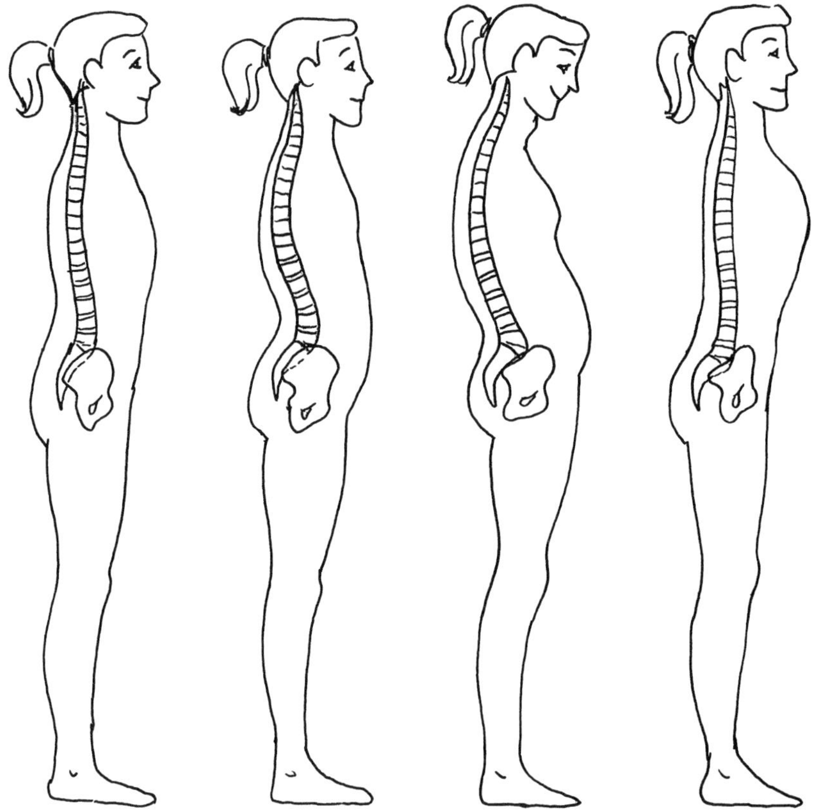

1. aufrechte Haltung
2. »Hohlkreuz«
3. »Rundrücken«
4. »Brust raus, Bauch rein? Nein!«
(Vgl. Fiukowski 2004, S. 11)

Es sollte sich nur ein leichter und gleichmäßig geschwungener Bogen vom Kreuzbein bis hinauf zum mittleren Bereich der Brustwirbelsäule bilden. Keinesfalls darf nur der Lendenwirbelbereich eingeknickt oder das Kinn zur Brust gedrückt werden.

Es geht also nicht darum, in einer »richtigen« Position zu verharren, sondern aufrecht und dabei beweglich zu bleiben. Über längere Zeit in einer Position zu verharren »ist Gift für die Bandscheiben, weil ihre Umgebung schlecht durchblutet wird« (Ruge/Dekkers 2007, S. 38).

Nicht eine gerade, starre, ja fast militärische Haltung ist erstrebenswert. Das Ziel ist vielmehr, dass »die Fähigkeit, die Wirbelsäule völlig zu strecken, vorhanden ist und erhalten bleibt« (Fiukowski 2004, S. 10). Inhalt eines Trainings sollte dementsprechend sein, immer wieder die Wirbelsäule zu bewegen, zu strecken, Platz zu schaffen zwischen den Wirbeln, die Beweglichkeit und Dehnfähigkeit der gesamten zuständigen Muskulatur zu erhalten und zu trainieren.

Denn die gesamte Rumpfmuskulatur, besonders die innere Muskulatur, ist sowohl für die Aufrichtung als auch für die Atmung zuständig.

Die Streckung der Wirbelsäule entspricht dem höchsten Punkt der Einatmung und eher der körperlichen Leistungsbereitschaft. Aufgerichtet wirkt man aufnahmebereit und kontaktfreudig. Eine noch natürliche leichte Krümmung der Wirbelsäule entspricht hingegen der Entspannung und damit der Ausatmung. Es signalisiert denn auch eher eine Art Rückzug.

Nur in einer aufgerichteten Haltung ist eine »gelenkschonende Belastung des Bewegungsapparates« möglich. Nur so »gewährleistet sie eine optimale Weitung des Brustkorbs zur Sauerstoffaufnahme« (Ernst 1998, S. 11).

Die Körperhaltung beeinflusst die Atmung und umgekehrt

Wenn man nicht aufrecht ist, fällt man zwar nicht gleich um und hört auf, zu atmen, aber die Atmung wird flacher. So führt eine scheinbar »bequeme« Haltung mit rundem Rücken dazu, dass man weniger Sauerstoff bekommt – und das ermüdet natürlich.

Außerdem wird eine schlechte Haltung immer an anderen Stellen im Körper kompensiert. So kommt es zu Anspannungen, Verspannungen und Blockaden an den unterschiedlichsten Stellen. Viele Menschen leiden durch zu häufiges Sitzen und zu wenig oder einseitige Bewegung an Rückenproblemen und Nacken- beziehungsweise Kopfschmerzen. Durch ein Üben an Aufrichtung und Atmung können so manche Rücken-, Nacken- und Kopfschmerzen verschwinden.

Schlapp abhängen macht noch schlapper

Dauerhafte Unbewegtheit und schlechte Haltung sind schädlich. Wirbelsäule und Brustkorb werden möglicherweise steif, Lenden-, Bauch- und Beckenmuskulatur erschlaffen oder verkürzen sich. Das Körpergewicht übt Druck auf die Hüft- und Kniegelenke und die Bandscheiben aus, weil die Rumpfmuskulatur nicht stützend tätig ist. »Eine schlechte Körperhaltung im Alltag« führt sogar zu »Stresszuständen« (Meyners 1996, S. 188).

Womit wir bei der *inneren Haltung* angelangt wären. Denn »wie sich jemand hält, hängt auch maßgeblich davon ab, wie er sich verhält – körperliche und seelische Anteile wirken also bei der Körperhaltung immer untrennbar zusammen« (Ernst 1998, S. 15). Eine Veränderung der Körperhaltung kann unsere Befindlichkeit beeinflussen! Und als Folge dessen wirken wir anders auf unsere Umgebung. Wir gehen dann »aufrecht durchs Leben«. In Präsentationstrainings wird deshalb auch immer an einer solchen aufrechten, »souveränen Körperhaltung« gearbeitet.

Zusammenfassend kann man sagen: Nur wenn der Körper aufrecht und gleichzeitig beweglich ist, kann die Atemmuskulatur optimal arbeiten.

Versuchen Sie, die folgende Bewegung immer auf unterschiedliche Art auszuführen, mal schnell, dann wieder langsam, groß oder klein, ganz wie Sie es mögen.

Experiment »Das Zahnradmodell«

Diese Übung ist angelehnt an das »Zahnradmodell« von Alois Brügger (Brügger 1987, S. 17 ff.).

Setzen Sie sich bequem auf einen Stuhl oder Hocker, beide Füße parallel am Boden. Legen Sie bitte eine Hand auf den Bauch unter den Bauchnabel und die andere auf das Brustbein. Bewegen Sie nun das Becken und den Brustkorb so, dass sich die Hände einmal aufeinander zu, und dann wieder voneinander wegbewegen.
Das Becken wird also einmal nach hinten gerollt, sodass Ihr Rücken rund wird, und anschließend nach vorne gekippt (Hohlkreuz). Kippen Sie das Becken, soweit es möglich und angenehm ist, hin und her. Lassen Sie daraus eine angenehme, fließende Bewegung entstehen, und wiederholen Sie diese Übung einige Male unabhängig vom Atem. Achten Sie bitte nur darauf, dass Sie den Atem nicht anhalten und dass sich die Zunge in ihrer entspannten Ruhelage befindet. Der Kopf bleibt in ungefähr der gleichen Position, mit dem Blick auf einen Punkt an der gegenüberliegenden Wand gerichtet.

Stellen Sie sich, während Sie so üben, bitte vor, es gäbe drei Drehmomente in Ihrem Körper:

- das Kippen des Beckens,
- die Auf- und Abwärtsbewegung des Brustkorbs und
- die Streckung oder Beugung der Halsmuskulatur mit dem Kopf.

Spüren Sie, wie sich alles gegenseitig bedingt?

Am Ende halten Sie inne. Stellen Sie sich nun bitte vor, Sie würden wie eine Marionette an einem Faden hängen, und der Puppenspieler zieht Ihre Wirbelsäule lang. Atmen Sie dabei bitte mit einem »fff …« aus. Wie lang sind Sie? Wie fühlt es sich an, die Wirbelsäule zu strecken? Mit der folgenden Einatmung lassen Sie einfach los. Wie weit sind Sie über sich hinausgewachsen?

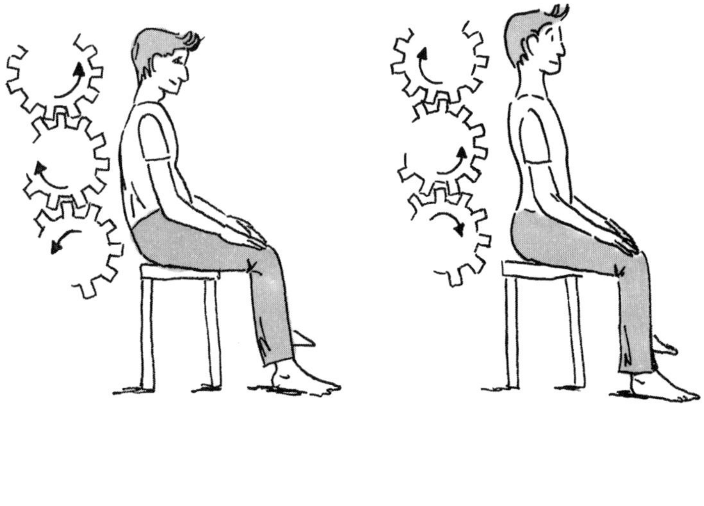

Eine gute Kopfposition bedeutet übrigens, dass die Nasenspitze sich ein wenig unterhalb der Waagerechten befindet, also etwas tiefer als die Ohren, und Sie blicken zum Horizont – nicht nach oben, nicht nach unten – sondern in die Ferne zum Horizont. Hierbei wird die Nackenmuskulatur leicht gestreckt, das Kinn wird nicht zur Brust gedrückt. Nur wenn der Nacken lang ist, ist das sogenannte Okzipitalgelenk frei, was wichtig für die gesamte Körperspannung ist.

Versuchen Sie ab jetzt, manchmal auf Ihre Körperhaltung zu achten, im Stehen wie im Sitzen. Beobachten Sie Ihre Haltung im Spiegel – eine äußere Kontrolle ist hilfreich, da unser eigenes Empfinden stark an unsere Gewohnheit gekoppelt ist. Man findet die gewohnte Haltung bequem und eine aufrechte Haltung möglicherweise unbequem, anstrengend und vielleicht sogar schmerzhaft – die Muskulatur hat sich bereits Ihren Gewohnheiten angepasst. Dann ist es besonders wichtig, immer wieder in Bewegung zu bleiben, damit sie wieder gedehnt und beweglich wird und nicht »einrostet«.

TIPP: Falls Sie Rückenprobleme haben, klären Sie unbedingt beim Arzt ab, ob Sie uneingeschränkt bewegungsfähig sind! Die Übung sollte sich leicht und angenehm anfühlen und nicht wehtun. Falls Sie häufig Rückenschmerzen haben oder auch nur um sicherzugehen, dass Ihre Haltung gut und gesund ist, sollten Sie sich eine Körperarbeit gönnen wie zum Beispiel die Alexander-Technik oder Feldenkrais, Rolfing, Eutonie oder Osteopathie, Yoga, Tai Chi oder Qigong.
Viele Methoden machen unbewusste falsche Haltungs- und Bewegungsmuster bewusst, helfen bei Schmerzen, die durch Fehlhaltungen bedingt sind, und bieten dauerhafte Veränderungsmöglichkeiten an. Zudem beziehen diese Methoden oft direkt oder indirekt den Atem in ihre Arbeit mit ein. Suchen Sie sich eine Methode aus, die Ihnen entspricht und Ihnen Freude bereitet.
Das chinesische Schriftzeichen »Gong« bedeutet übrigens, je nach Zusammenhang: Übung, Disziplin, Arbeit, Aufgabe, Tugend, Fähigkeit, Erfolg durch Ausdauer und Übung, Entfaltung, Wohltat oder Kunstfertigkeit …

Sind Sie locker?

Für die gute und gesunde Körperhaltung und einen tiefen Atem sind nicht nur die aufgerichtete Wirbelsäule und eine kräftige Rumpfmuskulatur maßgeblich, sondern auch die Durchlässigkeit und Bewegungsfähigkeit der Gelenkmuskulatur. Wenn man zum Beispiel fest ist im Schultergürtel, die Schultern gar hochgezogen werden, so ist das kontraproduktiv.

Locker lassen! – ist die Devise, und das meint locker in den Gelenken bei gleichzeitiger Aufrichtung der Wirbelsäule.

Schulter-, Hüft- und Kiefergelenke und sogar die Knie sollten also beweglich sein. Durch die Aufrichtung der Wirbelsäule behält der Körper eine gesunde und ausgewogene Grund- oder Wohlspannung (Eutonus).

»Der Reiter muss bezüglich seiner Verspanntheit, Blockaden, mangelnden Dehnfähigkeit, seines ganzkörperlich-koordinativen Krafteinsatzes und seines ganzkörperlichen Zusammenspiels systematisch vorbereitet werden« (Meyners 2008, S. 7). Was Meyners für Reiter fordert, gilt gleichermaßen für Vielsprecher und Sprechsportler. Es geht hier wie dort um »Elastizität der Muskeln, Mobilität der Gelenke« (ebd.) – das ist gemeint mit: Locker lassen!

Körperliche Erschlaffung (Hypotonie) ist ebenfalls kontraproduktiv. Es können Nackenschmerzen auftreten, vielleicht entwickelt sich ein Rundrücken oder ein steifer Brustkorb. Sie hat Schlaffheit im Lendenwirbelbereich zur Folge und damit die Gefahr eines Bandscheibenvorfalls, ebenfalls mangelnde Bewegungsfähigkeit des Zwerchfells. Das Sprechen ist in solchen Fällen meistens »unterspannt«: Nuscheln, zu leises, verhauchtes oder zu schnelles Sprechen sind die wesentlichen Merkmale.

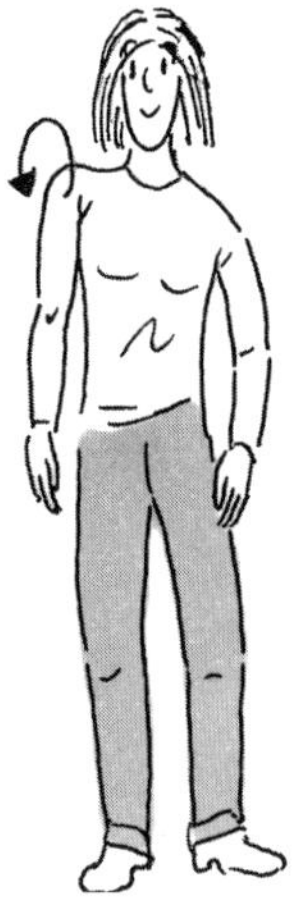

Experiment »Lockerung«

Die folgenden Übungen können Sie sowohl im Sitzen als auch im Stehen ausführen. Bitte sitzen Sie breitbeinig, positionieren Sie sowohl im Stehen als auch im Sitzen Ihre Füße etwa hüftbreit, und versuchen Sie, möglichst aufrecht zu sitzen – allerdings so, dass es angenehm für Sie ist. Die Reihenfolge der Übungen können Sie beliebig variieren, die Übungen bauen nicht aufeinander auf, sind also keine Übungsreihe, sondern eine Übungsfolge. Die Bewegungen werden grundsätzlich an die Ausatmung gekoppelt.

Lockerung des Schultergürtels: Kreisen Sie nun bitte Ihre Schultergelenke so, wie Sie mögen, und zwar gekoppelt an eine hörbare Ausatmung, also solange eine Ausatmung auf »fff …« dauert.
Beenden Sie die Bewegung mit der folgenden Einatmung. Genießen Sie diese meist recht tiefe Einatmung. Lassen Sie einen Atemzug kommen und gehen, atmen Sie nach. Diese Nachatempause ist ebenso wichtig wie die Bewegung vorher. Spüren Sie einen Augenblick nach, und lassen Sie den Körper die Sauerstoffverhältnisse wieder ausgleichen. – Wiederholen Sie den Ablauf dreimal.
Mit dieser einfachen an den Atem gekoppelten Übung lockern und dehnen Sie die obere Brust- und Rückenmuskulatur und die Muskelzüge um das Schultergelenk herum. Diese Übung ist äußerst hilfreich bei langem Arbeiten am Computer.

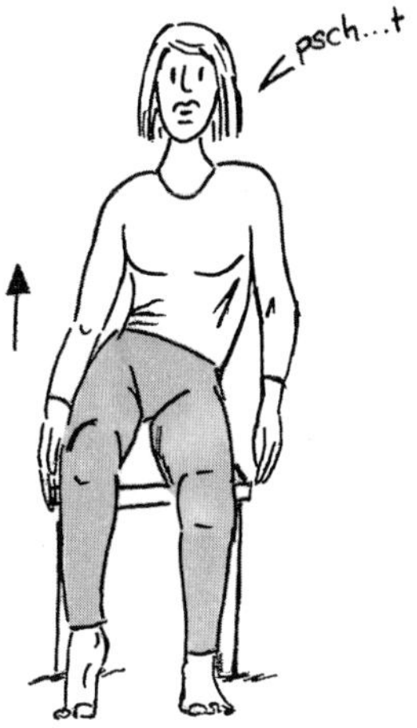

Lockerung der Hüftgelenke: Bitte kippen Sie dann die rechte Hüfte zur rechten Seite hin. Im Sitzen hat das zur Folge, dass die linke Pobacke sich vom Stuhl abhebt und Ihr Gewicht auf der rechten Pobacke liegt. Der Kopf sollte dabei ungefähr an derselben Stelle bleiben, sodass die Wirbelsäule sich leicht biegt. Achtung: Dabei nicht nach vorne hin zusammensacken, sondern in eine seitliche Dehnung gehen!
Stellen Sie sich bitte vor, Sie würden nun wie ein Hündchen auf dem Fußballplatz einen Torpfosten anpinkeln, dabei machen Sie statt »fff ...« nun »Psch ...t«.Mit dem »t« lösen Sie diese Bewegung wieder auf und kommen wieder zur Mitte zurück. – Pause zum Nachatmen nicht vergessen!
Dann tun Sie das Gleiche bitte zur anderen Seite hin.
Bitte wiederholen Sie diese Übung zwei- oder dreimal. Mithilfe dieser Bewegungssequenz können Sie die Muskulatur um Ihre Hüftgelenke herum dehnen, aktivieren und lockern. Das sorgt für eine verbesserte Durchblutung.

Lockerung der Kiefergelenke: Und nun bewegen Sie bitte Ihren Unterkiefer, indem Sie sich vorstellen, er würde kleine, vorsichtige Kreise vorwärts herum ziehen – wie ein Turner am Reck. Dabei lassen Sie die Luft einfach ausströmen. Halten Sie inne, sobald die Einatmung kommt, und atmen Sie nach.
Probieren Sie auch kleine Rückwärtskreise, gekoppelt an den Ausatem.
Am Ende streifen Sie bitte, am besten mit einem kleinen Seufzer, die Wangen ab und lassen Ihren Kiefer einmal locker hängen.

Geht das problemlos? Oder hakt es irgendwo im Kiefergelenk, knirscht es, oder knackt es? Erfahrungsgemäß ist das bei sehr vielen Menschen der Fall, und zwar aus verschiedenen Gründen. Es kann zum Beispiel an mangelnder Bewegung in diesem Bereich liegen oder an häufiger Anspannung (Zähne zusammenbeißen und durch!), oft ist auch das (ehemalige) Tragen einer korrigierenden Zahnspange verantwortlich, die zum Teil den Biss verändert.

In der Muskulatur des Kiefers, im Hauptkaumuskel, sitzen häufig starke Anspannungen. Verspannungen an dieser Stelle wirken sich auf den ganzen Körper aus. Die Kaumuskulatur ist die kraftvollste Muskulatur unseres Körpers. In erster Linie für das Zermalmen unserer Nahrung zuständig, bildet genau diese Muskulatur die Laute der Sprache. Sie wird heutzutage in ihrer Beweglichkeit weniger beansprucht als früher. Eine harte Brotkruste wird in diesen Tagen meistens abgeschnitten, und man kann bereits Toastbrot ohne Kruste kaufen! Die Kaumuskulatur läuft Gefahr, zu verkümmern, muss aber zugleich größte Anspannungen aushalten, zum Beispiel beim nächtlichem Zähneknirschen in Stresszeiten. Vielleicht essen Sie ab jetzt täglich ein oder zwei Äpfel, kauen ausgiebig und machen sich dabei bewusst, dass Sie Ihre Sprechwerkzeuge damit trainieren.

TIPP: Wenn Ihr Kiefer sehr verspannt ist, so hat das nicht nur starke Auswirkungen auf Ihre gesamte Körperspannung, sondern auch auf Ihre Sprechweise und den Stimmklang. Sie können Ihre Kiefermuskulatur massieren und lockern, indem Sie den Daumen der rechten Hand in das Mundinnere der gegenüberliegenden Seite führen. Ganz hinten, auf Höhe der letzten Backenzähne, können Sie den großen Kaumuskel spüren. Die restlichen Finger helfen von außen, den Muskel sanft durchzukneten. Nach einer Weile wechseln Sie die Seiten.
Massagen, also eine sogenannte passive Aufwärmung der Muskulatur, gehören zu jedem Sport, so auch zum Sprechsport.

Eine aufrechte und lockere Körperhaltung bezeichnet man als »souveräne Haltung«. Sie ist ein Ziel im Sprechsport-Training.

Experiment »Die souveräne Haltung«

Stellen Sie sich nun so hin, dass die Füße etwa hüftbreit und parallel auseinanderstehen. Das Gewicht sollte auf den Füßen gleichmäßig verteilt sein. Beginnen Sie dann, in den Fußgelenken und Kniegelenken sanft zu federn, die Wirbelsäule bleibt dabei aufrecht. Stellen Sie sich dabei vor, Sie wären eine Marionette und hingen an einem Faden. Über Ihnen irgendwo hockt der Puppenspieler und bewegt den Faden, an dem Sie so hängen, dass zwar die Wirbelsäule lang bleibt, aber die Beine federn. Sie blicken dabei geradeaus und in die Ferne.
Führen Sie dies eine Weile durch, solange es angenehm ist. Dann bewegen Sie den Kopf langsam auf und ab – können Sie dabei Veränderungen in der Muskelspannung des Körpers wahrnehmen? Je weiter der Kopf nach oben oder unten hin geneigt wird, desto weniger schwingungsfähig, durchlässig und locker ist der Körper. Suchen Sie nun wieder die ideale Kopfposition auf: leicht unterhalb der Waagerechten, mit dem Blick zum Horizont. Überprüfen Sie, ob dies der Punkt ist, an welchem der Körper am lockersten federt (vgl. Meyners 2008, S. 61).
Drücken Sie Ihre Knie jetzt bitte einmal fest nach hinten durch. Können Sie wahrnehmen, dass der Atemvorgang im Bauch-Becken-Raum dadurch blockiert wird?
Lassen Sie nun Ihre Knie ein wenig locker, nur so weit, dass sie nicht durchgedrückt sind. So kann die Atemmuskulatur optimal arbeiten. Ist Ihre Wirbelsäule aufrecht? Die Schultern locker? Der Kiefer? Und wo liegt die Zunge in diesem Augenblick?

Mit dieser Übung können Sie Ihre »souveräne Haltung« erarbeiten und erhalten. Spüren Sie Ihren Körper ab und zu durch mit den Fragen:

- Ist die Wirbelsäule aufrecht? Sind die Füße stabil am Boden – sind sie beziehungsweise Sie also gut geerdet?
- Sind die Gelenkpaare locker und durchlässig? Die Kiefergelenke (damit man gut artikulieren kann), die Schultergelenke mit den locker herabhängenden (und für Gestik freien) Armen, die Hüften, Knie, Fußgelenke? Sind sie beziehungsweise Sie locker?!

Atmung und Emotion

Emotion ist ebenfalls Bewegung im Körper. Man ist »bewegt«, »gerührt«, man regt sich auf, die Kehle ist einem wie zugeschnürt ... »Negative« Emotionen sind gekoppelt an Muskelkontraktionen, und Muskelkontraktionen bedeuten Engegefühle. Wenn dieser Zustand anhält, wird es als negative Emotion interpretiert, denn dieser Zustand ist unangenehm.

In diesem Zusammenhang ist es interessant, dass das Wort Angst ursprünglich aus dem Lateinischen stammt. Es leitet sich von »angustus« ab, und das bedeutet auf Deutsch: Enge. Negative Emotionen machen eng. Und sie beeinflussen den Atemvorgang, denn es ist auch die Atemmuskulatur, die sich da zusammenzieht.

Atmen Sie doch einmal tief durch!

Dieser Rat wird uns gerne gegeben, wenn eine emotionale, meist negative und uns beeinträchtigende Aufregung vorhanden ist. Jede Emotion (engl. *motion,* Bewegung, mit diesem Begriff ist die innere Bewegung gemeint; *movement* meint die äußere Bewegung, die deutsche Sprache unterscheidet hierbei nicht!) ist eine muskuläre Bewegung und somit unausweichlich auch ein Atemmuster.

Positive Emotionen bedeuten hingegen, muskulär betrachtet, Schwingungsfähigkeit und Weite. Und das ist die elementare Voraussetzung für einen freien, tiefen Atem und für eine frei klingende Stimme!

Wenn man starke Emotionen empfindet, spricht man auch davon, dass man aus dem inneren Gleichgewicht ist. In der Kinesiologie empfiehlt man deshalb als Antistressmaßnahme Überkreuzübungen, da man festgestellt hat, dass in Stresssituationen möglicherweise auch die beiden Gehirnhälften nicht mehr optimal zusammenarbeiten.

Der Körper drückt in seiner Sprache unseren geistigen und emotionalen Zustand aus. So kommt es, dass ein öffentlicher Redner vor lauter Anspannung permanent auf und ab wippt, in den Haaren fummelt oder an einem Stift spielt, sich an ein Pult oder sein Skript klammert, die Hände verkrampft, wie ein Tiger im Käfig auf und ab läuft, an die Decke oder auf die eigenen Füße starrt, dass sein Atem schnell und hektisch geht, die Stimme nach oben kippt, er viel zu schnell spricht und nicht wirklich mit den Zuhörern – und er selbst von alldem nichts bemerkt, während es alle anderen hören und sehen.

Alles, was unseren Atem betrifft, hat Auswirkung auf unsere Stimme und auf unser Sprechen. Angst, Überforderungsgefühl, Stress, Lampenfieber –

Emotionen beeinflussen den Atemvorgang. Angst blockiert den Ausdruck

diese Gefühle weisen eine hohe Korrelation auf. Wir sind dann leider sehr weit vom Idealzustand des entspannten, tiefen, ruhigen Atems und einer lockeren Muskulatur entfernt. Unser Körper bereitet sich nämlich bei jeder Form von Bedrohung auf Flucht oder Kampf (Flucht nach vorn) vor, also auf äußere Bewegung, egal in welche Richtung. Der Mensch versucht sich zu schützen. Hierbei ist es nahezu unerheblich, ob die Bedrohung real ist (ein Säbelzahntiger, der Chef, das Publikum) oder nur vorgestellt. Jedes Bild, das wir uns von uns selbst, einem anderen oder der Welt machen, bestimmt, wie wir uns (in ihr) fühlen. Und jeder Gedanke, jedes Bild führt zu komplexen chemischen Vorgängen und zu Reaktionen in der Muskulatur. Hier wirkt unbewusst und reflexartig, was wir bewusst für uns nutzen können: unsere Vorstellungskraft.

Die Körpermuskulatur – und damit auch die Atmung – reagiert auf alle Einflüsse von außen und von innen – also auch auf unsere eigenen Gedanken.

Gibt es eine reale oder vorgestellte Bedrohung, so stellt sich der Körper gerne für eine (Schreck-)Sekunde tot. Muskeln ziehen sich zusammen, der Körper macht sich klein und eng, geht in eine Anspannung, panzert sich sozusagen, bewegt sich nicht, hält den Atem an – und wenn er Glück hat, ist der Säbelzahntiger vorübergezogen. Dann kann man erleichtert durchatmen.

In jedem Fall gibt diese Schrecksekunde dem Menschen einen Augenblick Zeit, über die bestmögliche Strategie, also über Flucht oder Kampf, zu entscheiden und die dafür benötigte Körperenergie, zum Beispiel Adrenalin, bereitzustellen. Es ist eine lebenserhaltende, reflexartige Reaktion, die unsere Wachsamkeit erhöht und unser Leben retten kann.

Unsere Lebensbedingungen haben sich drastisch verändert, die Körperreaktionen nicht! Ziel eines Trainings sollte also das »Abpanzern« des Körpers sein (Kia 1992, S. 89).

Aber in unserem heutigen Alltag, beispielsweise kurz vor einer wichtigen Präsentation, können wir weder wegrennen noch jemanden angreifen, wenn wir Lampenfieber haben. Und Totstellen ist auch recht unpassend. Trotzdem fühlt sich der Körper manchmal genau so.

Der kinästhetische Sinn lässt den Menschen die inneren und äußeren Bewegungen empfinden. »Das sogenannte kinästhetische System erhält seine Informationen von Rezeptoren an Gelenken, Sehnen und Muskeln, den Propriorezeptoren. Diese signalisieren schneller als alle Rezeptoren der anderen Sinne (Auge, Ohr, Haut) Veränderungen in der Stellung des Körpers. [...] Nur durch ständiges Anregen (›Trainieren‹) [...] werden sie optimal ausgebildet und bleiben in ihrer Leistungs- und Leitungsfähigkeit erhalten. Doch in unserer heutigen Zeit bewegen sich bereits Kinder (Jugendliche und Erwachsene erst recht) zu wenig« (Meyners 2009, S. 25).

Was dazu führen kann, dass man »Gefühle« nur noch diffus wahrnimmt, Verspannungen des Körpers gar nicht mehr. »Die meisten Menschen bemerken nutzlose Anspannung [...] nicht« (Feldenkrais 1990, S. 12).

Aber bei starker Anspannung (Hypertonie) besonders im Kopf- und Schulterbereich können Schmerzen im Nacken ebenso wie im Bereich der Kiefermuskulatur auftreten, eine lockere, gute Artikulation ist kaum möglich. Das Zwerchfell arbeitet unzulänglich und die Stimme hat wenig Resonanz, weil der Körper angespannt ist. Sie klingt vielleicht zu hoch, manchmal schrill, gepresst oder angestrengt, im schlimmsten Fall sogar hysterisch.

Was aber kann man tun, wenn man bemerkt, dass man »unter Strom steht«? Es gibt drei Möglichkeiten, den Körper zu unterstützen:

- motorisch – durch Bewegung
- vegetativ – durch Atem- und Entspannungsübungen
- kognitiv – durch Umdenken

Zum Beispiel kann es helfen, in einer stressigen Situation dem Körper in einer Übung für ein paar Momente genau das zu geben, was er gerne möchte: sich für einen Moment zu *panzern*.

Die Methode der »Progressiven Muskelentspannung« nach Jacobson hat sich bei vielen Menschen bewährt und wird von den Krankenkassen finanziert. Ich möchte sie im Folgenden etwas variieren. Wenn Sie diese Übungen eine Zeit lang regelmäßig durchführen, bekommen Sie ein zunehmendes Gefühl für Spannungszustände und die Möglichkeit, sie aufzulösen.

Experiment »Totale Enge«

Setzen Sie sich für diese Übung auf einen Stuhl. Sitzen Sie so aufrecht, wie es angenehm möglich ist. Ballen Sie nun Ihre Hände zu Fäusten. Spüren Sie, wie sich diese Spannung bis in die Oberarme und bis in die Schultern und den Rücken hineinzieht? Öffnen Sie die Fäuste wieder.

Kneifen Sie nun einmal die Pobacken zusammen. Nehmen Sie wahr, wie sich die Anspannung bis in die Beine hinein und ebenso in der Bauchgegend und im Rücken ausbreitet? Lösen Sie diese Anspannung wieder auf. Ent-spannen Sie.

Verbinden Sie bitte die Anspannung der Fäuste und der Pobacken im nächsten Schritt mit einer Ausatmung auf »fff ...«, solange es angenehm möglich ist. Sobald die Einatmung kommt, lassen Sie diese Anspannung gleichzeitig mit der Einatmung los.

Atmen und spüren Sie nach. – Nach zwei, drei Atemzügen können Sie diese kleine Übung wiederholen und dabei wahrnehmen, wie es sich anfühlt, in eine extreme Anspannung zu gehen und danach zu entspannen. – Tun Sie dies insgesamt dreimal.

Probieren Sie diese Übung ab und zu im Alltag aus, vor allem wenn Sie das Gefühl haben, Sie sind angespannt.

Wir *haben* keinen Körper, wir *sind* dieser Körper, er spricht in seiner (Körper-)Sprache mit uns und anderen. Er tut auf sehr ehrliche und direkte Weise kund, wie es uns geht. Der Zustand unseres Atems und der Grad der Muskelspannung sind wie eine Art Barometer für unseren Zustand. Wir können lernen, die körperlichen Anteile unserer Gefühle wahrzunehmen und als Signale zu begreifen. Das ist eine wichtige Voraussetzung für die Stimmgebung und den Sprechvorgang.

Ich möchte an dieser Stelle noch einmal das Thema Vorstellungskraft aufgreifen. Im Gehirn speichern sich Erfahrungen als Sinneseindrücke, auch als Bild, auf das der Körper reagiert. Erinnern Sie sich zum Beispiel an Ihren letzten Urlaub? Wie erinnern Sie sich? Entsteht dann im Kopf etwas, das man ein inneres Bild nennen kann? Erinnern Sie sich an Geräusche, Gerüche, Farben? Gibt es einen Ort in Ihrer Erinnerung, wo Sie sich rundum wohl und entspannt gefühlt haben? Solche Erinnerungsbilder können Sie nutzen, um sich geistig dorthin zu versetzen. Das kann eine sehr entspannende Wirkung haben und wird deshalb in Entspannungstrainings auch häufig genutzt.

Eine solche Vorstellung ist ebenso »unreal« wie eine in die Zukunft gerichtete Angst. Denn auch hier ist nicht sicher, ob es genau so geschehen wird, wie man befürchtet. Der innere Vorgang ist haargenau derselbe, nur hat unsere Wahl sehr unterschiedliche Wirkungen auf unsere Gefühlswelt. Wir haben die Wahl!

TIPP: Versuchen Sie, die bisherigen Übungen auch in stressigen Lebenslagen anzuwenden. Selbst bei Panikattacken haben sich Atem- und Entspannungsübungen als äußerst hilfreich erwiesen. Hierbei ist es wichtig, die Gedankenschleife aufzulösen, die die Panik auslöst und ihr Nahrung bietet. Nutzen Sie Ihre Vorstellungskraft, an etwas Angenehmes zu denken oder zählen Sie einfach nur die Atemzüge. Probieren Sie verschiedene »Lösungsversuche« – wobei an dieser Stelle die Lösung von muskulärer Verspannung gemeint ist.

Atmung und Stimme – die Phonation

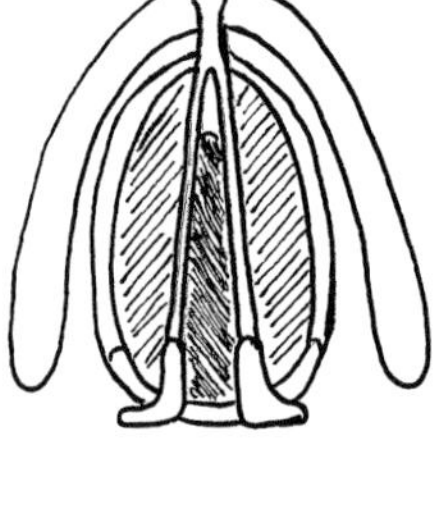

Was hat nun die Stimme mit den bisherigen Ausführungen zu tun? Ganz einfach: Stimme ist in Schwingung gebrachte Ausatmung! »Mit Phonation wird die Stimmerzeugung im Kehlkopf bezeichnet. Sie ist unmittelbar von der Atmung abhängig« (Fiukowski 2004, S. 31).

Der eigentliche Stimmapparat besteht im Wesentlichen aus den beiden Stimmlippen, den beiden Stellknorpeln und der dazwischen gebildeten

Stimmritze (Glottis), die sich gut geschützt im Kehlkopf befinden. Die Stimmbänder sind der äußere sehnige Rand der Stimmlippen. Der Kehlkopf bildet das obere Ende der Luftröhre – den Kopf eben. Wenn der Mensch nun die Intention hat, zu singen oder zu sprechen, so werden, durch einen Nervenimpuls vom Gehirn ausgelöst, die Stimmlippen (mithilfe der Stellknorpel) aneinandergelegt und verschließen so die Stimmritze. Dadurch entsteht beim Ausatmen ein Druck unterhalb der aneinanderliegenden Stimmlippen, der diese bald wieder auseinandersprengt. Die von unten aufstrebende Luft kann nun entweichen, der Druck lässt nach, die Stimmlippen schließen sich wieder. Dieser Vorgang wiederholt sich, und die Stimmlippen beginnen zu schwingen. – Diese Schwingung (Oszillation) ist eine regelmäßige, also periodisch stattfindende Bewegung.

Die *Frequenz* eines Tons (lat. frequentia – Häufigkeit) beschreibt die Häufigkeit dieses sich wiederholenden Vorgangs und damit – für unser Ohr – die Tonhöhe. Das kann in einem unglaublichen Tempo geschehen. Beim Kammerton A zum Beispiel 440-mal in der Sekunde (440 Hz)! Es ist faszinierend, was unser Körper da leistet.

Die Stimmlippen können auch ihre Form verändern. Je kürzer, dicker oder auch entspannter sie sind, desto tiefer ist die Stimme, desto langsamer die Schwingungsfrequenz. Und je gespannter sie sind, desto höher ist der Ton. Deshalb klingt unsere Stimme höher, wenn wir angespannt sind. Eine gesunde, volle Stimme signalisiert Gelassenheit und Souveränität.

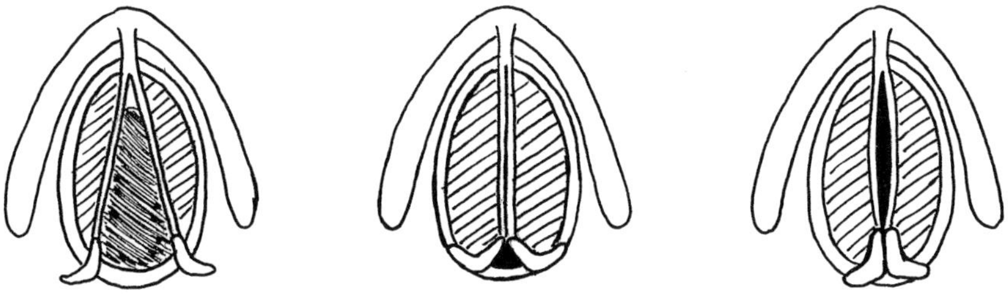

Stimmorgan mit Stimmlippen:
1. Ruheatemposition,
2. Flüsterposition,
3. Stimmgebung

Experiment »Stimmgebung«

Dieses Experiment sollten Sie im Stehen und an einem Ort durchführen, wo Sie für einen Moment ungestört sind. Bitte achten Sie bei den Stimmübungen darauf, dass Sie aufrecht sitzen, die Füße mindestens hüftbreit und parallel.
Formen Sie bitte das H. Legen Sie dabei die Zungenspitze an die unteren Schneidezähne und lassen Sie die Zunge im Mundboden ruhen. Dann sollte die Luft ohne jedwede Anstrengung ausströmen. Es ist nur ein leichtes, feines, leises Hauchen. Der Kiefer ist

ganz locker. Für die Einatmung schließen Sie bitte den Mund und atmen durch die Nase ein, ohne die Luft hörbar zu einzuziehen. Lassen Sie sie einströmen.
Im nächsten Schritt wird aus dem H ein »Haaa …«. Die Stimmlippen schwingen nun mit, sonst ändert sich nichts! Bewegen Sie bitte dabei den Kopf sanft hin und her, damit die Halsmuskulatur sich nicht verspannt. Für die Einatmung schließen Sie den Mund und lassen den Atem geduldig durch die Nase einströmen.
Denken Sie gerne wieder an das Bild von der Rutsche in unserem ersten Experiment. Der Atem strömt einfach durch Sie hindurch, herein und hinaus, auch wenn die Stimme hinzukommt.
Wiederholen Sie dann bitte dieses Experiment, und verändern Sie jetzt versuchsweise die Öffnungsweite Ihres Mundes, den Kieferöffnungswinkel. Verändert sich der Klang, wenn Sie den Mund mehr oder weniger weit öffnen?
Halten Sie dabei die Zungenspitze bitte immer in Kontakt mit den unteren Schneidezähnen.
Sie können dann als Nächstes mit dem Körper während der Stimmgebung federn – dann hören Sie vermutlich die Auswirkung auf den Stimmklang bei Bewegung.

Es geht hierbei vor allem darum, unnötige Anstrengung der Halsmuskulatur zu vermeiden. Im Rachenraum geht es nämlich vor allem um größtmögliche Weite und Entspanntheit bei der Stimmgebung. Die äußere Halsmuskulatur soll bei der Stimmgebung nicht auf den Kehlkopf drücken, dadurch wird die Schwingungsfähigkeit der Stimmlippen stark beeinträchtigt. Das klingt dann gar nicht gut, sondern eher gepresst, gequetscht, eng eben, und es ist äußerst ungesund und kann zu Stimmlippenknötchen führen.

TIPP: Stimmlippenknötchen sind kleine, nicht bösartige Erhebungen an den Stimmlippen, vergleichbar mit einer Hornhaut. Sie führen zu Heiserkeit, denn der Schwingungsablauf ist beeinträchtigt. Diese Knötchen entstehen durch dauerhafte Überlastung der Stimme, also durch Druck an der falschen Stelle. Man kann sie sich zwar entfernen lassen, aber wenn man nicht einen neuen Umgang mit seiner Stimme übt, kehren diese Knötchen meist schnell wieder zurück. Man hat zwar das Symptom beseitigt, aber nicht die Ursache.

Die Weite im Rachenraum ist deshalb für die Stimme von größter Wichtigkeit. Die ersten Übungen dieses Kapitels wie das Gähnen und Hauchen sind sehr hilfreich, denn hierbei bekommt man ein Gefühl für den Rachenraum und seine Veränderbarkeit. Führen Sie diese kleinen Übungen aus und wiederholen Sie das Experiment mit »Haaa …«. Auch die Aufrichtung der Wirbelsäule sorgt für Weite im hinteren Rachenraum. Wenn man zusammensackt, wird es dort nämlich sehr eng. Wenn Sie beim »Haaa …« den Kopf in den Nacken beugen, so werden Sie vermutlich hören, dass die Stimme enger klingt.

Die Stimmlippenspannung arbeitet mit der Atemmuskulatur im Team – wenn wir sie lassen. Die Atemmuskulatur zügelt den Luftstrom. Bei der gesunden (hygienischen, physiologischen) Stimmgebung geht es auch um eine muskuläre Führung des Ausatemstroms, ein »Haushalten mit der zur Verfügung stehenden Luftmenge« (Fiukowski 2004, S. 19). Es geht also nicht um möglichst viel Luft, denn das kann zu Beklemmungen führen.

Nun ist die Ausatmung nicht mehr passive Entspannung, sondern äußerst aktiv. Alle Muskeln helfen, die Luft zu zügeln und zu portionieren. Muskeln halten wie von selbst die gespannte Weite aus der Einatemposition so lange aufrecht, wie es möglich und nötig ist. Einen Ton zu halten heißt also, die Muskelspannung in der Körpermitte zu halten. Man nennt diesen Vorgang auch Atemstütze oder »inspiratorische Gegenspannung« (ebd., S. 28 f.). Die gesamte Rumpfmuskulatur ist hierbei äußerst stark beteiligt.

Die aktiven Muskeln bei der Stimmgebung (Phonation) sind also die schwingenden Stimmlippen und die Atemmuskulatur, nicht die äußere Halsmuskulatur. Und die Atemmuskulatur arbeitet während der Tonerzeugung vollkommen anders als in der Ruheatmung.

Die Einatmung ist kurz und reflektorisch, sie beinhaltet das Loslassen des Zwerchfells (Abspannen). Nach der Lösung spannt sich das Zwerchfell gleich wieder auf und hat dadurch reflexartig und unhörbar die nächste benötigte Portion Luft in die Lunge hineingesogen (reflektorische Einatmung). Wir können dann gleich weitersprechen.

Dieses Spannungsgefühl darf allerdings nicht verwechselt werden mit einem angestrengten Pressen, Stemmen, Verkrampfen oder Drücken an irgendeiner Stelle, denn bestenfalls entwickelt sich diese Phonationsatmung wie von selbst, wenn wir aufgerichtet sind, gut und tief atmen und – wie wir im nächsten Kapitel sehen werden – gut artikulieren und bestenfalls noch Hörerkontakt haben. »Die Arbeit an der Stimme muss sich ständig hin- und herbewegen zwischen der Befreiung der Atemmuskulatur [...] und der Befreiung der Kehl-, Zungen- und Kiefermuskeln« (Linklater 1997, S. 88).

Es geht also nicht um eine Anstrengung, sondern um eine »Befreiung« von »Engpässen« an falschen Stellen und um den Aufbau der zuständigen Muskulatur – der Atem- und der Artikulationsmuskulatur. Man darf dabei nicht vergessen, dass es sich hierbei um den Vorgang der natürlichen Atem- und Stimmgebung handelt, nicht um künstlich erzeugte Kräfte.

Experiment »Affe im Wald«

Während Sie noch einmal auf »Haaa ...« ausatmen, klopfen Sie bitte Ihre obere Brustmuskulatur sanft ab. Tun Sie dies entweder mit den Fingerspitzen oder auch mit den Fäusten. Ist das Klopfen im Ton hörbar? Tun Sie dies bitte, bis die nächste Einatmung kommt. Sie können dieses Experiment zwei- oder dreimal wiederholen, klopfen Sie dabei sanft, aber bestimmt Ihren Brustkorb ab.

Man kann sich in der Gruppe dann auch noch gegenseitig den Rücken abklopfen. Diese Übung ist sehr beliebt und schafft Vertrautheit.

Das Klopfen soll die Muskulatur des Brustkorbs lockern und ihn damit schwingungsfähiger machen. Die im Kehlkopf erzeugten Schwingungen werden nämlich von den Innenwänden und den Schleimhäuten des Mund-Rachen-Raums reflektiert, dann breiten sie sich im ganzen Körper aus wie in einem Instrument. Diesen Vorgang nennt man Resonanz (lat. resonare – zurückklingen). Als *Resonanz* werden in der Physik Vorgänge bezeichnet, bei denen ein Resonanzkörper, also ein schwingungsfähiges System (der Körper) durch eine Anregung, einen Impuls (Stimmlippen kommen zusammen) und durch Energie (Atem) angeregt wird.

Je schwingungsfähiger unser Instrument Körper ist, desto tragfähiger ist unsere Stimme und desto mehr ist man in der Lage, große Räume mit seiner Stimme zu füllen. Lautstärke wird durch die Kraft der Atemmuskulatur, die präzise Lautbildung und durch die Stimmlippenspannung erzeugt.

Alles schwingt am Ende bestenfalls mit, innen und außen: Die Luft schwingt in den Bronchien und lässt den ganzen Brustkorb vibrieren, Knochen, Schleimhäute, Muskelfasern, alles schwingt in uns. Die Außenschwingungen sind messbar (in Dezibel) und für die Zuhörer spür- und hörbar.

TIPP: Die Stimmlippen sind umgeben von Schleimhäuten, darum ist es wichtig, dass dieser Bereich ausreichend feucht gehalten wird. Rauchen, Kaffee, schwarzer Tee trocknen möglicherweise aus – vor langen Vorträgen sollten Sie also diese Getränke eher meiden und lieber Kräutertee oder einfach Wasser (nicht eisgekühlt) zu sich nehmen. Milch schleimt, es kann dazu führen, dass sie vermehrt spucken – also äußerst flüssig reden statt fließend.
Flüstern ist ganz und gar nicht stimmschonend, sondern im Gegenteil äußerst anstrengend, es trocknet die Stimmlippen aus. Wenn Sie Ihre Stimme schonen wollen, sollten Sie einfach schweigen – oder leise sprechen.
Räuspern zu Beginn einer Rede ist keine gute Vorbereitung, denn die Stimmlippen werden brutal zusammengepresst und gereizt. Auch wenn man zunächst das Gefühl hat, der Schleim habe sich gelöst, so ist es dennoch eine Schleimhautreizung, die zu erneuter Schleimbildung anregt. Bei häufigem und starkem Räusperzwang ist deshalb ein vorsichtiges Abhusten besser geeignet. Übrigens ist das Räuspern nach langem Schweigen oft nur eine unbewusste Angewohnheit – man versichert sich damit seiner Stimme. Versuchen Sie, darauf zu achten und es zu vermeiden. Bitten Sie Freunde oder Kollegen darum, Sie darauf hinzuweisen.

Die eigene Stimme

Die Stimme eines jeden Menschen ist unverwechselbar. Sie ist wie ein Fingerabdruck. Natürlich gibt es Ähnlichkeiten, wie zum Beispiel zwischen Eltern und Kind – aber keine Stimme ist exakt die gleiche wie eine andere.

Der durchschnittliche Grundton liegt für Männer übrigens bei etwa 125, für Frauen bei etwa 250 Hz. Die kindliche Tonlage liegt bei 440 Hz. Der Grund hierfür ist, dass die Größe des Kehlkopfes unterschiedlich ist – und damit einhergehend die Länge der Stimmlippen.

Während des Stimmbruchs verändern sich nicht nur bei den Jungen, sondern auch bei Mädchen die Stimmlippen. Sie werden dicker und länger, und die jeweilige Sprechstimmlage sinkt. Bei Jungen kann sich die Stimme bis zu einer ganzen Oktave verändern, bei Mädchen um eine Terz. Vermutlich kommt daher die Redewendung: »Mach keinen Terz!«

In der heutigen Zeit wird bei vielen Menschen, besonders bei Frauen, eine Stimmüberhöhung festgestellt. Das nennt man dann eine »nicht mutierte« (lat. mutatio – Wechsel, Veränderung) Stimme, und es ist eine funktionelle Stimmstörung (Dysphonie).

Alle funktionellen (also nicht organisch bedingten) Stimmstörungen können sowohl situationsbedingt sein als auch Ursachen grundsätzlicher Art haben. Schlechte Gewohnheiten wie ungünstig sich auswirkende Bewegungs-, Haltungs- und Atemmuster beeinflussen den Stimmklang ebenso wie Erziehungsmuster und dauerhafter oder akuter Stress.

Aber man ist es eben so gewohnt, und es fühlt sich »richtig« und vermutlich auch natürlich und vertraut an. Gewohnheiten sind wie eine Sucht, sie reduzieren sogar unsere Wahrnehmungsfähigkeit. Meistens weiß man gar nicht, wie sehr eine solche Gewohnheit einschränkt (vgl. Aderhold 1998, S. 217 und S. 119).

Und die Schwingungen der jeweiligen Stimme übertragen sich auf die Zuhörer. »Geräusche treffen als Vibrationen auf unsere Trommelfelle und können erhebliche negative Beeinflussungen erzeugen, sodass Konzentrationsmangel entsteht« (Meyners 1996, S. 189).

Auch die mit Stimmstörungen einhergehende Körperspannung überträgt sich auf das jeweilige Publikum. Bei längerem Zuhören ahmt der Körper unbewusst durch inneren »funktionellen Nachvollzug« die Sprechweise des Redners nach (Fiukowski 2004, S. 49). Es ist also für den Menschen selbst, aber auch für seine Mitmenschen eine gute Sache, an der Stimme und an der Körpersprache zu arbeiten.

Und für jeden gibt es eine ihm adäquate, gesunde (physiologische) Sprechstimmlage, die sogenannte *Indifferenzlage*. Diese Sprechstimmlage ist für den Sprecher gesund und für die Hörer angenehm. »Unter physiologischer Sprechstimmlage versteht man jenen Tonbezirk innerhalb des Sprechbereichs unseres Stimmumfangs, der mit geringstem Kraftaufwand […] erzeugt wird« (Fiukowski 2004, S. 46).

Die Indifferenzlage befindet sich im unteren Drittel unseres gesamten Stimmumfangs. Es geht aber nicht darum, die Stimme nach unten zu drücken, also möglichst tiefe Töne zu erzeugen, sondern um einen Bereich im unteren Drittel, bei dem es sich leicht und angenehm anfühlt.

Wie aber kann man herausfinden, ob die eigene Stimme gesund ist und sich in der Indifferenzlage befindet? Natürlich kann man zu einem Stimmspezialisten (Phoniater) gehen und es überprüfen lassen, das ist die einfachste und sicherste Variante. Oder man experimentiert. In jedem Fall sollte man beginnen, sich auf einem Tonträger aufzuzeichnen und sich mit der eigenen Sprechstimme zu »konfrontieren« (lat. confrontatio – Gegenüberstellung).

Man kann zunächst das eigene Stimmpotenzial erforschen. Hierbei ist es wichtig, das Hören zu trainieren. Hören Sie sich gut zu und achten Sie auf den Klang Ihrer Stimme.

Experiment »Indifferenzlage«

Lassen Sie Ihre locker vorgestülpten Lippen im Ausatemstrom flattern, schnauben Sie wie ein Pferd nach einem langen Lauf. Nehmen Sie dann Ihre Stimme hinzu und lassen Sie sie mal nach oben, mal nach unten wandern, also hoch und tief werden. Wie hoch kommen Sie dabei? Wie tief? Es muss ganz und gar nicht schön klingen. Es soll nur dazu dienen, dass Sie Ihren Stimmumfang kennenlernen.
Manchen Menschen fällt das Lippenflattern am Anfang schwer. Probieren Sie es einfach immer wieder.

Alternative Übung: Summen Sie (»Hmmm …«), und machen Sie dazu bitte große Kaubewegungen. Legen Sie dabei eine Hand auf den Brustkorb. Spüren Sie Schwingungen? Denken Sie dabei an eine Lieblingsspeise (vgl. Fiukowski 2004, S. 57). Auch hier probieren Sie, mit Ihrer Stimme mal höher und mal tiefer zu summen. Bewegen Sie bitte den Kopf ein wenig dabei, als ob Sie beobachten würden, wie ein Flugzeug Loopings am Himmel macht.
Am Ende, wenn keine Luft mehr da ist, machen Sie ein kräftiges »T«, also »Hmmm-t« und dann gleich weiter – ohne weitere Luft zu ziehen. Nach dem »T« hat das Zwerchfell nämlich kurz und fast unbemerkt für frische Luft gesorgt, indem es einmal kurz und reflektorisch locker gelassen beziehungsweise »abgespannt« hat. In einem für uns kaum nachvollziehbaren Tempo hat es sich dann für die Einatmung wieder gespannt – und wir haben unhörbar eingeatmet.
Legen Sie bitte als Nächstes Ihre Hand auf die Wangen und summen Sie mit kleinen Kaubewegungen weiter auf »Hmmm-t«. Wie eben schon hängen Sie ein kräftiges »T« ans Ende und summen gleich weiter. Summen Sie in verschiedenen Tonlagen, summen Sie durch Ihr gesamtes Stimmregister. Summen Sie Melodien, die Ihnen einfallen. Entdecken Sie so Ihr stimmliches Potenzial.
Dann legen Sie Ihre Finger auf die Lippen und summen bitte weiter. Spüren Sie Vibration? Als Nächstes legen Sie sie auf den Kopf, das Schädeldach und summen weiter in den verschiedensten Tonlagen. Spüren Sie auch hier Vibrationen?
Lassen Sie Ihren Kopf immer wieder sanft dabei kreisen. Stellen Sie sich vor, dass die Stimme, ähnlich wie die Luft, durch Ihren weiten Mund-Rachen-Raum strömt wie durch eine Rutsche.

Das »T« am Ende sorgt für das Abspannen des Zwerchfells. Spüren Sie, dass Sie nicht willentlich einatmen müssen, sondern dass Sie sofort weiter*tönen* können? Das ist die gesunde Sprechatmung. Sie ist auch sehr schonend für die Stimmlippen. Wenn man nämlich hörbar nach Luft schnappt, so trocknen möglicherweise die Stimmlippen aus.

Einatmung während der Stimmgebung und während des Sprechens bedeutet also Lockerlassen. Der Mund bleibt leicht geöffnet und der Bauch wird losgelassen. Die Einatmung erfolgt wie von selbst, unhörbar. Es fühlt sich für die meisten Menschen so an, als würde man gar nicht einatmen, man bemerkt vielleicht nur die Muskelspannung im Gürtelbereich.

Das Einatmen ist beim gesunden Menschen normalerweise nicht hörbar. Das können Sie augenblicklich an sich selbst überprüfen. Während Sie diese Zeilen lesen, hören Sie Ihre Einatmung? Vermutlich nicht. Hörbar ist sie nur, wenn wir krank sind oder uns in der sogenannten »Hochatmung« befinden. Dann ziehen die oberen Atemmuskeln Luft in die Lunge. Der Hals wird eng – und die Einatmung hörbar. Versuchen Sie es bewusst, ziehen Sie die Luft hörbar ein. Spüren Sie, dass es dazu irgendwo einen Engpass braucht, an dem die Luft sich reibt und so hörbar wird? Der hörbare Einatmer ist ein Notprogramm und sollte kein Dauerzustand sein. Insbesondere beim Sprechvorgang hört man das aber sehr häufig, es wird geradezu nach Luft gesogen und geschnappt. Beobachten Sie Sprecher und Sprecherinnen im Fernsehen daraufhin. Auch wenn es viele tun (aber es tun nicht alle!) und man denken könnte, es sei normal: Es ist ungesund und unnatürlich!

Experiment »Inspirationsstellung«

Legen Sie bitte die Zunge in ihre Ruheposition, die Zungenspitze hinter die oberen Schneidezähne, also in die L-Position. Öffnen Sie bitte den Mund leicht, sodass es sich angenehm, normal und unauffällig anfühlt. Wenn Sie jetzt den Atemvorgang beobachten, spüren Sie mit der Einatmung (Inspiration) Bewegung in der Körpermitte? In den Flanken? Im Rücken? Die L-Position der Zunge aktiviert die Atemmuskulatur.
Lassen Sie Ihre Lippen im Luftstrom flattern, summen Sie ein bisschen, und dann zählen Sie: »1, 2, 3, 4, 5, 6, 7«, und am Ende lassen Sie den Mund leicht geöffnet, bringen Sie, anstatt den Mund zu schließen, die Zunge in die L-Position und nehmen die Weitung in der Körpermitte wahr. Stellen Sie sich vor, das Einnehmen der L-Position der Zunge sei die Einatmung. Allerdings darf die Einatmung nicht hörbar sein!
Dann zählen Sie weiter – ohne zusätzlich nach Luft zu schnappen.

Experimentieren Sie mit Ihrer Stimme und diesen Übungen, sooft Sie können! Es sollte sich dabei immer locker und leicht anfühlen! Versuchen Sie es in den verschiedenen Tonlagen, die Ihnen angenehm möglich sind.

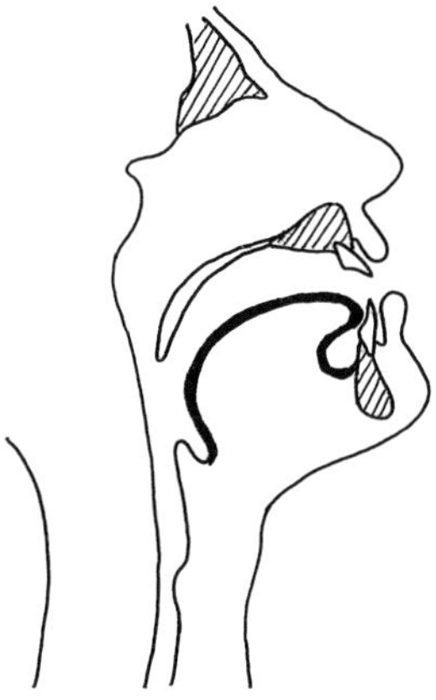

Atmung und Sprechen – die Artikulation

Oberhalb des Kehlkopfs, im supraglottischen Raum oder auch »Ansatzrohr«, wird schließlich die Sprache gebildet. Wenn also die in Schwingung gebrachte Luft durch die Stimmritze strömt, formen die darüberliegenden Muskeln des Mund-Rachen-Raums die Laute der jeweiligen Sprache. Nach unten hin begrenzt der Mundboden diesen Raum, nach oben hin Gaumen und Gaumensegel, vorne die Zähne und der Mundvorhof (der Raum zwischen Zähnen/Zahnfleisch und Lippen), nach hinten hin der Rachen. Dieser Raum ist stark veränderbar. Durch die Lippen, das Bewegungsspektrum des Unterkiefers und durch die äußerst bewegliche Zunge wird der Mund-Rachen-Raum immer neu geformt.

Sprechen ist in Schwingung gebrachte und geformte Ausatmung.

Artikulationsübungen sind gleichzeitig Übungen für die Mimik und einen lebendigen Ausdruck

Artikulation (lat. articulare – deutlich sprechen, gliedern) ist also Muskeltätigkeit. Nuscheln und undeutliches Sprechen bedeuten, dass Muskeln nicht ausreichend benutzt werden. Primär für das Kauen zuständig, sind diese Muskeln äußerst kraftvoll und beweglich. Wie die Atemmuskulatur kann auch die Sprechmuskulatur jederzeit trainiert werden. Unsere Mimik ist übrigens maßgeblich durch die Artikulation mitbestimmt. Wenn wir nuscheln, bewegen wir unsere Gesichtsmuskulatur ja kaum.

Selbstverständlich haben die Muskeln oberhalb unseres Kehlkopfs Verbindung mit der Muskulatur unterhalb des Kehlkopfs. Und das hat zur Folge, dass bei jedem Laut, wenn wir ihn präzise und kraftvoll bilden, Muskeln im Rumpf aktiviert werden.

Experiment »Sprechen ist ein Ganzkörperakt«

Legen Sie eine Hand auf Ihren Bauch, die andere auf Ihren Brustkorb. Formen Sie bitte ein P – aber ohne Stimme, nicht wie im Alphabet. Es ist nur ein kleines, stimmloses Knallgeräusch.
Stellen Sie sich vor, Sie würden ein H anhängen, sodass alle Luft entweicht. Beobachten Sie die Bewegung unter Ihren Händen, wenn Sie diese Übung nun einige Male wiederholen. Mit jedem »Ph!« entweicht alle Luft! Dann bleibt der Mund leicht geöffnet, damit es gleich weitergehen kann mit dem nächsten »Ph!«.
Schließen Sie also nicht den Mund, sondern lassen Sie den Mund stattdessen leicht geöffnet – auch wenn es sich zu Beginn noch seltsam (weil ungewohnt) anfühlen mag. Sie sollten geradezu das Gefühl haben, dass Sie gar nicht einatmen. Denn wenn Sie die Einatmung *nicht hören,* wird sie durch das Zwerchfell gesteuert und ist frei von jedwe-

der Anstrengung im Halsbereich. Vertrauen Sie Ihrem Körper und wiederholen Sie einfach in Ruhe einige Male »Ph! Ph! Ph!« Versuchen Sie dann bitte das Gleiche mit »Th!«. Wechseln Sie bitte ab: »Ph«, »Th«. Und lassen Sie den Unterkiefer einfach locker, denken Sie nicht an das Einatmen – es geschieht von selbst mit der Intention, dass es weitergeht. – Was geschieht unter Ihren Händen?

Es ist verrückt, in welchem Ausmaß der Körper beim Sprechen beteiligt ist, wenn wir ihn nur lassen. So ist es von der Natur gedacht: Der ganze Mensch spricht. Die Zunge hat Verbindung bis zum Zwerchfell, die beiden sind ein eingespieltes Team, wenn wir sie nur *lassen*, also durch-lässig sind, ge-lassen. Und dabei nicht träge, sondern trotzdem aktiv, aber eben an den richtigen Stellen: bei der Artikulation und der Atemführung.

Wenn man also gut artikuliert, wird die Atemmuskulatur gleich mit aktiviert, und man kann problemlos länger, lauter und deutlicher sprechen. Besonders die Professoren Muhar und Coblenzer von der Hochschule für Musik und darstellende Kunst Wien erläutern diese Prinzipien in ihrem Buch »Atem und Stimme« (Coblenzer/Muhar 2003) ausführlich.

Dabei sind zwei weitere bereits erwähnte Faktoren nicht zu unterschätzen: die Zuwendung zu einem Partner oder einer Situation, die *Intention*, und die *Vorstellungskraft*. Deshalb üben wir die gleich mit.

Experiment »Sprechen braucht Körperanschluss«

Stellen Sie sich vor, Sie beobachten ein spannendes Tennismatch und rechts neben Ihnen redet jemand penetrant laut. Sie weisen diese Person sehr nachdrücklich zurecht durch ein »Pssssst!« mit einem besonders kräftigen »T!« am Ende. Tun Sie dies einige Male, weil die Person einfach nicht still werden will.
Nun fängt links von Ihnen auch noch jemand an zu reden! Werfen Sie ihm ein energisches »Pscht!« zu.
Und dann wechseln Sie ab zwischen »Pscht!« und »Psst!« und blicken Sie mal zum einen Störenfried und mal zum anderen. Stellen Sie sich diese Situation und die Partner gut vor.
Haben Sie zwischendurch nach Luft geschnappt?

Dieses Abspannen, das Lösen des Zwerchfells, anstatt nach Luft zu schnappen, ist ein äußerst wichtiges Prinzip, und es sollte so viel wie möglich geübt werden. Es ist eine wichtige Voraussetzung für eine gesunde, ausdauernde Stimm- und Sprechleistung.

Die Sprechatmung zeichnet sich also dadurch aus, dass zum einen der Ausatemluftstrom gebremst und gezügelt wird und zum anderen die Einatmung reflektorisch geschieht. Es bedeutet auch, dass man nicht zu viel Text auf einen Atem sprechen sollte! Das ist aber ein Phänomen, welches man heutzutage häufig beobachten kann. Viele Menschen sprechen ohne Pause durch, bis alle Luft verbraucht ist, und ziehen dann hörbar nach Luft. Das ist ungesund für die sprechende Person und unangenehm für die Zuhörer.

Es braucht ja auch einen Augenblick Zeit (ungefähr zwei bis drei Sekunden), bis eine Information beim Hörer angekommen und verarbeitet ist. Wenn zu viele Informationen auf einen Atemzug (also ohne kurze Pause, ohne Struktur) vermittelt werden und dann noch mitten in einem wichtigen Gedanken schwer geatmet werden muss, so beeinträchtigt dies die Konzentration und das Mitdenken. Und natürlich braucht auch der Zuhörer Atempausen.

Deshalb ist es äußerst hilfreich, mithilfe von Texten das sinnvolle Portionieren der Luft zu üben, sodass man mit der Zeit ein Gefühl dafür bekommt. Später kann man es dann immer öfter auf das freie Sprechen übertragen. Das Sprechen ist dann sowohl dem eigenen Atemrhythmus als auch dem Sinn dessen, was man sagt, angepasst.

Experiment »Das erste Wort«

Summen Sie bitte genüsslich, und denken Sie dabei an Ihr Lieblingsgericht »Hmmm …«. Legen Sie nun bitte, während Ihre Stimme erklingt, Ihre Zungenspitze an die **unteren** Schneidezähne. (Das ist sehr wichtig für den nun folgenden Vokal »A«!) Und nun öffnen Sie während des Summens den Mund. Nun sollte das »A« erklingen. Wiederholen Sie diesen Vorgang des Mundöffnens und -schließens ein weiteres Mal.
Schon haben wir das erste Wort: »MAMA.«

So entsteht also das Sprechen: Mund auf – Mund zu.

WAS IST »GUTES SPRECHEN«?

Gutes Sprechen meint kraftvolles, die eigene Persönlichkeit zum Ausdruck bringendes, natürliches, gesundes (physiologisches) und der Situation angepasstes, deutliches Sprechen, bei dem Körpersprache, Stimme und Sprechweise zu Person und Situation passen, Wort und Tat kongruent sind, verbale und nonverbale (inklusive paraverbale) Kommunikation übereinstimmen oder sich ergänzen. Es beinhaltet:

- dass man eine den persönlichen Möglichkeiten entsprechende aufrechte Körperhaltung mit gutem Bodenkontakt einnehmen kann,
- dass die Bewegungsfähigkeit der Gelenkmuskulatur gewährleistet ist,
- dass man den Spannungszustand des Körpers bewusst wahrnehmen und verändern kann,
- dass eine Weite im Mund-Rachen-Raum herstellbar ist,
- dass man über eine vom Zwerchfell gesteuerte Vollatmung verfügt,
- dass sich die Stimme in der physiologischen Sprechstimmlage befindet,
- dass die Bewegungsfähigkeit der Sprechmuskulatur »ausgeschöpft« wird,
- dass man die Laute korrekt und präzise bildet,
- dass man die Ausspracheregeln der eigenen Sprache beherrscht,
- dass man Hörer und Raum einbezieht und sich in den Zustand des »Mitteilungswillens« versetzen kann – also sprechen will, wenn man muss.

All diese einzelnen Elemente sind Teilziele im Training (vgl. Aderhold/Wolf 1989, S. 12–15). Am Ende werden alle Aspekte zusammenfließen in einem einzigen Auftritt. So wie ein Schwimmer beim Wettschwimmen kaum an einzelne Bewegungsabläufe, deren Koordination, die passende Atmung, Kopfhaltung und Handpositionierung denkt, sondern alles zugleich ausübt, aber im Training einzelne Elemente in den Fokus rückt, sodass schließlich sozusagen alles fast wie im Schlaf funktioniert und ein großes allgemeines Bewusstsein für den gesamten körperlichen Ablauf entsteht.

03
Das Sprechsport-Training

DAS TRAINING

Mit Training ist grundsätzlich ein vielschichtiger Vorgang gemeint, weil alle leistungsrelevanten Elemente als Teilziele in das Training einbezogen werden. Man trainiert verschiedene Muskelgruppen, mal geht es zum Beispiel um Dehnung, dann um Kräftigung, mal um Koordination, dann um Kondition. Die Leistungsfähigkeit in allen Bereichen soll erhöht werden. Am Ende soll mit einem Minimum an Aufwand (Effizienz) ein Maximum an Wirkung (Effektivität) erreicht werden. Übungen und Abläufe sollten schließlich sicher ausgeführt werden können, sozusagen »wie im Schlaf«. Dann erst baut man darauf auf. Es muss aber auch immer wieder ein neuer Reiz vorhanden sein, eine Herausforderung, damit man überhaupt einen Trainingseffekt erzielt. Die Belastung sollte sich stets irgendwo im »mittleren Bereich« befinden. Auf diese Art und Weise wird sowohl die Leistung verbessert als auch die Gesundheit erhalten (vgl. Kuhn/Nüsser/Platen/Vafa 2004, S. 64 f.).

Der Trainingsinhalt (zum Beispiel Entspannungsübungen) und die angewandte Methode (beispielsweise progressive Muskelrelaxation nach Jacobson) orientieren sich am jeweils gesetzten Ziel (Lockerung der verspannten Muskulatur, Wahrnehmung von Spannungszuständen).

Das Training ist also sach- und zielorientiert, man benötigt sowohl einen entsprechenden Trainingsplan als auch einen sinnvollen Aufbau für die Trainingseinheiten. An diesen grundsätzlichen Vorgaben, die für jedes Training gelten, orientiert sich natürlich auch der Sprechsport.

Für den Sprechsport gilt folgender Aufbau:

- Das ***Grundlagentraining*** (s. S. 108 ff.) spricht zu einem hohen Anteil die Entwicklung von koordinativen Fähigkeiten an. Körperhaltung, Atmung und die gesunde Sprechstimmlage werden trainiert. Diese Grundlagen bilden die Basis für das darauf folgende Training der speziellen Konditionen.
- Das ***Training der Atemmuskulatur*** (s. S. 117 ff.) verbessert sowohl die Koordination als auch die Kondition hinsichtlich Kraft, Beweglichkeit, Schnelligkeit (Lösungsfähigkeit des Zwerchfells) und Ausdauer (die Dauer einer Ausatmung).

- Das ***Training der Mundmotorik*** (s. S. 125 ff.) dient der Entwicklung von Koordination und Kondition im artikulatorischen beziehungsweise mimischen Bereich. Dieses Training wird parallel zum Training der Atemmuskulatur durchgeführt.
- Im ***Training der Artikulation*** (s. S. 155 ff.) werden darauf aufbauend alle Laute der deutschen Sprache und die Ausspracheregeln des Hochdeutschen vorgestellt und in verschiedenen Stationen mit Texten von Georg Winter trainiert. Auch hier geht es zunächst um die Verbesserung der Koordination (Lautbildung) und darauf aufbauend die Kondition (Lautstärke, Schnelligkeit und so weiter).

Trainingsinhalt im Sprechsport ist also die Verbesserung von Koordination und Kondition bezüglich des Sprechvorgangs und all seiner Elemente. Ohne grundlegende Aspekte der Kondition funktioniert Koordination nicht, und ohne Koordination ist Konditionstraining nicht möglich.

Entwicklung der Koordination (lat. coordinare – beiordnen, zuordnen)

Im Sport versteht man unter Koordination das Zusammenwirken von Zentralnervensystem und Muskulatur. Es geht um die »Information, die unser Gehirn über die Lage und Tätigkeit der einzelnen Körperteile und ihre Beziehung zueinander ständig erreicht« (Stevens 1989, S. 37). Man differenziert zwei Formen der Koordination: das Zusammenspiel zwischen einem Muskel und dem Nervensystem (intramuskulär), und das Zusammenspiel mehrerer Muskeln miteinander (intermuskulär).
Koordinative Fähigkeiten sind Grundvoraussetzung für Bewegungspräzision, für Schnelligkeit und Bewegungsfluss. Sie werden immer gebraucht, und sie haben deshalb allgemeinen Charakter. »Eine bestimmte Qualität von koordinativen Fähigkeiten ist Voraussetzung für die Ausbildung von Fertigkeiten« (Meyners 1996, S. 43 f.).

Koordinative Fähigkeiten werden unterteilt in verschiedene Bereiche (ebd.). Die wichtigsten sind:

- Die *Unterscheidungsfähigkeit* oder auch »kinästhetische Differenzierungsfähigkeit« meint einen »Muskelsinn« (ebd.), ein Muskelempfinden. Gemeint sind sowohl die Wahrnehmung von Präzision und Ökonomie einer Bewegung, zum Beispiel der Artikulation, als auch das Erkennen von überflüssigen Anspannungen sowie die Entspannungsfähigkeit.
- Die Gleichgewichtsfähigkeit ist die Fähigkeit, den Körper oder Teile des Körpers im Gleichgewicht zu halten – Voraussetzung auch für einen guten Stand.
- Die Rhythmusfähigkeit beinhaltet sowohl die Fähigkeit, die eigenen Bewegungen einem vorgegebenen Rhythmus anzupassen, als auch die Fähigkeit, den persönlichen (Atem-)Rhythmus wahrzunehmen. Auch die Fähigkeit, Akzente zu setzen, ist gemeint – wie im Sprechsport beispielsweise durch Betonungen, Pausensetzung und Tempovariationen (Prosodie).
- Die *Orientierungsfähigkeit* ist die Anpassungsfähigkeit an räumliche Gegebenheiten. Im Sprechsport ist das die Fähigkeit, Lautstärke an Räume und eine Zuhörerschaft anzupassen und im Chor mit anderen zu sprechen, ohne sie zu übertönen.
- Die *Reaktionsfähigkeit* ist die Fähigkeit, auf äußere Reize schnell zu reagieren – »schlagfertig« zu sein. Auch auf innere Vorgänge wie Gedanken oder Gefühle sollte man schnell reagieren können.

Verbesserung der Kondition (lat. conditio – Zustand, Verfassung, Bedingung)

Im Aufbau von Fähigkeiten wie Beweglichkeit, Kraft, Schnelligkeit und Ausdauer wird die jeweilige Kondition erhöht. Oft versteht man unter Kondition auch die Summe all dieser Fertigkeiten.

- *Beweglichkeit* ist einerseits Gelenkigkeit, andererseits Dehnfähigkeit der Muskulatur. Schnelles Sprechen setzt Beweglichkeit der Artikulationsmuskulatur voraus. In einer Untersuchung des schnellen Sprechens von Georg Winter stellten die Forscherinnen Stefanie Jannedy, Susanne Fuchs und Melanie Weirich unter anderem fest, dass sein Kiefer eine außerordentlich hohe Bewegungsamplitude aufweist. Die meisten Menschen bewegen beim schnellen Sprechen den Kiefer nur noch minimal, oder er wird gar blockiert (Jannedy/Fuchs/Weirich 2010, S. 205–234).
- *Kraft* meint »die Fähigkeit des Nerv-Muskel-Systems [...] mit Muskelkontraktionen Widerstände zu überwinden [...], ihnen entgegenzuwirken [...], beziehungsweise sie zu halten« (Grosser/Starischka/Zimmermann 2008, S. 40). Im Sprechsport bezieht sich der Kraftbegriff zum einen auf die Kraft der Atemmuskulatur, zum anderen auf die Stärke des jeweiligen Lautgriffs – also die Lautstärke.
- *Schnelligkeit* meint aktive Bewegungs- und Reaktionsgeschwindigkeit (ebd. S. 87). Schnelligkeitstraining setzt Präzision der jeweiligen Bewegung voraus – unter anderem, um Verletzungen zu vermeiden. Spricht man sehr schnell, ohne die Bewegung entsprechend durchzuführen, wird man undeutlich und nuschelt. So besteht die Gefahr, den »Körperanschluss« – also die Zusammenarbeit der Mundmotorik mit dem Zwerchfell und der übrigen Atemmuskulatur – zu verlieren und die Stimme zu schädigen.
- Unter *Ausdauer* versteht man eine »komplexe motorisch-konditionelle Fähigkeit« (ebd. S. 110). Ausdauer ist die Fähigkeit, erstens »eine gegebene Belastung ohne nennenswerte Ermüdungsanzeichen über einen möglichst langen Zeitraum aushalten zu können; zweitens [...] trotz deutlich eintretender Ermüdungserscheinungen die sportliche Tätigkeit [...] fortsetzen zu können; drittens [...] sich sowohl in Phasen verminderter Beanspruchung als auch in Pausen [...] und nach Abschluss [...] schnell zu regenerieren« (Röthig u. a. 1992, S. 51).

Durch das Erlernen des »guten Sprechens« sollten mit der Zeit stimmliche Belastungen kein großes Problem mehr darstellen. Und durch ein »Abkühlen« kann die Stimme sich gegebenenfalls erholen.

Evaluation und Feedback

Das Ergebnis des Trainings sollte regelmäßig überprüft werden, um zu sehen, ob die Trainingsinhalte auch die angestrebten Ziele erreichen (Evaluation). Maßstab kann das eigene subjektive Empfinden sein, denn wenn man sich nach einer Entspannungsübung entspannter fühlt, ist das Ziel erreicht. Wenn nicht, so kann man schließlich die Methode wechseln.

Auch die Rückmeldung (Feedback) eines Mitsportlers oder Trainers kann hilfreich sein. Häufig ist das Problem beim Feedback allerdings, dass subjektive Empfindungen und Wertungen des Beobachters mit einfließen (Das war gut! Das war total daneben!) – die auch entmutigen können. Der Begriff »respektieren« kommt, wie viele im Deutschen gebräuchliche Wörter, aus dem Lateinischen und bedeutet in der Übersetzung »zurückblicken« (respectare). Gemeint ist mit Respekt, dass man ohne Wertung den anderen spiegelt. Man beschreibt möglichst sachlich, was man sieht und hört.

Es ist auch durchaus empfehlenswert, die Körperhaltung entweder selbst (Spiegel, Foto, Film) oder durch eine Fachkraft (beispielsweise Orthopäde, Osteopath) vorab auf ihren Zustand zu überprüfen und dann auf eine Veränderung hin nachkontrollieren zu lassen. Auch die Stimme und das Sprechen von einem Stimmspezialisten (Phoniater) begutachten zu lassen ist eine Möglichkeit, Verbesserungen möglichst sachlich gespiegelt zu bekommen.

Neben einer gesprochenen Aufzeichnung ist auch eine Filmaufnahme hilfreich. Ein Aufnahmegerät wertet nicht, es ist ein objektiver Beobachter. Es ist alles zu sehen und zu hören: Körperhaltung, Gestik und Mimik, Kontaktaufnahme mit den Hörern, Stimmklang, Artikulation und gestalterische Elemente wie Betonungen und Pausensetzung.

Motivation

Zur Motivation folgen Worte aus der Biografie eines der größten Schauspieler des 20. Jahrhunderts, Will Quadflieg: »Mein Mangel an Atemtechnik quälte mich immer bewusster. Ich stand mit verkrampften Fäusten da und hatte keine Luft [...] mühelos zu artikulieren« (Quadflieg 1976, S. 75). »Mein Zwerchfell saß hoch unter den Rippen. Wenn ich schreien musste, war ich im Nu heiser« (ebd., S. 81). »Ich habe es am eigenen Leibe schmerzlich genug erlebt, in welcher Verfassung man als junger Schauspieler auf der Bühne steht, wenn man den Atem noch nicht als die Kraft erlebt hat, die jedes Wort und jede Bewegung, jeden Ton und jeden Schritt entscheidend formt. Aller Fleiß und alle Bemühungen können nicht zu einer gelösten [...] Gestaltung führen, wenn man nicht begriffen hat und durch richtige Schulung erreicht, dass das Sonnengeflecht, das Zwerchfell, Mitte und Sammelpunkt aller künstlerischen Spannung ist. Alle Spannung, die so leicht am falschen Ort sinnlos verbraucht wird, muss dorthin verlagert werden. [...] dies ist natürlich durch keinen Trick zu erzwingen, sondern nur in jahrelanger, geduldiger Arbeit« (ebd., S. 84).

TRAININGSAUFBAU, PLANUNG UND DURCHFÜHRUNG

Eine Kunst ist es, das Training richtig und sinnvoll zu dosieren. Grundsätzlich gilt das Prinzip:

- Häufigkeit vor Dauer!
- Dauer vor Intensität!

Führen Sie also lieber häufig und kurz Übungen durch als selten und lang. Und nehmen Sie sich wenn, dann lieber mehr Zeit und trainieren Sie mit weniger Kraft und Schnelligkeit, als dass Sie sich zu sehr belasten. Sie können ansonsten variieren, soviel Sie mögen!

Der folgende Trainingsaufbau ist als Vorschlag zu betrachten!

Erste Woche

In der ersten Woche findet eine Beschäftigung mit den Informationen und Übungen aus dem Kapitel »Sprechen ist komplizierter, als man denkt« (s. S. n) und dem Grundlagentraining (s. S. n) statt. Diese Übungen können Menschen jeden Alters und unabhängig von der Kondition durchführen.

Die einzelnen Themen und Übungen sollten sehr sorgfältig und mit ausreichend Zeit verinnerlicht werden. Insofern kann der zeitliche Rahmen sehr individuell festgelegt werden. Für die jeweiligen Übungen benötigen Sie bald nur noch wenige Minuten. So können Sie sie jederzeit und fast überall anwenden. Schließlich können die Übungen als tägliches Training (zum Beispiel bei Wettkampfvorbereitungen) und als Teil des Aufwärmprogramms (vor dem Training, vor Wettkämpfen, vor einer Rede) genutzt werden.

Tägliches Training mag zunächst abschreckend klingen. Ziel ist aber eine bewusstere Wahrnehmung seiner selbst auch im Alltag. Schnell können diese Übungen ein nicht mehr wegzudenkender Teil Ihres Lebens werden.

Zweite Woche

Das Training der Atemmuskulatur und die Übungen zur Mundmotorik können – nach einem Aufwärmen mit Übungen aus dem vorhergehenden Kapitel – parallel durchgeführt werden.

Was das Atemtraining betrifft, so sind Alter und Trainingszustand der Gruppe ebenso ausschlaggebend wie die Örtlichkeit. Die Übungen im Liegen können möglicherweise in einem Seminarraum oder im Klassenzimmer nicht durchgeführt werden. Kinder unter sieben Jahren sollten die Übungen am Boden grundsätzlich nicht trainieren. Auch für ältere oder in ihrer Bewegung eingeschränkte Personen sind manche Übungen möglicherweise zu schwierig. Ansonsten habe ich im Wesentlichen ein Programm zusammengestellt, das für gesunde Menschen kein Problem darstellen sollte.

Das Training der Mundmotorik (s. S. n) ist bedenkenlos für alle durchführbar. Am besten wäre es, diese Übungen täglich durchzuführen, zum Beispiel vor oder nach dem Zähneputzritual.

Dritte Woche

Beginnen Sie nun mit den *Sprechsport-Trainingseinheiten*. Es wird ab jetzt mit einem *Aufwärmen* begonnen und mit dem *Abkühlen* abgeschlossen.

In dieser Woche beginnt das Artikulationstraining. Auch dieses Training kann – je nach Stand und Übungsmotivation der Gruppe – schneller oder langsamer durchgeführt werden. Bei Problemen mit einzelnen Lauten (zum Beispiel dem »R« oder dem »S«) benötigt man eventuell mehr Zeit. Man darf individuell vorgehen. Die Reihenfolge der Laute kann man ebenfalls variieren, die schwierigen häufiger als die leichteren zum Beispiel.

Trainingsdurchführung

Selbstverständlich können Sie, wie gesagt, zu Hause und in Seminaren das Training in einer Form und Länge durchführen, die Ihnen entspricht und gefällt. Zu Beginn werden Sie ein wenig mehr Zeit benötigen, um den Ablauf kennenzulernen. Es müssen auch nicht alle Übungen durchgeführt werden! Mit dem jeweils neuen Laut sollten Sie einmal sorgfältig die vorgegebene Übungsreihe ausüben, danach dürfen Sie kreativ werden, was den Ablauf angeht. Experimentieren Sie bitte mit dem Material, sooft und solange es Ihnen und Ihrer Gruppe Freude bereitet.

Auch können Sie das Training noch flexibler gestalten mithilfe weiterer Variationsmöglichkeiten (vgl. hierzu Geese/Hillebrecht 1995 S. 71–77):

- ***Intervallmethode:*** Im Vordergrund steht der ständige Wechsel zwischen Belastung und Erholung, wobei die Erholung nicht vollständig sein soll.
- ***Wiederholungsmethode:*** Eine Einheit wird einige Male wiederholt, dazwischen werden Pausen eingelegt. Die Pausen sollen, anders als beim Intervalltraining, zu einer vollkommenen Erholung führen. Zwischen einzelne Übungsfolgen können zum Beispiel kurze Phasen der Entspannung eingebaut werden.
- ***Dauermethode:*** Eine einzelne Einheit (zum Beispiel Schnellsprechen, rhythmisches Sprechen oder Chorsprechen) wird über längere Zeit trainiert, um die Ausdauer in dieser speziellen Disziplin (zum Beispiel vor einem Wettkampf) zu verbessern.

Grundsätzlich gilt: Pausen sind ebenso wichtig wie die Trainingsphasen! Damit Veränderungen wahrgenommen werden und Übungen wirken können, braucht es Pausen und Abwechslung im Fokus! Beim Schnelligkeitstraining können sich zum Beispiel sogenannte »Schnelligkeitsbarrieren« einstellen, es scheint dann zu einer Stagnation zu kommen. Variationen sind an dieser Stelle besonders hilfreich. Außerdem sorgt Abwechslung für mehr Reize im Nervensystem, immer dasselbe wird schnell langweilig. »Zur Verbesserung der Maximalgeschwindigkeit ist die häufige Wiederholung von speziellen Bewegungsabläufen mit maximalem Tempo erforderlich. Die innere und äußere Bewegungsstruktur werden hierdurch ›eingebahnt‹. […] Dies birgt aber die Gefahr in sich, dass sich durch das ständige Wiederholen ein und derselben Bewegung in gleichem Tempo die […] Merkmale der Bewegung so verfestigen, dass anstelle eines Leistungsfortschritts eine Stagnation […] eintritt. […] Solch eine Geschwindigkeitsbarriere kann von vornherein durch die Anwendung des Prinzips der Trainingsvariation vermieden werden« (Grosser/Starischka/Zimmermann 2008, S. 106).

TRAININGSEINHEIT: AUFWÄRMEN – TRAINIEREN – ABKÜHLEN

Das Aufwärmen (ungefähr 10 Minuten)

Das Aufwärmen im Sport soll grundsätzlich einen Wechsel vom Ruhezustand zu erhöhter Belastung unterstützen. Ein Aufwärmen sollte zwischen 10 und 20 Minuten dauern, wobei die Aufwärmdauer davon abhängt, wie groß die folgende Belastung und wie der Trainingszustand der Sportler ist. Ein zehnminütiges Aufwärmen ist aber Minimum.

Ein Aufwärmprogramm hat in der Regel verschiedene Ziele (Meyners 1996, S. 87–93):

- einen Anstieg der Herzfrequenz und damit einhergehend die Aktivierung des Herz-Kreislauf-Systems,
- die Zunahme der Häufigkeit von Atemzügen beziehungsweise Vertiefung des Atems,
- damit einhergehend die verbesserte Durchblutung. Die Muskulatur wird vermehrt mit Nährstoffen und Sauerstoff versorgt, gleichzeitig wird für die Abfuhr von Stoffwechselschlacken (unter anderem Milchsäure) gesorgt,
- eine Durchblutung des Knorpelgewebes. Durch Bewegung verbessern sich die »Ernährungsbedingungen« in den Gelenkknorpeln. »Nach einer fünfminütigen Bewegung des Gelenks vermehrt sich die knorpelernährende Gelenkflüssigkeit«, es folgt eine »Verdickung der Knorpelschicht auf den Gelenken« (ebd. S. 89),
- die Erhöhung der Körper- und Muskeltemperatur (Aufwärmen),
- eine Erhöhung von Dehnfähigkeit und Elastizität der Muskulatur, Bänder und Sehnen,
- die Verbesserung der Zusammenarbeit zwischen Nervensystem und Muskulatur, sodass körperliche Empfindungen schneller wahrgenommen werden und die Reaktionsfähigkeit erhöht ist,
- Vorbereitung der psychischen Kondition, Senkung eines eventuell vorhandenen störenden Erregungsniveaus (Stressabbau), Abbau von Hemmungen, psychische Aktivierung im Sinne von Wachheit und Aufnahmebereitschaft,
- zudem sollen Verletzungsrisiken vermindert werden.

Aktives, passives und mentales Aufwärmen

Das *aktive Aufwärmprogramm* sollte zunächst Übungen beinhalten, die eine große Anzahl von Muskeln einbeziehen und viele Wiederholungen zulassen. Möglichkeiten sind: (auf der Stelle) Walken oder moderates Joggen, Tanzen, Überkreuzübungen, Seilhüpfen. Nicht hilfreich sind Rennen oder Sprinten, auch Ballspiele eignen sich nicht.

Das *sportartspezifische aktive Aufwärmen* sollte die Muskeln vorbereiten, die im unmittelbaren Zusammenhang mit den folgenden Anforderungen stehen. Hierbei zeigen neue Erkenntnisse zum Beispiel des Professors Jürgen Freiwald, dass sogenannte statische Dehnungen gar kontraproduktiv sind. Er empfiehlt in der Zeitschrift »Natürlich gesund und munter« in der Ausgabe von April/Mai 2010 (S. 20–21), dass man damit beginnen solle, »die Muskeln mit sanften Bewegungen aufzuwärmen, sonst sind Sie in jedem Fall anfälliger für Verletzungen« (in »Gutes Dehnen, schlechtes Dehnen« 2/2010, S. 21).

Ziele des Aufwärmens im Sprechsport sowie vor einem Auftritt sind: die sanfte Aufrichtung der Wirbelsäule und Lockerung der Gelenkmuskulatur; Vertiefung des Atemvorgangs, Aktivierung des Zwerchfells und der Stützmuskulatur. Man kann den Körper dann auf Anspannungen hin durchchecken und diese gegebenenfalls auflösen. Es folgen die Erarbeitung der Rachenweite, der gesunden Sprechstimmlage und die Aktivierung der Mundmotorik.

Passives Aufwärmen geschieht vor allem mithilfe von Massagen, Abklopfen, Saunagängen, Wärmebädern sowie Einreibungen mit muskelaktivierenden Mitteln. Eine Massage kann grundsätzlich die Atemmuskulatur lockern. Die Dauer der Durchführung ist hierbei maßgeblich für die Wirkung: Eine lange Massage entspannt und ermüdet eher, eine kurze kann aktivieren.

Mentales Aufwärmen beinhaltet zum Beispiel, sich einen Ablauf (im Sprechsport zum Beispiel die Atmung) im Geiste vorzustellen. Das aktiviert und vertieft den Atemvorgang und kann Teil des Aufwärmens sein. Bei einer zu lang gestalteten Sequenz besteht allerdings die Gefahr, dass der Körper sich eher entspannt und abkühlt. Zum Aufwärmen sollte man diese Übungen, ähnlich wie das passive Aufwärmen, eher kurz einsetzen.

Das Aufwärmen kann innerhalb kürzester Zeit individuell gestaltet werden. Nachdem zunächst die folgenden Übungen einmal plangemäß durchgeführt werden, kann man flexibel damit umgehen. Es müssen nie alle Übungen gemacht werden! Die Übungen sind als Vorschläge gedacht und als Sammlung, damit Sie das Training nach Ihren Vorstellungen gestalten können. Es gibt viele Möglichkeiten, die genannten Übungsziele zu erreichen. Sie können die in diesem Kapitel folgenden Übungen auch in Ihr persönliches Aufwärmprogramm und Fitnesstraining integrieren.

Es ist möglich, je nach Zeit und Bedarf zu variieren und zu kombinieren, sodass nie Langeweile aufkommt. Jeder Sprechsportler sollte das Aufwärmen also in zunehmendem Maße selbst in die Hand nehmen. Tageszeit ebenso wie Jahreszeit, der momentane emotionale Zustand – alles spielt mit hinein. Manchmal braucht man mehr, manchmal weniger Zeit. Das Aufwärmen hängt also auch vom Sprechsportler selbst ab.

Anders als bei den meisten Sportarten »praktiziert« man ja immer. Atmen und Sprechen sind schließlich alltägliche Handlungen. Das Rezitieren der Gedichte trainiert bestenfalls auch die Atmung, sodass bei Fortgeschrittenen das Sprechtraining durchaus als Atemtraining betrachtet werden kann. Auch wird die Atemmuskulatur im Alltag zunehmend bewusster wahrgenommen und dadurch die Atmung häufiger vertieft.

Das Training der Artikulation

Auf das Aufwärmen folgt das Training der Artikulation. Nach einer kurzen Einführung in den jeweiligen Laut und seine korrekte Bildungsweise (Isolationsmethode) folgen die einzelnen Sprechsport-Stationen. Mit einem der Gedichte trainieren Sie der Reihe nach jeweils einen Aspekt des Sprechens. Beim Schnelligkeitstraining und beim rhythmischen Training gibt es kleine zusätzliche spielerische Übungen mit dem jeweiligen Laut.

In der Durchführung mit einer Gruppe hat man zwei Möglichkeiten:

- ***Stationentraining:*** Man kann die jeweilige Übung eine beliebige Zeit lang wiederholen und dann nach einer kurzen Pause weitergehen zur nächsten Station. Zwischen den einzelnen Stationen können auch Lockerungsübungen durchgeführt werden. Das Stationentraining hat den Vorteil, dass die jeweilige Disziplin konzentriert geübt werden kann.
- ***Kreistraining:*** Die zweite Möglichkeit ist die Methode des Kreistrainings (auch Zirkel- oder Circuittraining genannt). Hierbei wird jede Übung (Station) eine vorgegebene Zeitspanne lang durchgeführt und auf ein Zeichen hin die Station gewechselt. Auf diese Weise kann man eine Gruppe je nach Größe in mehrere Arbeitsgruppen einteilen und sie für sich trainieren lassen. Das wird lustig, laut und durcheinander zugehen.

Nutzen Sie diese Variationsmöglichkeit, indem Sie zu Beginn eines neuen Lauts eher das Stationentraining durchführen und das Kreistraining eher für die bereits eintrainierten Laute anwenden.

Es gibt viele Möglichkeiten, und Ihrer Kreativität in der Trainingsgestaltung sind keine Grenzen gesetzt, solange es Ihnen und Ihrer Gruppe dient. Nur eine Einschränkung gibt es: Wenn man eine Technik nicht beherrscht, dann ist die Funktion nicht erreicht. Bei konditionellen Forderungen wird die Technik schlechter anstatt besser. Variieren Sie Übungen zu dem Thema, bis Sie und Ihre Teilnehmer sich sicher fühlen! Trainieren Sie Kraft und Schnelligkeit erst, wenn die grundlegende Technik, die Präzision der Bewegung beherrscht wird!

- Station A: Beweglichkeitstraining – hier wird die Präzision der Lautbildung erarbeitet und die Geläufigkeit trainiert.
- Station B: Mentales Training – hier übt man die Vorstellungskraft und das dadurch entstehende Sprechdenken, damit man Wörter auch mit Inhalten füllen kann und weiß, was man sagt.
- Station C: Krafttraining – der hier trainierte Körperanschluss sorgt für Ausdauer und Kraft – also für eine gesunde Lautstärke.
- Station D: Schnelligkeitstraining – Tempo erreicht man durch größtmögliche Lockerheit der Sprechmuskulatur, die hier gemeistert werden soll.
- Station E: Rhythmisches Training – Flexibilität und Musikalität im Gebrauch der Sprache sollen immer mehr Möglichkeiten der Gestaltung bieten.
- Station F: Ausdruckskraft – das Trainieren des Umgangs mit Pausen, Akzenten und Stimmungen sorgt für eine sinnvolle und interessante Präsentation.
- Station G: Dialogisches Sprechen – hier trainiert man in der Gruppe die Reaktionsfähigkeit und nebenbei die Konzentration.
- Station H: Chorisches Sprechen – ebenfalls für Gruppen gedachtes Training der Sprechbereitschaft und einer gut funktionierenden Teamarbeit.
- Station I: Sprechkunst – Am Ende der Stationen steht der gelungene, kreative Auftritt, in den alle zuvor genannten Elemente einfließen können.

Abkühlen

Das Training wird mit einer Abkühlphase beendet. – Nach hohen Belastungen und starker Konzentration ist ein Abkühlen notwendig, auch um eventuelle Bewegungsrückstände zu kompensieren. Im Sprechsport sollte man sich

Zeit für ein »Auslaufen« nehmen. Nicht zuletzt, um auch im Alltag einen »kühlen Kopf« zu bewahren, wenn es nötig ist – und Mittel dafür zur Verfügung zu haben. »Cool bleiben« heißt, eine entstandene Hitze herunterzufahren und so einen kühlen Kopf zu bewahren, also Einfluss zu nehmen auf das eigene vegetative Nervensystem.

Man kann das aktive Programm ausklingen lassen, indem man kleine Dehnungsübungen durchführt, natürlich nicht auf Leistung hin. Auf diese Weise wird der Abbau von Stoffwechselschlacken unterstützt, und Bewegungsdefizite können ausgeglichen werden.

Das Hauchen in die hohle Hand und leises Summen sind eine gute Möglichkeit, die Stimme wieder zu stabilisieren, falls man sie einmal überanstrengt hat.

Entspannungsübungen verschiedenster Art können der Verarbeitung von positiven und negativen Erlebnissen im Training dienen (Meyners 1996, S. 93). Im Sprechsport werden Entspannungsmöglichkeiten durch Atemübungen und mentales Training durchgeführt. Aber auch andere Methoden können hinzugezogen werden. Letztlich sind Ihnen keine Grenzen gesetzt. Sie können mit verschiedenen Methoden experimentieren, vorausgesetzt, es dient demselben Ziel und es dient Ihnen oder Ihrer Gruppe.

Letzte wichtige Hinweise zur Trainingsdurchführung

- ***Ausgangsposition:*** Die angegebenen Ausgangspositionen sind zu beachten, da sonst möglicherweise Muskeln trainiert werden, die nicht trainiert werden sollen.
- ***Variation:*** Bewegungen sollten variiert werden, mal schneller, mal langsamer, mal größer, mal kleiner.
- ***Kleidung:*** Die Kleidung sollte bequem sein und besonders im Gürtelbereich nicht einschränken. Schuhe mit hohen Absätzen müssen im Training vermieden werden, da sie grundsätzlich die Körperhaltung und die Bewegungsfähigkeit der Wirbelsäule beeinträchtigen.
- ***Essen:*** Vor dem Sprechsport sollte grundsätzlich – wie bei jeder anderen Sportart – nicht schwer gegessen werden. Ein voller Magen wird durch ein stark in Bewegung versetztes Zwerchfell sehr irritiert, und es kann zu Übelkeit führen. Das Training muss dann abgebrochen werden.
- ***Trinken:*** Haben Sie bitte für alle Teilnehmer ausreichend Wasser vorrätig. Der menschliche Körper besteht zu großen Teilen aus Wasser, und im (Sprech-)Sport wird einiges davon verbraucht. Damit werden auch wich-

tige Mineralien (Elektrolyte) wie Magnesium, Kalium, Kalzium ausgespült und müssen ersetzt werden. Auch nach dem Training sollte weiterhin Wasser getrunken werden.

- ***Umgang mit Fehlern:*** Fehler gehören im Sprechsport dazu, Benotungen sind kontraproduktiv. Die Übungen dürfen spielerisch begriffen werden. Es geht zum Beispiel um die Bewegungsfähigkeit, nicht um die »perfekte Haltung«. Der »souveräne Stand« sollte im Laufe der Zeit eher ein »Heimathafen« werden, zu dem man immer wieder zurückfindet, als eine perfekte Position. Experimentierfreude und Lebendigkeit sollten immer Vorrang haben.
- ***Die Sprechsportler-Ehre:*** Miteinander freundlich und trotzdem ehrlich umzugehen gehört zur Sprechsportler-Ehre. Hier soll ein bewertungsfreier Raum eingerichtet werden, damit man miteinander, aber nicht übereinander lachen kann. Auslachen und Lästern über andere sind tabu, Trainingsausschluss kann die Folge sein! Auch außerhalb des Trainings wird nicht schlecht über andere gesprochen! Keine Bewertungen, keine Abwertungen, egal wie lange jemand braucht. Niemand ist freiwillig schlecht. So entsteht eine Gemeinschaft, die sich im Wettkampf auf jedes einzelne Mitglied verlassen kann.

DER WETTKAMPF

Im Folgenden soll eine Vorgehensweise vorgeschlagen werden, die sich bei den ersten Norddeutschen Sprechsport-Meisterschaften bewährt hat.

- ***Die Teams*** bestehen aus jeweils vier Personen. Diese können eine eigene Mannschaft sein oder auch Abgesandte einer größeren Gruppe von Sprechsportlern, wie zum Beispiel Schulklassen. Bei Kindern sollte die Anforderung an Länge und Schwierigkeitsgrad der vorgegebenen Texte mit jedem Jahrgang steigen.
- ***Die Jury*** sollte aus unabhängigen Personen bestehen. Es können nur Personen der Jury angehören, die keiner Wettbewerbsgruppe angehören oder mit keinem Mitwirkendem verwandt sind. Die Jury sollte von allen als solche akzeptiert werden, denn ihre Entscheidungen sind nicht anfechtbar, und der Rechtsweg bleibt ausgeschlossen.

Die Disziplinen im Sprechsport

Disziplin 1: Sprechen solo
Person 1: Einen der Gruppe unbekannten zungenbrecherischen Text nach wenigen Minuten Vorbereitungszeit (dem Alter und Schwierigkeitsgrad entsprechend) ausdrucksstark vortragen.
Person 2: Einen der Gruppe unbekannten Text nach wenigen Minuten Vorbereitungszeit (dem Alter und Schwierigkeitsgrad entsprechend) schnell vortragen.

Disziplin 2: Chorisches Sprechen
Erstens: Ausdrucksstarkes Sprechen eines von der Jury vorgegebenen Textes durch das Viererteam.
Zweitens: Schnelles Sprechen des vorgegebenen Textes durch das Viererteam.

Disziplin 3: Dichten – Sprechen solo
Für Klassenstufe 4 – 7: Ergänzung von zwei vorgegebenen Zeilen eines Zungenbrechergedichts zu einem Vier- oder Mehrzeilenvortrag.
Für Klasse 8 aufwärts und Erwachsene: Eigenentwicklung eines zungenbrecherischen Gedichts zu einem vorgegebenen Thema.

Präsentation der selbst verfassten Gedichte:
Person 3: Ausdrucksstarker Vortrag des Textes.
Person 4: Schnelles Sprechen des Textes.

Disziplin 4: Chorisch mit solistischen Elementen
Ein frei gewähltes, vorbereitetes Gedicht aus der Literatur vortragen, dabei möglichst viele gestalterische Mittel verwenden.

Der Bewertungsbogen legt die Punktzahl für den jeweiligen Vortrag fest.

Bei der Bewertung sollte auf folgende Aspekte geachtet werden:
- Korrektheit: Wurde der Text richtig wiedergegeben?
- Präzision: Wurde klar und deutlich gesprochen?
- War Hörerkontakt vorhanden?
- War die Körpersprache (Gestik/Mimik/Stimme/Körperhaltung) passend?
- Ausdruck: Fand eine lebendige Gestaltung statt (Betonung, Pausen)?
- Schnelligkeit: Wurde, ohne zu stolpern und ohne zu nuscheln, artikuliert?
- Die Schnelligkeit kann man auf folgende Arten messen:
  - Anzahl der Laute oder Silben pro Minute
  - Messung mit einer Stoppuhr.

Es können 1 – 5 Punkte vergeben werden:
1 – sollte mehr trainiert werden, mangelhaft
2 – na ja, ausreichend
3 – in Ordnung, befriedigend
4 – gut
5 – sehr gut, super, Spitzenklasse

Die Reihenfolge kann für jede Disziplin neu ausgelost werden. Jeweils eine Disziplin wird durchgeführt, jede Mannschaft hat einige Minuten Vorbereitungszeit. Während ein Team vorträgt, hat das nächste Vorbereitungszeit, die restlichen warten. Wer fertig ist, darf sich auf die Seitenbank setzen.

Die Gruppe mit der höchsten Punktzahl ist das Siegerteam.

04
Die Basisübungen

GRUNDLAGENTRAINING

Atembewegung vertiefen

Die folgenden Übungen sind angelehnt an die Arbeit von Ilse Middendorf. Sie prägte die Formel: »Es atmet mich.«

TIPP: Diese Übungen sind gut geeignet für die Arbeit in einer Gruppe und für das Abkühlen, auch zum Abschalten abends.

Ziele: Entspannung, Vertiefung des Atemvorgangs, Differenzierungsfähigkeit zwischen Ruheatmung und Leistungs- beziehungsweise Sprechatmung.

Ausgangsposition: Bitte legen Sie sich in bequemer Kleidung auf den Rücken und auf eine warme Unterlage. Sorgen Sie dafür, dass Sie in der nächsten Zeit nicht gestört werden. Strecken Sie sich aus und schieben Sie sich gegebenenfalls eine Decke oder ein Kissen unter die Knie oder auch unter den Kopf. Die Arme liegen locker neben dem Körper. Falls es nicht möglich ist, die Übung (zum Beispiel in Gruppen) im Liegen durchzuführen, kann man es auch in einer aufrechten Sitzposition tun. Allerdings sind im Sitzen viele Rumpfmuskeln damit beschäftigt, uns aufrechtzuhalten, und es wird dadurch möglicherweise etwas schwieriger eine klare Atembewegung wahrzunehmen.

Durchführung: Die Reihenfolge der einzelnen Übungen ist später variierbar. Schließen Sie Ihre Augen. Wo nehmen Sie Bewegung im Zusammenhang mit der Atmung wahr? Lassen Sie sich etwas Zeit, den Rhythmus Ihrer Atmung wahrzunehmen.

Rechter Brustmuskel: Legen Sie Ihre linke Hand auf den rechten Brustmuskel direkt unterhalb des Schlüsselbeins. Der Arm darf bequem auf dem Brustkorb abgelegt werden. Spüren Sie nach: Gibt es an dieser Stelle Bewegung?
Nun vertiefen Sie bitte die Atembewegung, indem Sie einmal, bitte wirklich nur ein einziges Mal, ein »Psch« bilden und damit langsam und leise ausatmen. Sie werden genau spüren, wann Ihnen die Luft ausgeht. Danach werden Sie wahrnehmen, wie der Brustkorb sich wieder ausdehnt und dadurch Luft in den Körper hineinströmt.
Atmen Sie nach, das heißt, lassen Sie ein, zwei Atemzüge kommen und gehen, ohne etwas zu tun.
Wiederholen Sie diesen Vorgang ein-, zweimal.
Dann legen Sie den Arm wieder zurück auf den Boden neben dem Körper. Fühlt sich die Stelle, an der Ihre Hand eben noch lag, anders an als die gleiche Stelle auf der linken Seite?
Viele Menschen beschreiben hier schon erste Veränderungen. Es fühlt sich größer an

oder lebendiger, bewegter. Manchmal schwerer oder leichter. Wärmer – was nicht nur an der Hand liegt, die sicherlich Wärmezulieferer war, sondern möglicherweise auch an der besseren Durchblutung an dieser Stelle.

Rechte Zwischenrippenmuskulatur: Wir »behandeln« weiter dieselbe Körperseite: Nehmen Sie bitte wieder die linke Hand, und klemmen Sie sie unter die gegenüberliegende Achsel. Spüren Sie hier Bewegung? Hier wird die Lunge breiter, die sie umschließenden Rippen werden beweglicher. Die Aufnahmekapazität von Sauerstoff wächst mit der Bewegungsfähigkeit der Zwischenrippenmuskulatur. Dann formen Sie ein »fff …«. Machen Sie eine Nachatempause und wiederholen Sie die Übung zweimal.
Lösen Sie dann die Hand, und legen Sie sie wieder neben sich. Spüren Sie nach, lauschen oder schauen Sie in sich hinein. Fühlt sich die Stelle, an der Ihre Hand eben lag, anders an als die gleiche Stelle auf der linken Seite?

Linke Seite: Nun wechseln Sie bitte die Seiten und wiederholen mit der linken Hand auf der rechten Seite die gleiche Abfolge.
Am Ende vergleichen Sie die Seiten, passen sie zusammen? Falls nicht, legen Sie Ihre Hände bitte über Kreuz auf die Schultern, atmen einmal kräftig aus und üben mit den Armen einen leichten Druck gegen den Brustkorb aus. Mit der Einatmung lösen Sie die Arme vom Oberkörper. Spüren Sie nach.

Bauch- und Rückenmuskulatur: Nun legen Sie beide Hände bitte auf Ihren Bauch, am besten untereinander, also die eine Hand so, dass sie noch die untersten Rippen spüren, die andere tiefer in Richtung Bauchnabel und Unterbauch. Stellen Sie bitte die Beine auf. Spüren Sie Bewegung unter Ihren Händen? Nehmen Sie vielleicht auch Bewegung im unteren Bereich des Rückens wahr im Zusammenhang mit der Atmung? (Im Sitzen kann man möglicherweise Bewegung durch die Druckveränderung im Kontakt mit der Stuhllehne wahrnehmen.) Atmen Sie wieder mit einem »Psch …« aus.
Nachatmen und zwei-, dreimal wiederholen, dabei stellen Sie sich vor, Sie atmen kraftvoll gegen die Hände beziehungsweise gegen die Stuhllehne.
Lösen Sie dann die Hände vom Körper, um sie wieder neben sich zu platzieren. Spüren Sie nun bitte, wie Ihr Körper daliegt, wie er sich anfühlt und wie er in der Ruhe atmet.

Ende: Kommen Sie langsam zum Sitzen oder Stehen, und klopfen Sie den ganzen Körper ab. Angefangen wird beim rechten Fuß, dann rechtes Bein, linker Fuß, linkes Bein, Po, Rücken, Bauch, Brustmuskeln unter den Schlüsselbeinen, das Brustbein, der Nacken und das Schädeldach mit den Fingerspitzen.

Variation mit Partner: Eine Person sitzt vorne, entweder auf einem Hocker oder Stuhl – hierbei die Stuhllehne an der rechten oder linken Seite. Die dahintersitzende Person beginnt, den Rücken zu massieren und zu kneten. Beginnen Sie oben im Schulter-Nacken-Bereich. Nach einer Weile des Knetens und Massierens kommt das Lob! Klopfen Sie den Rücken des Partners mit den flachen Händen ab, als ob Sie ein Pferd loben. Streifen Sie zuletzt den Rücken ab. Diese Partnerübung wird meistens als sehr belebend empfunden und lockert die Muskulatur.
Achtung! Bitte bearbeiten Sie nur den Brustkorb, nicht darunter!

Muskelentspannung

Die folgende Übungsreihe ist angelehnt an die Methode »Progressive Muskelentspannung« nach Edmund Jacobson. Sie wurde von ihm Ende der 1930er-Jahre in den USA entwickelt und ist seit den 1960er-Jahren in Deutschland bekannt. Sie dient der Behandlung und Prävention von Stresszuständen. Durch die Wahrnehmung starker Anspannung wird die darauffolgende Entspannung klar empfunden.

Anders als bei Jacobson wird die Anspannungsphase in den folgenden Übungen durch eine hörbare Ausatmung auf »fff …« begleitet und zeitlich begrenzt. Hierdurch erfolgt von allein eine Intensivierung der folgenden Einatmung.

TIPP: Diese Übungsfolge ist gut geeignet in Stresssituationen, vor Auftritten und Prüfungen.

Ziele: Entwicklung der Wahrnehmung von Spannungszuständen, Vertiefung des Atemvorgangs, Abbau vorhandener Anspannungen.

Ausgangspositionen: Stehen Sie aufrecht mit lockeren Knien. Oder sitzen Sie möglichst aufrecht auf einem Stuhl oder Hocker, dabei rücken Sie bitte nach vorne an den Stuhlrand und positionieren die Füße parallel und etwas weiter auseinander als hüftbreit.

Achtung! Lassen Sie die Anspannung nicht zu stark werden!

Durchführung: Die Reihenfolge der einzelnen Übungen ist später variierbar. Ballen Sie bitte Ihre Fäuste und lösen Sie sie wieder. Wiederholen Sie die Übung und atmen Sie zeitgleich mit der Anspannung auf »fff …« aus. Sobald die Ausatmung zu Ende ist, lassen Sie auch die Anspannung los – die Einatmung kommt von allein.

»Hartnäckigkeit«: Bitte ballen Sie erneut Ihre Fäuste, und ziehen Sie zusätzlich Ihre Schultern bis zu den Ohren. Nehmen Sie die starke Anspannung im Schulterbereich einen Moment lang wahr. Wiederholen Sie die Übung, und atmen Sie mit »fff …« aus. Sobald die Einatmung kommt, lassen Sie die Anspannung los. Atmen Sie bitte nach. Wiederholen Sie diese Sequenz noch ein- oder maximal zweimal.

»Pobacken zusammenkneifen und durch«: Bitte ballen Sie Ihre Fäuste und spannen Sie Ihre Pobacken kräftig an. Nehmen Sie die starke Anspannung im Bauch-Becken-Bereich einen Moment lang wahr. Wiederholen Sie diese Übung und atmen Sie mit einem »fff …« aus. Sobald die Einatmung kommt, lassen Sie die Anspannung los. Atmen Sie bitte nach.
Wiederholen Sie diese Sequenz noch einmal, maximal zweimal.

Denkspannung und »Zähne zusammenbeißen«: Bitte ballen Sie Ihre Fäuste, runzeln Sie Ihre Stirn und beißen Sie die Zähne zusammen. Nehmen Sie diese starke Anspannung im Gesichtsbereich einen Moment lang wahr. Halten Sie diese Anspannung und atmen Sie hörbar aus – ein »fff …« ist allerdings kaum noch möglich. Sobald die Einatmung kommt, lassen Sie die Anspannung los. Atmen Sie nach.

Wiederholen Sie diese Sequenz ebenfalls noch einmal, maximal zweimal.

»Hart wie Stahl«: Zum Schluss spannen sie einmal den ganzen Körper an, solange ein »fff …« dauert, und lassen mit der Einatmung wieder los. Spüren Sie bitte nach.

Aufrichtung

Die an eine Bewegung gekoppelte Ausatmung wird besonders in der »Funktionellen Entspannung« nach Marianne Fuchs gelehrt. Als Mitarbeiterin der medizinischen Universitätsklinik in Heidelberg entwickelte sie in den 1940er- und 1950er-Jahren mit Unterstützung von Viktor von Weizsäcker diese Methode, in der die Arbeit an der körperlichen Eigenwahrnehmung (Propriozeption) im Vordergrund steht.

Die Idee des »Über-sich-hinaus-Denkens« findet man bei Gerda Alexander (1908–1994). Die Physiotherapeutin aus Schweden war in jungen Jahren bereits an den Rollstuhl gefesselt. Wie viele andere entdeckte auch sie, dass viele Menschen ihren Körper gewohnheitsbedingt oft falsch und einseitig nutzen. Auch in der Arbeit des Arztes Volkmar Glaser findet man den Ansatz, dass die konkrete körperliche Grenze in der Vorstellung erweitert wird. Durch diese »Einbildung« verändert sich der Muskeltonus.

Ziele: Beweglichkeit der Rumpfmuskulatur, Streckung der Wirbelsäule, Vertiefung des Atemvorgangs.

TIPP: Diese Übungen eignen sich ebenfalls sehr gut als Vorbereitung vor Auftritten und Prüfungen.

Ausgangsposition: Stehen Sie aufrecht mit lockeren Knien (leicht gebeugt), und positionieren Sie die Füße parallel und hüftbreit, die Arme hängen locker neben dem Körper.

Durchführung: Die Reihenfolge der einzelnen Übungen ist später variierbar.
Die folgenden Bewegungen sind an eine Ausatmung gekoppelt. Bitte atmen Sie immer wieder nach, das heißt, ein, zwei Atemzüge kommen und gehen lassen, ohne etwas zu tun.

Achtung! Die Bewegungen sollen angenehm sein. Machen Sie die Bewegungen kleiner, falls es irgendwie unangenehm sein sollte!

»Känguru«: Bringen Sie Ihre Lendenwirbelsäule in Bewegung – also wackeln Sie mit dem Po. Es ist vollkommen gleichgültig, wie Sie sich bewegen. Stellen Sie sich dabei vor, Sie hätten einen langen, schweren Känguruschwanz, der bei jeder Bewegung über den Boden fegt. Koppeln Sie diese Bewegung bitte an die Ausatmung, indem Sie ein »Sch …« ausströmen lassen, solange es für Sie möglich und angenehm ist. Wenn die Ausatmung beendet ist, halten Sie mit der Bewegung inne und lassen die folgende Einatmung kommen.
Nachatempause, zwei Wiederholungen.

»Leuchtturm«: Stehen Sie weiterhin bequem da. Versuchen Sie nun, den Brustkorb vorsichtig und langsam mit einem »fff ...« nach vorne zu schieben. Dabei gehen die Schultern leicht zurück, als ob ein Gummiband sie zusammenziehen würde – und der Kopf bleibt, wo er ist.
Bitte machen Sie nur kleine Bewegungen. Stellen Sie sich dabei vor, Ihr Körper sei wie ein Leuchtturm, und das Brustbein sendet das Licht für die ankommenden Schiffe. Biegen Sie die Brustwirbelsäule also vorsichtig.
Mit der Einatmung lösen Sie die Bewegung langsam auf.
Nachatempause, zwei Wiederholungen.

»König (oder Königin) grüßt vom Balkon«: Nun stellen Sie sich bitte vor, Sie stehen auf einem Balkon, und unten auf dem Platz befinden sich viele Menschen. Nicken Sie allen freundlich zu, solange eine Ausatmung mit »sss ...« dauert.
Atmen Sie nach, um dann mit einem weiteren »sss ...« den Blick schweifen zu lassen. Sie nicken freundlich mal nach rechts und mal nach links.

»Über sich hinauswachsen«: Stellen Sie sich vor, mit einem Ausatmer auf »fff ...« wachsen Sie über sich hinaus. Ziehen Sie den Rücken lang, so als ob Sie die Decke mit dem Hinterkopf berühren wollten. Wie eine Kamera, die ausfährt. Mit der Ausatmung lassen Sie einfach wieder los.

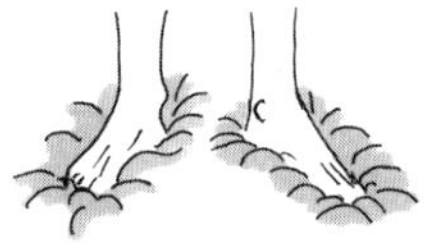

»Dabei geerdet bleiben«: Spüren Sie nun Ihre Füße am Boden. Mit der nächsten Ausatmung auf »fff ...« stellen Sie sich vor, Ihre Füße sinken in den Boden wie in eine dicke Schneeschicht.
Zuletzt lassen Sie gleichzeitig die Füße in die Erde und den Hinterkopf bis zur Decke wachsen. Denken Sie nicht an zwei verschiedene Handlungen, sondern einfach nur in zwei Richtungen. Wachsen Sie in alle Richtungen hin und über sich hinaus.

Durchlässigkeit

Die einzelnen Übungen sind auch hier später beliebig kombinierbar.

TIPP: Bei Auftritten und Prüfungen eignen sich diese Übungen ebenfalls für die Vorbereitung.

Ziele: Verbesserung der Beweglichkeit der Gelenkmuskulatur, Vertiefung des Atemvorgangs.

Ausgangsposition: Stehen Sie aufrecht mit lockeren Knien (minimal gebeugt), und positionieren Sie die Füße parallel und hüftbreit, die Arme hängen locker neben dem Körper. Der Blick ist in Richtung Horizont gerichtet, also befindet sich die Nase etwas unterhalb der Mittellinie.

Achtung! Die Bewegungen sollen angenehm sein. Falls es irgendwie unangenehm sein sollte, machen Sie die Bewegungen kleiner!

Durchführung: Wie bei den vorhergehenden Übungen koppeln Sie die Bewegungen an eine Ausatmung, mit der folgenden Einatmung lassen Sie locker und atmen nach.

»Rugby«: Bitte kreisen Sie Ihre Schultergelenke rückwärts. Stellen Sie sich dabei vor, Ihre Schultern bewegen sich in riesigen Rugby-Ärmeln. Begleiten Sie diese Bewegung wieder mit »fff …«, solange es angenehm ist. Sobald die Einatmung kommt, lassen Sie die Schultern locker. – Nachatmen und wiederholen.
Dann kreisen Sie Ihre Schultern in die andere Richtung. Ziehen Sie große Kreise, und stellen Sie sich wieder diese riesigen Ärmel vor.
Am Ende ziehen Sie die Schultern bis zu den Ohren und lassen Sie mit einem Seufzer wieder fallen – ohne in der Wirbelsäule einzusacken!

»Hündchen pinkelt das Tor an«: Bitte schwenken Sie die rechte Hüfte zur rechten Seite hin (die linke Pobacke hebt sich, aber nicht das Bein!), und stellen Sie sich vor, Sie wären ein Hündchen und würden einen Torpfosten anpinkeln, dabei machen Sie »Psch… t«, bis die Ausatmung zu Ende ist. Dann kommen Sie zur Mitte zurück und federn ein, zwei Atemzüge in den Knien nach.
Schwenken Sie dann Ihr Becken nach links und »pinkeln den anderen Torpfosten an«. Mit der folgenden Einatmung bitte wieder zurück zur Mitte kommen, in den Knien leicht nachfedern. – Nachatmen und die Übung wiederholen.

»Klappe auf!«: Und nun öffnen Sie bitte Ihren Mund mit einem Hauchen, indem Sie dabei die Zunge herausstrecken. Beobachten Sie, wie sich Ihr Unterkiefer dabei wie von selbst öffnet. Wiederholen Sie dies dreimal.
Dann lassen Sie Ihren Unterkiefer sanft von links nach rechts gleiten und zurück. Ihre Augen schauen dabei allerdings in die jeweils entgegengesetzte Richtung!

»Marionette«: Federn Sie zum Abschluss noch einmal nach. Stellen Sie sich vor, Sie hingen an einem Faden wie eine Marionette, und der Puppenspieler lässt Sie wippen. Federn Sie so lange, wie ein »fff …« dauert. – Halten Sie schließlich inne. Wie stehen Sie jetzt da?

Rachenweite

Die folgenden Übungen finden Sie in vielen sprecherzieherischen Übungsbüchern.

Achtung! Diese Übungen sind unbedingt in der vorgegebenen Reihenfolge auszuführen. Schalten Sie Ihr Muskelempfinden ein, und merken Sie sich das Gefühl dieser »gespannten Weite«.

Ziele: Weitung des Mund-Rachen-Raums, Vertiefung des Atemvorgangs.

Ausgangsposition: Stehen Sie aufrecht mit lockeren Knien (leicht gebeugt), und positionieren Sie die Füße parallel und hüftbreit. Wenn Sie lieber sitzen wollen, so rücken Sie vor bis an den Stuhlrand und bleiben Sie aufgerichtet.

Durchführung: Konzentrieren Sie sich auf Ihren Mund-Rachen-Raum. Wie fühlt er sich vor den Übungen an? Vergleichen Sie am Ende der Übungen – fühlt es sich anders an?

TIPP: Gut geeignet als Vorbereitung vor Auftritten und Prüfungen und nach stimmlicher Anstrengung als »Abkühlung«.

»Hauchen«: Hauchen Sie (mit H) in Ihre Hand. Spüren Sie die warme Luft. Stellen Sie sich vor, dass Sie weit werden im Mund-Rachen-Raum. Machen Sie sich eine genaue Vorstellung von der »Mundhöhle«, wie ein Forscher.
Führen Sie diese Übung zwei- bis dreimal durch oder so lange, bis der Gähnreflex ausgelöst wird.

»Anstandsgähnen«: Stellen Sie sich vor, ein »Luftei« wächst in Ihrem Mund. Versuchen Sie, das Gähnen zurückzuhalten, wenn es kommt, um so genau wie möglich diesen geweiteten Rachenraum wahrzunehmen.
Recken und strecken Sie sich, solange eine Ausatmung dauert, und wiederholen Sie das Anstandsgähnen – bis zum befreienden Gähner.

»Schnuppern« (vgl. Fiukowski 2004, S. 26 f.): Nun schnuppern Sie wie ein Hase. Achten Sie darauf, dass die Zunge im Mundboden ruht und nicht am Gaumen klebt. Drei-, viermal ziehen Sie die Luft schubweise durch die Nase. Man hört in diesem Fall das Einatmungsgeräusch in der Nase. Spüren Sie Bewegung in der Körpermitte?
Hauchen Sie aus und wiederholen Sie diese Schnupperübung zweimal.

»Englisch-Lektion«: Lassen Sie den Unterkiefer ganz locker, und bewegen Sie ihn auf und ab, als ob Sie zittern würden. Dann legen Sie Ihre Zungenspitze zwischen die Zahnreihen und atmen – ohne Stimme – aus, dabei bewegen Sie schnell den Kiefer auf und ab – natürlich, ohne sich auf die Zunge zu beißen ... Es entsteht ein Geräusch wie das Englische »th« – »thethethethethe«...
Nehmen Sie zuletzt Ihre Stimme dazu.

Stimmsitz

TIPP: Als Vorbereitung vor Auftritten und Prüfungen eignen sich diese Übungen hervorragend. Sie bereiten die Stimme auf erhöhte Anforderungen vor.

Achtung! Diese Übungsreihe ist auf jeden Fall in der vorgegebenen Reihenfolge auszuführen. Schalten Sie Ihr Muskelempfinden ein und lauschen Sie sich dem Klang Ihrer Stimme. Üben Sie keinerlei Druck auf Ihre Stimme aus, entdecken Sie vielmehr all Ihre Möglichkeiten.

Ziele: Erarbeitung der Indifferenzlage, Vertiefung des Atemvorgangs, Beweglichkeit und Flexibilität des Zwerchfells, Aktivierung der Sprechmuskulatur.

Ausgangsposition: Stehen Sie aufrecht mit lockeren Knien (leicht gebeugt), und positionieren Sie die Füße parallel und hüftbreit.

Durchführung: Experimentieren Sie mit Ihrer Stimme. Entdecken Sie Ihr gesamtes Stimmregister, und pendeln Sie sich immer wieder im unteren Drittel ein. Es sollte sich leicht und mühelos anfühlen.

»Lippenflattern«: Lockern Sie Ihre Lippen, indem Sie wie ein Pferd schnauben. Oder erinnern Sie sich an das Geräusch, das man als Kind erzeugt, wenn man ein fahrendes Auto imitiert. Experimentieren Sie damit und variieren Sie Ihre Stimme in der Höhe und der Tiefe. Wie tief kommt sie? Wie hoch?
Auch wenn es zu Beginn (noch) nicht so locker geht, probieren Sie es immer wieder,

diese Übung ist von großem Wert und reine Übungssache. Beginnen Sie vielleicht mit einem lockeren p-p-p-p-p-p, bei dem sich die Backen etwas aufplustern. Dann probieren Sie wieder das Lippenflattern. Auch wenn es nur kurz geht, experimentieren Sie dann mit Ihrer Stimme.
Wenn der Ton nach oben geht, vermeiden Sie, dass sich auch der Körper nach oben streckt. Stellen Sie sich vor, dass die Stimmlippen nach vorne gespannt werden, nicht nach oben!

»Summen«: Diese Übung ist bei Sprechern und Sängern sehr beliebt. Man findet sie daher in fast allen sprecherzieherischen Übungsbüchern.
Beginnen Sie, genießerisch zu kauen, sich dabei über den Bauch zu streichen und kauend zu summen. Wenn die Energie (das Ausatmen) zu Ende ist, machen Sie eine kurze Pause und atmen nach. Wiederholen Sie diese Übung einige Male.
Am Ende hängen Sie einen Satz an: »Hmmm ..., mein morgendliches Mirabellenmüsli, hmmm, Marmelade, Marzipan, Multivitaminsaft ...«. Wie klingt Ihre Stimme?

TIPP: Summen Sie in Ihrem Alltag, sooft Sie können – unter der Dusche, im Auto, wo immer es möglich ist.

»Dartpfeile«: Gehen Sie bitte leicht in die Hocke. Stellen Sie sich vor, Sie würden Pfeile auf eine Dartscheibe werfen. Jedem Wurf fügen Sie ein Geräusch ohne Stimme bei: »Ph!« »Th!« und »Kh!« im Wechsel.
Tun Sie dies bitte zu Beginn etwa 10-mal, später steigern Sie die Anzahl und das Tempo. Dann nehmen Sie einfache Silben oder einsilbige Wörter dazu, zum Beispiel: »Hopp! Hopp! Wupp! Wopp! Wapp! Wepp! Wipp! Blupp! Blopp! Blapp! Blepp! Blipp! Bund! Rund! Schlund! Kind! Rind! Wind! Wand! Land! Hand! ...« Dabei ist jede Silbe ein Atem und ein Wurf – und jeder Wurf ist natürlich ein Volltreffer!

Entspannung

Diese Übungen können im Liegen und ebenfalls im Sitzen durchgeführt werden. Bei Letzterem ist darauf zu achten, dass Sie möglichst bequem, aber wieder gut aufgerichtet sitzen.

Ziel: Ganzkörperliche Entspannung, Vertiefung des Atemvorgangs.

Ausgangspositionen: Bitte legen Sie sich in Rückenlage und in bequemer Kleidung auf eine warme Unterlage. Sorgen Sie dafür, dass Sie in der nächsten Zeit nicht gestört werden. Strecken Sie sich aus, und schieben Sie sich gegebenenfalls eine Decke oder ein Kissen unter die Knie oder auch unter den Kopf. Die Arme liegen locker neben dem Körper.

Durchführung: Schließen Sie nun Ihre Augen. Spüren Sie für einige Augenblicke die Luft durch Ihre Nase strömen. Stellen Sie sich vor, wie der Atem in den Körper hineingleitet, als würde er im Schwimmbad eine Rutsche hinunterrutschen. Wie breitet sich der Atem in Ihnen aus? Lassen Sie ihn einfach kommen und auch wieder gehen. Spüren Sie ihm nach, ohne etwas ändern zu wollen. Wenn Gedanken über andere Dinge

auftauchen, lauschen Sie ihnen für einen Moment, und dann gehen Sie wieder zurück zum Atem. Werden Sie Meister Ihrer Gedanken.
Denken Sie einfach nur »Einatmen – Ausatmen – Pause«, nichts weiter. Lassen Sie den Atem leicht in sich einströmen, überallhin, vergessen Sie keine noch so kleine »Ecke«. Denken Sie nur an dieses leichte Strömen in alle Richtungen.
Konzentrieren Sie sich eine Weile (circa fünf Minuten) nur darauf. Zum Abschluss rekken und strecken Sie sich! Kommen Sie dann langsam – entweder über die Seite oder durch Rollen – zum Sitzen.

Alternative Bilder:

- Stellen Sie sich vor, alle Anspannung flösse mit der Ausatmung weg, und Leichtigkeit strömt mit der Einatmung ein.
- Stellen Sie sich vor, die Einatmung kommt wie eine Welle am Meer durch Ihre Füße und strömt durch Sie hindurch bis zum Schädeldach und mit dem Ausatmen wieder hinaus.
- Kehren Sie das vorherige Bild um. Welches gefällt Ihnen besser?
- Konzentrieren Sie sich auf einen Punkt ungefähr eine Handbreit unterhalb des Bauchnabels. Stellen Sie sich vor, der Atem ströme hier herein und aus allen Poren wieder hinaus.

TRAINING DER ATEMMUSKULATUR

Es gibt Muskeln, die zu Verkürzung oder Abschwächung neigen, wenn sie nicht trainiert werden. Der obere Bereich des Trapezius, der Rückenstrecker, der große Brustmuskel, der Hüftlendenmuskel, Schenkelstrecker, Wadenmuskel und Kniebeuger (der hintere Teil der Oberschenkel stabilisiert das Becken!) neigen zu Verkürzung. Zu Abschwächung tendieren der mittlere und untere Bereich des Trapezmuskels, der Gesäßmuskel (der eigentlich das Becken stabilisieren soll), der gerade vordere Halsmuskel, der vordere Sägemuskel. Auch die gerade und schräge Bauchmuskulatur und der innere Schenkelstrecker schwächeln, wenn sie nicht trainiert werden.

All diese Muskeln sind wichtig im Zusammenhang mit der Körperhaltung und der Atmung.

In den folgenden Übungen werden einige dieser Muskeln und die Atemmuskulatur zeitgleich trainiert und damit die autonome innere Muskulatur (Atmung, Aufrichtung) und die oberflächlichen Muskelschichten (Arbeitsmuskeln).

Wechseln Sie später die Wiederholungszahlen, und stellen Sie die Übungen immer neu zusammen, da größtmögliche Variabilität immer neue Reize auf die Muskulatur ausübt. Dadurch wird das Muskelwachstum begünstigt.

Tipp von www.MensHealth.de (2010): »›Die richtige Atemtechnik beim Laufen‹: Bleiben Sie beim Laufen atmungsaktiv. […] Das A und O für eine optimale Sauerstoffzufuhr ist das Ausatmen. Je tiefer Sie die Luft rauslassen, desto besser können Sie im nächsten Zug einatmen. Die Lungenkapazität wird dadurch gesteigert. Immer aus dem Bauch atmen. Flache Brustatmung gibt weniger Sauerstoff und Seitenstiche.«

Laufen

Ziele: Aktivierung, Erwärmung und Lockerung des gesamten Körpers, Aktivierung des Herz-Kreislauf-Systems und Vertiefung des Atemvorgangs.

Ausgangsposition: Stehen Sie aufrecht mit lockeren Knien (leicht gebeugt). Richten Sie den Blick in die Ferne zum Horizont.

Durchführung: Beginnen Sie, auf der Stelle zu »gehen«, als ob Sie sich auf ein Ziel hinbewegen würden. Rollen Sie dabei gut mit den Füßen vom Ballen her ab. Winkeln Sie beide Arme an, und lassen Sie sie locker mitschwingen. Kommen Sie langsam zum Laufen auf der Stelle. Versuchen Sie dabei, einen für Sie angenehmen Rhythmus zu finden.

Atemrhythmus: Atmen Sie nun sechs Schritte lang mit einem kräftigen »fff …« aus. Lassen Sie den Mund leicht geöffnet, bringen die Zunge in die L-Position und lassen die folgende Einatmung in aller Ruhe kommen – vier Schritte lang. Bitte ziehen Sie die Luft dabei nicht ein, sondern lassen Sie den Atem ruhig in sich hineinströmen – achten Sie dabei auf die Zungenposition! Ist dieser Atemrhythmus für Sie angenehm? Suchen Sie Ihren eigenen Atemrhythmus. Das Laufen und Ihr Atemrhythmus sollten schließlich sehr angenehm sein.
Laufen Sie ungefähr drei bis fünf Minuten lang. Experimentieren Sie bewusst mit Ihrem Atemrhythmus.

Achtung! Wenn es unangenehm wird, so atmen Sie zuerst gut aus und lassen die Atmung eine Weile machen, was sie will. Achten Sie dann nur auf die Lockerung der Körpers.

Mögliche Zwischensequenz 1: Ziehen Sie nach drei Minuten Laufen das Tempo an, soweit es angenehm ist. Dabei schwingen die Arme weiterhin locker an den Seiten mit. Will sich die Atmung verändern? Achten Sie verstärkt auf die Ausatmung. Nach einer Minute laufen Sie wieder in einem moderaten Tempo weiter. Wie ist Ihre Atembewegung nun? Hat sie sich verändert?

TIPP: Mit der Zeit können Sie das Tempo erhöhen. Oder Sie laufen länger. Steigern Sie sich langsam. Gehen Sie immer an Ihre Grenzen.

Mögliche Zwischensequenz 2: Versuchen Sie nach drei Minuten, Ihre Knie vorne hochzuziehen. Bei jedem Schritt stoßen Sie ein kräftiges »Scht« aus (also »scht-scht-scht …«) und lassen den Mund leicht geöffnet. Denken Sie nur an das Ausatmen – das Einatmen kommt von alleine! Stellen Sie sich vor, Sie klingen wie eine alte Lokomotive! Nach einer Minute laufen Sie wieder in einem eher angenehmen Tempo weiter. Wie ist Ihre Atmung nun? Hat sie sich verändert?

Ende: Laufen Sie langsam aus, bis Sie wieder auf der Stelle gehen und schließlich zum Stehen kommen. Wie ist Ihre Atmung jetzt?

Recken – Strecken – Dehnen

Ziel: Dehnung von Rückenstrecker und Zwischenrippenmuskulatur, vorderem Sägemuskel und schräger Bauchmuskulatur, Aktivierung der gesamten Atemmuskulatur.

Achtung! Diese Übungen sind unbedingt in der vorgegebenen Reihenfolge durchzuführen!

Ausgangsposition: Stehen Sie aufrecht mit lockeren Knien im »souveränen Stand«.

Durchführung: Recken und strecken Sie Ihre Arme abwechselnd rechts und links nach oben, als ob Sie etwas von der Decke pflücken wollten. Atmen Sie dabei hörbar auf »fff …« aus. Tun Sie dies, solange diese Ausatmung dauert. Lassen Sie danach die Arme locker fallen und atmen Sie nach.
Dann lassen Sie mit einem hörbaren Ausatmer auf »fff …« den Oberkörper nach vorne hängen, die Arme schwingen hin und her, die Knie sind durchlässig. Der folgende Einatmer richtet den Körper wieder auf.

Anschließend heben Sie den linken Arm wieder nach oben und strecken ihn nach rechts hin, inklusive der Fingerspitzen. Stellen Sie sich vor, Sie wollten mit den Fingern die Decke erreichen. Biegen Sie nun die Wirbelsäule gleichmäßig und ohne sie in irgendeiner Stelle abzuknicken, nach rechts, der linke Arm streckt sich weiterhin schräg nach oben. Atmen Sie dabei wieder mit einem »fff …« aus. Sobald der Einatmer kommt, lösen Sie die Bewegung auf. »Wenn Sie arbeiten, sich bewegen, sich anstrengen – immer laufen Sie Gefahr, beim Ausatmen zu pressen. Dieses Pressen bei Anstrengung […] muss vermieden werden« (Geißler 1993, S. 23). – Atmen Sie nach.
Wiederholen Sie diese Übung noch zweimal mit derselben Seite! Fühlt sich die rechte Seite des Brustkorbs danach anders an als die linke?
Wechseln Sie dann die Seite, und wiederholen Sie die Abfolge.

Achtung! Es geht hierbei nicht darum, dass die Biegung möglichst tief ist! Knicken Sie nicht ab! Lassen Sie die Schultern möglichst locker, vermeiden Sie jegliche Anspannung!

Abkühlen: Zum Ende lassen Sie mit einem Seufzer (oder hörbaren Ausatmer) den Oberkörper nach vorne hängen, solange es für Sie angenehm ist, höchstens jedoch drei Atemzüge lang. Mit einer Einatmung richten Sie sich langsam wieder auf in Ihren »souveränen Stand«.

Balanceakt

Ziel: Kräftigung der gesamten Rumpf- und Beinmuskulatur, Sensibilisierung der Gleichgewichtsfähigkeit.

Achtung! Die vorgegebene Reihenfolge der Übungen bitte genau einhalten.

Ausgangsposition: Stehen Sie aufrecht mit lockeren Knien.

Durchführung: Verlagern Sie langsam Ihr Gewicht auf das rechte Bein, dann heben Sie das linke Bein langsam an, sodass der Fuß sich vom Boden löst und einige Zentimeter darüber schwebt. Versuchen Sie, die Balance zu halten. Achten Sie auf einen weiterfließenden Atem. »Ein Anhalten der Luft vermindert nicht nur kurzzeitig die Sauerstoffaufnahme des Organismus, sondern ist zudem mit der Anspannung unterschiedlicher Muskeln verbunden« (Thienes 2000, S. 89).
Kreisen Sie nach Möglichkeit einmal den linken Fuß in die eine, dann in die andere Richtung, jeweils solange ein »Psss …« dauert. Dann stellen Sie das Bein wieder ab. Wechseln Sie das Bein.

Achtung! Vermeiden Sie jede Form von Anspannung im Schultergürtel oder Halsbereich. Die Kraft kommt aus der Körpermitte! Falls es Ihnen schwerfällt, auf einem Bein zu stehen, so führen Sie diese Übung bitte neben einer Wand aus und stützen sich leicht ab.

Sobald Ihnen die erste Übung leichtfällt, kommt der nächste Schritt. Legen Sie den rechten Fuß an die linke Wade, und halten Sie Arme und Hände vor sich, als ob Sie

einen Ball umgreifen würden. Auch hier können Sie sich gerne zunächst an der Wand abstützen.
Nun atmen Sie kraftvoll und schubweise mit kurzen Atemschüben auf abwechselnd »fft-scht-fft-scht …« aus. Bei jedem der Laute lassen Sie so alle Luft raus, die folgende Einatmung kommt wieder von selbst, der Bauch wird locker gelassen, und Sie können gleich fortfahren. Lassen Sie sich Zeit! Bitte strengen Sie sich nicht im Halsbereich an, die einzige Anstrengung findet im Bauch-Becken-Raum statt, in der Stützmuskulatur.
Nach einer Minute lassen Sie zum Abschluss ein langes »Sch …« ausströmen und stellen das Bein wieder ab.
Nachatmen und bitte die Seite wechseln.

Anregung: Jede Form von Training der Balance, sei es auf einem Skateboard, auf einem Balancebrett, auf einer Rollwippe oder einem Kreisel dient der Kräftigung unserer Rumpfmuskulatur.

Überkreuzbewegungen

In der angewandten Kinesiologie finden Sie viele Überkreuzbewegungen.

Ziel: Kräftigung und Dehnung der gesamten Rumpf- und Beinmuskulatur, Stärkung der Gleichgewichtsfähigkeit, Rhythmisierung des Atems.

Anmerkung: Diese Übungen fördern die Zusammenarbeit der beiden Gehirnhälften.

Ausgangsposition: Stehen Sie aufrecht mit lockeren Knien im »souveränen Stand«. Die Arme hängen locker neben dem Körper, die Schultern sind entspannt.

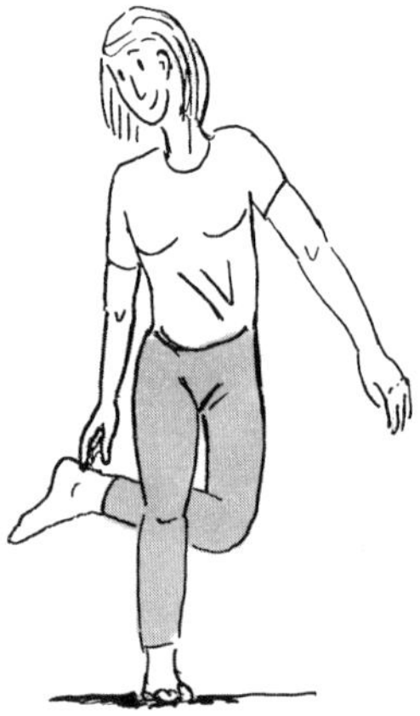

Durchführung: Heben Sie Ihr rechtes Bein an, und berühren Sie mit Ihrem linken Ellenbogen (oder, wenn Ihnen das schwerfällt, mit der linken Hand) kurz dieses erhobene Knie. Dabei darf der rechte Arm nach hinten schwingen. Wichtig ist, dass die Schultern locker bleiben. Atmen Sie dabei mit »Psst« aus, dann wechseln Sie die Seite und atmen wieder auf »Psst« aus … Üben Sie diesen Ablauf, bis es eine gleichmäßige, fließende Bewegung wird. Mit jedem »Schritt« atmen Sie mit »Pscht« aus. Machen Sie diese Übung für etwa zwei Minuten.
Anschließend winkeln Sie Ihr rechtes Bein nach hinten an und versuchen, mit der linken Hand hinter dem Rücken die rechte Ferse zu berühren – diesmal mit »Pscht«. Dann stellen Sie das Bein ab und wechseln die Seite. Atmen Sie dabei mit »Psst« aus, dann wechseln Sie die Seite und atmen wieder auf »Pscht« aus. Machen Sie auch diese Übung für ungefähr zwei Minuten.
Dann stellen Sie sich im »souveränen Stand« hin. Lassen Sie mit einem Seufzer (oder hörbaren Ausatmer) zuerst den Kopf sinken. Mit einem zweiten Seufzer lassen Sie die Schultern hängen und mit einem dritten nach Möglichkeit den Oberkörper. Lassen Sie den Oberkörper aushängen, ebenso die Arme. Schaukeln Sie nun mit den Armen ein wenig hin und her, mit hörbarem Ausatmer auf »fff …«. Mit der folgenden Einatmung richten Sie sich langsam wieder auf.

Mit dem Rücken an der Wand

Ziel: Kräftigung der Bauch-, Gesäß- und Beinmuskulatur und der Atemmuskulatur.

Achtung! Diese Übungen sind in der vorgegebenen Reihenfolge durchzuführen!

Ausgangsposition: Stehen Sie aufrecht mit lockeren Knien im Abstand von ungefähr einer Fußlänge mit dem Rücken zu einer Wand, die Füße wie immer hüftbreit und parallel. Die Arme hängen locker neben dem Körper, die Schultern sind entspannt, die Hände liegen auf dem Bauch unterhalb des Bauchnabels.

Durchführung: Lehnen Sie sich nun an die Wand. Mit einem langen Ausatmer auf »Sch…« drücken Sie die Lendenwirbelsäule an die Wand, als ob sie die Wand wegschieben wollten. Mit der Einatmung geben Sie den Druck wieder auf und spüren nach. – Atmen Sie unbedingt nach!
Wiederholen Sie diese Übung fünfmal.

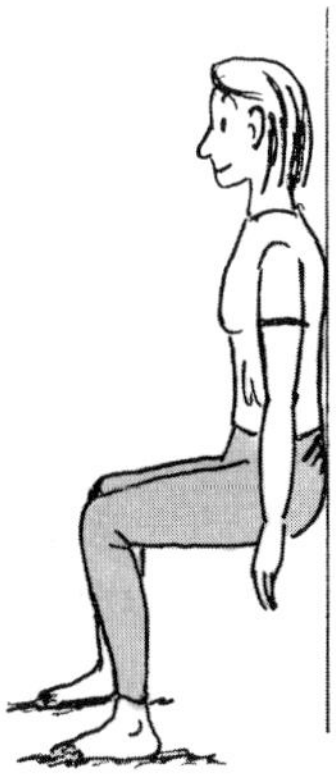

Achtung! Bitte keinen Druck im Halsbereich aufbauen! Die Schubkraft kommt aus der Körpermitte!

Anschließend machen Sie einen Schritt weiter vor, sodass Ihre Füße ungefähr zwei Fußlängen von der Wand entfernt positioniert sind. Stehen Sie weiterhin parallel und hüftbreit, und der Rücken lehnt an der Wand. Die Knie sind jetzt allerdings leicht gebeugt. Nun spannen Sie mit einer Ausatmung auf »Sch …« die gesamte Bauchmuskulatur an und ziehen zusätzlich, wie bei Pilates, den Beckenboden »wie einen Fahrstuhl hoch« – oder Sie stellen sich einfach vor, Sie müssten zur Toilette und dürften nicht. Halten Sie diese Spannung bis die Ausatmung zu Ende ist, und lassen Sie dann locker. Atmen Sie ein, zwei Atemzüge in Ruhe nach.

Achtung! Dabei nicht im Nacken abknicken, sondern den Nacken lang ziehen! Keinen Druck im Halsbereich aufbauen, die Kraft kommt nur aus der Mitte!

Falls Sie mit einer Gruppe arbeiten, können Sie diese Übung folgendermaßen variieren: Die Teilnehmer stehen zu zweit, Rücken an Rücken, gehen leicht in die Knie und jeweils ein bis zwei Schritte vor. Dann versuchen Sie sich abwechselnd (mit »Sch …«) gegenseitig wegzuschieben. Am Ende sprechen Sie abwechselnd eine Begrüßung: »Hallo! Wie geht's denn so?«

Beckenkippen

Diese Übung findet man auch im Yoga.

Ziel: Dehnung von Rücken-, Bauch- und Brustmuskulatur, Stärkung der Körpermitte.

Ausgangsposition: Sitzen Sie aufrecht auf einem Hocker, die Füße stehen parallel schulterbreit auseinander. Die Schultern sind locker, und die Arme hängen neben dem Körper, gerne können die Hände auch auf den Oberschenkeln abgelegt werden, wenn die Schultern dabei locker bleiben und nicht angehoben werden. Die Arme dürfen nicht aufgestützt werden.

Durchführung: Beginnen Sie bitte, von der Körpermitte ausgehend (Bauch-Becken-Raum) den Rücken mit einer langsamen Bewegung so rund zu machen, wie es Ihnen möglich ist. Der Kopf geht zuletzt mit, sodass Sie am Ende ganz rund dasitzen, das Kinn fast auf dem Brustbein.
Dann geht die Bewegung in die andere Richtung: Sie kippen das Becken vor, langsam kommen die Brustwirbel nach, der Brustkorb schiebt sich vor, dann das Brustbein, und der Kopf folgt. Am Ende ist es fast, als wäre die Vorderseite Ihres Körpers wie ein gespannter Flitzebogen.

Achtung! Zuletzt den Kopf nicht fallen lassen beziehungsweise nicht abknicken in der Halswirbelsäule. Stellen Sie sich vor, Ihre Nase würde eine Linie an Wand und Decke malen. Machen Sie lieber kleine Bewegungen, bis Sie ein Gefühl für den Ablauf haben. Später können und sollten Sie sowohl das Tempo als auch die Größe der Bewegung variieren.

Sobald die Bewegung für Sie klar und fließend ist, atmen Sie bitte folgendermaßen: Mit der Ausatmung auf »fff …« gehen Sie in den Rundrücken. Dann schließen Sie den Mund und lassen die neue Einatmung mit der Bewegung in die Gegenrichtung einströmen. Passen Sie die Bewegung Ihrem persönlichen Atemrhythmus an.
Beginnen Sie mit zehn Bewegungsabläufen, dann steigern Sie die Anzahl.

Uhrzeiger

Diese Übung findet man an vielen Stellen, zum Beispiel im Yoga, in der Eutonie, sowie im Reitsport (Meyners 2008, S. 55).

Ziel: Stärkung von Rücken-, Bauch- und Brustmuskulatur, Flanken und Sägemuskel, Entwicklung und Erweiterung des Atemrhythmus.

Ausgangsposition: Sitzen Sie aufrecht auf einem Hocker, die Füße stehen parallel und hüftbreit auseinander. Die Schultern sind locker, und die Arme hängen neben dem Körper, gerne können die Hände auf den Oberschenkeln abgelegt werden, wenn die Schultern dabei locker bleiben und nicht angehoben werden. Die Arme dürfen nicht aufgestützt werden.

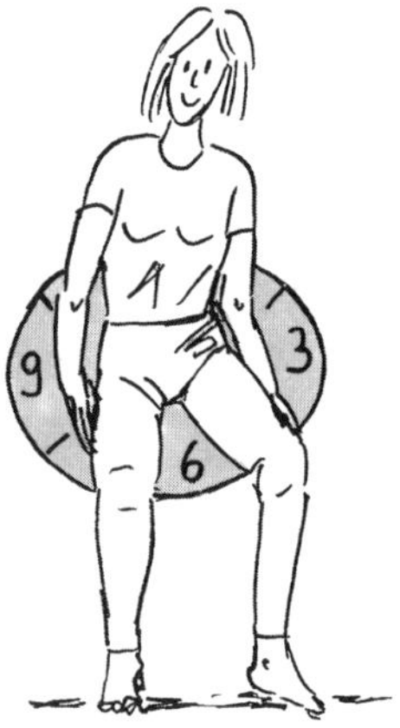

Durchführung: Nun stellen Sie sich vor, dass unter Ihrem Becken das große Ziffernblatt einer Uhr liegt. Wenn Sie das Becken nach vorne kippen, befinden Sie sich auf der 12. Kommen Sie zurück zur Mitte und bewegen Sie das Becken nach hinten, so landen Sie auf der 6. Nun versuchen Sie, den Kopf und den Schultergürtel so weit wie möglich in der ursprünglichen Position zu lassen, sodass nur das Becken kleine Kreise zieht. Sie können hier auch mit einem Spiegel arbeiten, um sicherzugehen, dass nicht der ganze Oberkörper schwankt. Ziehen Sie nun Ihre Kreise auf dem Ziffernblatt. Von der Mitte auf die 12, von da auf die 1, die 2, dann die 3. Überprüfen Sie, ob die Position stimmt. Dann geht es weiter über die 4 und die 5 zur 6. Wandern Sie weiter über die 7, 8, 9, die 10 und die 11 bis zur 12 – und kehren Sie zur Mitte zurück. Achten Sie zunächst nur darauf, dass Ihr Atem weiterfließt und Sie die Luft nicht anhalten.
Sobald diese Bewegung für Sie flüssig und leicht ist, beginnen Sie folgenden Atemrhythmus einzubauen: Immer wenn Sie hinten (auf der 6) ankommen, atmen Sie alle Luft auf »Ffft« aus, bringen die Zunge in die L-Position, sodass der Atem in Ruhe wie-

der einströmen kann, während Sie weiter über vorne (über die 12) kreisen, und wenn Sie wieder hinten angekommen sind, atmen Sie wieder mit »Ffft« aus. Die Einatmung dauert also hierbei merklich länger als die Ausatmung.

Achtung! Ziehen Sie die Luft nicht ein. Wenn Sie die Einatmung nicht hören, ist sie korrekt ausgeführt. Sollten Sie Ihre Einatmung hören, konzentrieren Sie sich bitte nur auf die Ausatmung, und spüren Sie Ihren Gürtelbereich. Denken Sie niemals an Luft, nur an Bewegung in der Körpermitte.

Beginnen Sie mit mindestens zehn Bewegungsabläufen, und wechseln Sie dann die Richtung, noch einmal zehn Runden. Steigern Sie die Anzahl mit der Zeit.

Sit-ups

Ziel: Stärkung der Bauchmuskulatur, Steigerung der Ausdauer der Atemmuskulatur, Dehnung der Hals-Nacken-Muskulatur.

Achtung! Diese Übungen sind in der vorgegebenen Reihenfolge durchzuführen!

Ausgangsposition: Liegen Sie bitte auf einer bequemen Unterlage auf dem Rücken, stellen Sie Ihre Beine auf, und verschränken Sie die Hände hinter dem Kopf. Wenn Sie nun den vorderen Teil des Fußes hochziehen, spüren Sie einen Unterschied im Lendenwirbelbereich? Diese Position neutralisiert das »Hohlkreuz«. Halten Sie die Füße in dieser Position.

Durchführung: Spannen Sie bitte die Bauchmuskulatur und den Beckenboden an. Dann heben Sie mit einem »Fff ...« langsam und vorsichtig den Kopf an und schauen auf Ihre Knie. Halten Sie diese Position, solange Ihre Ausatmung dauert, und lösen Sie sie mit der Einatmung wieder auf.
Wiederholen Sie diese Übung fünfmal, steigern Sie die Anzahl mit der Zeit. Kurze Pause zum Nachatmen.
Legen Sie dann die Hände bitte auf den Bauch, atmen Sie mit einem »Sch ...« aus und führen dabei die Hände über die Oberschenkel bis zu den Knien, halten Sie die Position einen Moment, bis die Ausatmung zu Ende ist. Schließen Sie den Mund, lassen Sie den neuen Einatmer einströmen, und kommen Sie damit langsam wieder zum Boden zurück. Kopf und Brustwirbel machen die Bewegung mit (vgl. Geißler 1993, S.52–55).
Wiederholen Sie diese Übung fünfmal, steigern Sie die Anzahl mit der Zeit. Machen Sie eine kurze Pause zum Nachatmen.

Achtung! Keine Spannung im Halsbereich! Gut auf »Sch ...« ausatmen! Keine ruckartigen Bewegungen! Nicht »mit Schwung« arbeiten!

Im Anschluss daran nehmen Sie bitte wieder die Ausgangsposition ein mit den Händen hinter dem Kopf, dieses Mal führen Sie mit einem »Fff ...« den rechten Ellenbogen langsam in Richtung linkes Knie, halten diese Position wieder, bis diese hörbare Ausatmung beendet ist, und kommen mit der Einatmung (durch die Nase) wieder zurück. Dann wechseln Sie die Seite.

Wiederholen Sie diese Übungsreihe bitte zu Beginn je fünfmal, dann steigern Sie die Anzahl täglich.

Ende: Liegen Sie einen Moment da mit den Händen auf dem Bauch. Spüren Sie nach und lauschen Sie eine Weile dem Atemrhythmus. Gibt es eine Pause nach der Ausatmung? Genießen Sie besonders diese Pause, bis es irgendwo wieder umschlägt zum Einatmen.

Rückenschaukel

Ziel: Kräftigung der Rücken- und der Bauchmuskulatur, Dehnung des oberen Brustmuskels, Rhythmisierung der Atemmuskulatur.

Achtung! Diese Übungen sind in der vorgegebenen Reihenfolge durchzuführen!

Ausgangsposition: Liegen Sie bitte auf einer bequemen Unterlage auf dem Bauch, legen Sie die Arme ausgestreckt nach oben über den Kopf auf den Boden.

Durchführung: Heben Sie nun bitte die Arme und den Kopf an, mit einer Ausatmung auf »Sch«. Stellen Sie sich dabei vor, Ihr Nacken würde länger nach vorne hin, nicht nach oben, sodass Sie nicht im Nacken abknicken. Die Arme ziehen Sie dabei lang, als ob Sie etwas erreichen wollten.
Mit der Einatmung legen Sie Kopf und Arme langsam wieder ab.

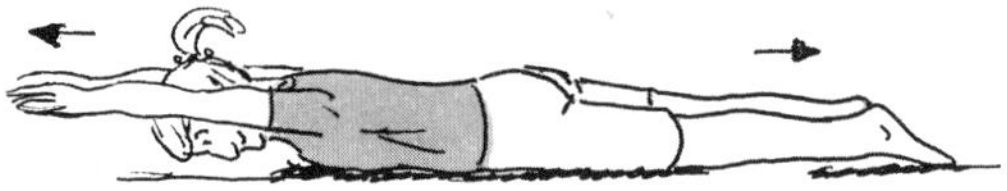

Achtung! Kein Abknicken im Halsbereich! Schultern nicht hochziehen!

Wiederholen Sie diese Übung bitte dreimal.
Heben Sie dann minimal das rechte Bein an, mit einer Ausatmung auf »Sch«. Versuchen Sie diese Position die Ausatmung lang zu halten. Mit der Einatmung legen Sie das Bein wieder am Boden ab.
Wiederholen Sie diese Übung bitte dreimal, und wechseln Sie dann die Seite.
Legen Sie die Hände nun neben Ihre Schultern auf den Boden, und mit einem »fff …« heben Sie den Oberkörper an. Bitte nur ein wenig und vorsichtig, und ohne den Kopf in den Nacken zu klemmen. Atmen Sie nun mit drei verschiedenen Geräuschen abwechselnd aus: »f-s-sch-f-s-sch-f-s-sch …«. Spüren Sie die Muskelaktivität im unteren Bauchbereich? Tun Sie dies für circa eine Minute, legen Sie den Oberkörper dann wieder ab.

Ende: Falten Sie die Hände am Boden unter dem Kopf, und legen Sie ihn darauf ab, sodass es möglichst bequem ist. Liegen Sie einen Moment so da, und spüren Sie die Atembewegung ihrer Bauchmuskulatur. Im Kontakt mit dem Boden spürt man gut die Druckveränderung, die durch diese Bewegung entsteht.

TRAINING DER MUNDMOTORIK

Die Zunge ist »eines der erstaunlichsten Instrumente in unserem Körper, ein funktioneller Tausendsassa« (Lang 2004, S. 11). »Sich freischwebend ohne Anhaltspunkt zu erheben, ist ein Kunststück, das neben der Zunge kein anderer Muskel beherrscht. Ihre frappierende Beweglichkeit beruht auf dem wohl koordinierten Zusammenspiel von nicht weniger als acht Muskelzügen« (ebd.).

Die folgenden Übungen werden auch Kindern besonders große Freude bereiten. »Kinder lieben ihre Zunge. Mit ihr können sie nicht nur Unmengen Eis lecken, sondern sie können auch so schön frech sein: ›Bääääh!‹« (Wangner/Groß 2005, S. 46). Erst in der Phase der Pubertät stellt sich das Schamgefühl ein. Man sollte diese Übungen also bei Menschen ab der Pubertät mit Respekt einführen und vor allem darauf achten, dass niemand sich vorgeführt fühlt. Letzteres gilt natürlich grundsätzlich.

Wenn man sich selbst dann zunächst ein wenig kindisch dabei vorkommt, so halte man sich vor Augen, dass es doch schlichtweg Muskeltraining ist. »Ein bisschen Muskeltraining könnte nicht schaden. Wie wäre es für den Anfang mit dem Musculus zygomatikus major und dem Musculus risoris? Bloß vom Musculus depressor anguli oris sollte man Abstand nehmen. Der ist in der Regel schon viel zu stark« (ebd., S. 38). Der »Musculus zygomatikus major« hebt die Mundwinkel aufwärts, und mit dem Musculus risoris gemeinsam wird er auch Lachmuskel genannt. Der Musculus depressor anguli oris hingegen ist für das Herabziehen der Mundwinkel zuständig.

Die Ausgangsposition ist bei allen Übungen Ihnen selbst überlassen. Sie sollten allerdings wie immer auf eine möglichst aufrechte Haltung achten.

Grimassen

Ziel: Lockerung der Gesichtsmuskulatur, besonders der Kiefermuskulatur.

Durchführung: Ziehen Sie Grimassen, entdecken Sie Ihre Gesichtsmuskulatur. Massieren Sie Ihre Kaumuskulatur.

Gute Laune

Ziel: Aktivierung des Mundringmuskels, des kleinen und des großen Jochbeinmuskels, des Trompetermuskels und des Lippenhebers, der Lachmuskeln und des Dreiecksmuskels.

Durchführung: Lächeln Sie mindestens eine halbe Minute lang! Eine Minute lächeln soll Glückshormone freisetzen … und nach wenigen Sekunden werden Sie vermutlich erst einmal Ihre Muskulatur spüren.

Achtung! Versuchen Sie bitte hierbei die Nacken- und Halsmuskulatur so weit wie möglich zu entspannen! Sie können die Übung auch zur Kontrolle vor einem Spiegel durchführen. Oder Sie legen sanft Ihre Hände um den Hals, damit Sie auch ohne Spiegelbild ein Gefühl dafür bekommen.

Werfen Sie Küsschen, ziehen dabei den Muskelring um die Lippen herum zusammen, sodass sich besonders die Oberlippe kräuselt. Schließlich wechseln Sie bitte ab zwischen Lächeln, Küsschen, Lächeln, Küsschen …

Maultrommel

Ziel: Lockerung der Mundmuskulatur, besonders auch die Beweglichkeit und Dehnfähigkeit des Mundringmuskels.

Durchführung: Spielen Sie »Maultrommel« mit einer beliebigen Melodie. Das geht folgendermaßen: Sie legen Ihren Zeigefinger zwischen die Lippen, die einen Kussmund bilden. Und dann bewegen Sie den Finger auf und ab und intonieren dabei eine Melodie – sehr beliebt: »Pippi Langstrumpf«! Strengen Sie sich nicht an. Intonieren Sie so Ihre Lieblingsmelodien.

Zungenmassage

Ziel: Lockerung und Aktivierung des Zungenmuskels.

Durchführung: Nun massieren Sie Ihre Zunge, indem Sie vorsichtig auf ihr kauen. Die Zunge kann sich breit machen, aber auch lang und schmal. Experimentieren Sie. Kauen Sie auch einmal kurz auf den Zungenrändern.

Zungenkreisel

Ziel: Erweiterung der Dehn- und Bewegungsfähigkeit der Zunge, der Dehnfähigkeit der gesamten Mundmuskulatur und des Trompetermuskels.

Durchführung: Zählen Sie bitte mithilfe der Zunge Ihre Zähne, das ist nicht so einfach, wie es klingt! Tasten Sie mit der Zunge die Vorderseite der Zähne ab und damit den

sogenannten »Mundvorhof« – das ist der Raum zwischen den Zähnen und den Lippen. Lassen Sie nebenbei ab und zu ein »hmmm« ertönen. Zählen Sie zuerst die oberen Zähne, dann die Zähne der unteren Zahnreihe und immer nur die Vorderfront.
Irgendwann spüren Sie die Zungenwurzel – die wird hierbei massiv trainiert – und der Mundvorhof rückt in unser Bewusstsein.
Plustern Sie anschließend Backen und Mundvorhof auf wie ein Posaunenengel. Die Zunge hat Pause!

Zungenrolle

Ziel: Erweiterung der Dehnfähigkeit des Zungenmuskels. Wichtige Vorübung für das »Ch«.

Durchführung: Tasten Sie mit der Zungenspitze den Gaumen ab: zuerst das kurze Stück direkt hinter den oberen Schneidezähnen. Dann geht es bergab und die Zunge gleitet immer weiter nach hinten hin zum Gaumensegel – ganz hinten findet sich der weiche und empfindlichste Teil des Gaumens. Wenn Ihre Zunge mit der Zungenspitze dort landet, so hat sie schon eine wunderbare Dehnübung gemacht und sich nach oben hin zusammengerollt.
Schnalzen Sie abschließend einmal kräftig – das kräftig Ihre Zunge.
Dehnen Sie die Zunge dann bitte in die andere Richtung, indem Sie die Zungenspitze hinter die unteren Schneidezähne legen und die Zunge nach vorne vorwölben, fast als ob Sie sie herausstrecken wollten, aber die Zungenspitze bleibt hängen.
Bitte lockern Sie die Zunge und wölben Sie sie erneut vor.

Bodybuilding für die Zunge

Ziel: Lockerung der Zunge. Kräftigung des Zungenmuskels. Vorübung für das »L«, das Zungenspitzen-»R« und vor allem für das »S«!

Durchführung: Schmatzen Sie genüsslich »niam niam«, nehmen Sie dabei ganz bewusst Ihren Mundrachenraum und die Rückseite der Zähne mithilfe der Zunge wahr. Spüren Sie die Zunge in all ihrer Breite und Größe. Die Stimme läuft jetzt nebenher.
Die Zunge kann auch sehr spitz sein: Nehmen Sie nun Ihren kleinen Finger zu Hilfe (es ist wirklich wichtig, dass es der *kleine* Finger ist!) und schieben Sie ihn, solange ein »hmmm« dauert, mit Ihrer Zungenspitze ein Stückchen weg. Dabei übt der Finger Widerstand aus! Treiben Sie so »Bodybuilding« für die Zunge. Schieben Sie den Finger kurz weg – und lösen Sie die Zunge wieder vom Finger. Wiederholen Sie diesen Vorgang mehrmals.

TIPP: Kinder können zum Beispiel auch ein Gummibärchen auf einen Zahnstocher piksen, einen leckeren Lutscher oder Ähnliches zur Hand nehmen – und mit der Zungenspitze immer wieder darum herumtasten. So wirkt man dem Lispeln entgegen.

Froschkönig

Ziel: Kräftigung und Dehnfähigkeit des Zungenmuskels.

Durchführung: Strecken Sie die Zungenspitze nach rechts heraus und rollen dabei die Augen nach links, dann ziehen Sie die Zunge schnell wieder in den Mund – als ob nichts gewesen wäre. Wechseln Sie die Seite, strecken die spitze Zunge nach links und die Augen drehen Sie nach rechts, und dann lassen Sie sie wieder verschwinden. Tun Sie dies einige Male, in Ihrem Tempo.
Mit der Zeit ziehen Sie das Tempo an, damit die Zunge immer schneller und beweglicher wird.
Dann lassen Sie die Zunge zu einer Seite einmal ganz lang werden, dehnen Sie die Zunge in die Länge, soweit es möglich ist … und lassen Sie sie wieder in den Mund hineinflitschen. Stellen Sie sich vor, es sei wie bei einem Frosch, der eine Fliege fängt.

Zungenwurf

Ziel: Lockerung der Zunge, der Lippen und des Unterkiefers.

Durchführung: Lockern Sie die Zunge, indem Sie sie aus dem Mund hinauskatapultieren (das klingt mit Stimme wie blä) und wieder hineinziehen … also ein Geräusch, das man eventuell aus Kindertagen kennt. Wiederholen Sie dieses Hin und Her der Zunge, solange eine Ausatmung dauert. Variieren Sie mit der Stimme. Am Ende der Ausatmung lassen Sie einfach kurz locker, vermeiden das Luft ziehen, sondern machen einfach wieder weiter.

Abkühlen

Nach den Übungen schließen Sie bitte die Augen für einen Moment und nehmen Ihre Gesichtsmuskulatur wahr. Fühlt es sich beweglicher an als vorher? Stellen Sie sich vor, Ihr Kopf sei hohl und der Atem fülle diesen hohlen Raum mit frischer, kühler Luft. Ist der Kiefer locker, so locker wie möglich bei geschlossenen Lippen? Ruht die Zunge im Mundboden?
Legen Sie nun die Hände locker auf Ihr Gesicht, beugen Sie den Kopf dabei leicht vor und summen Sie in diese »Maske«. Die Stimme darf auf Wanderschaft gehen, in die Höhen und die Tiefen, so, wie es für Sie angenehm ist. Summen Sie zwei, drei Atemzüge lang. Beenden Sie jedes »hmmm« mit einem »T«, also »hmmmt«, und summen Sie gleich weiter.
Haben Sie sich schon daran gewöhnt, dass die Einatmung nicht hörbar ist? Spüren Sie beim Summen Vibrationen?
Nun lösen Sie die Hände vom Gesicht, öffnen Sie die Augen, reiben Sie Ihre Hände einige Male aneinander und kneten Sie ein letztes Mal Ihr Gesicht durch, so, als ob Sie sich mit kaltem Wasser erfrischen wollen.

05
Die Sprechsport-Stationen

EINFÜHRUNG IN DIE STATIONEN

Mithilfe des altbekannten Zungenbrechers »Fischers Fritz fischt frische Fische« möchte ich Ihnen im Folgenden die Stationen vorstellen. Zur genauen Lautbildung von F schauen Sie bitte im dazugehörigen Kapitel (s. S.142 ff.) nach. Diese Stationen können dann bei allen Lauten mit den Gedichten von Georg Winter auf die gleiche Weise durchgeführt werden. Auch für dieses Kapitel gilt: Es müssen nicht immer alle Übungen gemacht werden!

In der geschriebenen Sprache spricht man von Buchstaben, in der gesprochenen Sprache geht es um Laute. Natürlich beeinflussen sich die Laute auch gegenseitig (Koartikulation). »Das zusammenhängende Sprechen kennt keine isolierten Laute« (Fiukowski 2004, S. 84). »So gehen die Bewegungen der beteiligten Artikulationsorgane gleitend ineinander über, überlagern sich, wirken wechselweise aufeinander ein« (ebd.). Trotzdem trainiert man jeden Laut einzeln für sich, die Aufmerksamkeit ist zunächst immer bei dem, der gerade an der Reihe ist. Die übrigen Laute werden nicht fokussiert. Mit der Zeit kann man sich dann auf immer mehr Laute gleichzeitig konzentrieren.

Im Alltag achten Sie bitte nicht mehr auf all die einzelnen Laute. Lassen Sie das Sprechen einfach laufen, stellen Sie sich manchmal vor, Sie hätten viel Platz im Mund-Rachen-Raum und würden um eine Luftkugel herum sprechen.

Am Ende dieses Kapitels finden Sie eine kurze Übersicht mit den jeweiligen Illustrationen zu jeder Station. Beim rhythmischen Training und beim Schnelligkeitstraining gibt es zusätzliche Anregungen zu speziellen Vorübungen.

STATION A: BEWEGLICHKEITSTRAINING – PRÄZISION UND GELÄUFIGKEIT

Zunächst wird die Präzision der Lautbildung im Textzusammenhang abgesichert und für die Geläufigkeit gesorgt. »Meistens wird versucht, den Text (›das Primäre‹) in einen schnellen Rhythmus (›das Sekundäre‹) zu bringen. Zur Erreichung einer höheren Geschwindigkeit muss ich jedoch diese Rangfolge vorübergehend entschlossen umdrehen« (Winter 2007, S. 157).

Sprechen Sie daher zunächst nur ein Wort oder wenige Worte pro Ausatmung, als ob Sie die einzelnen Laute – hier besonders das F – nahezu schmecken wollten. »Ich lasse mir jeden Laut auf der Zunge zergehen und genieße den Klang jeder einzelnen Silbe« (ebd., S. 155). Stellen Sie sich vor, Sie würden gerade erst sprechen lernen. »Spreche ich besonders langsam, so gebe ich meiner Artikulation eine komfortable Sicherheit, die meinen Spielraum für Gestaltung und Geschwindigkeit stark erweitert« (ebd., S. 159).

Lesen Sie demzufolge bitte jeden Text, mit dem Sie arbeiten wollen, gleich laut, gehen Sie ihn also gar nicht erst nur im Kopf durch. Stellen Sie sich vor, Sie würden ihn sich selbst vorlesen.

Hindernislauf

Nachdem Sie den jeweiligen Text ein oder mehrmals laut gelesen haben, verstärken Sie im nächsten Schritt den Widerstand für die Sprechmuskulatur, indem Sie Hindernisse beim Sprechen einbauen – sozusagen Bodybuilding für die Mundmotorik machen. Dies können Sie mithilfe der folgenden Übungen tun.

Breitmaulfrosch

Ziele: Lockerung des Kiefergelenks, Aktivierung der Lippen.

Durchführung: Klemmen Sie Zeigefinger und Daumen der rechten Hand in Ihre Mundwinkel, und ziehen Sie diese in die Breite, sodass die Lippen bei dem Versuch, trotzdem möglichst deutlich zu sprechen, gegen diesen Widerstand ankämpfen müssen. Sprechen Sie den Text danach noch einmal ohne Hindernis, damit Sie vergleichen können. Die Muskulatur müsste sich jetzt lockerer anfühlen, die Aussprache deutlicher klingen.

Korkensprechen

Ziel: Aktivierung der Oberlippe.

Durchführung: Diese Übung begegnet einem fast immer, wenn es um das Artikulationstraining geht. Knicken Sie bitte einen Daumen ein, schieben Sie dann die Spitze zwischen die Schneidezähne. Nun versuchen Sie gegen diesen Widerstand so deutlich, wie Sie können, den Text zu sprechen, auch wenn in diesem Fall das F gar nicht mehr präzise gebildet werden kann. Natürlich ist es noch besser, einen Korken zu Hilfe zu nehmen – aber den hat man ja nicht immer dabei. Klemmen Sie den Korken zwischen die Zähne, versuchen Sie nun, den Text deutlich durchzusprechen.
Sprechen Sie den Text abschließend noch einmal ohne Hindernis, damit Sie wieder vergleichen können.

STATION B: MENTALES TRAINING – VORSTELLUNGSKRAFT UND SPRECHDENKEN

Mentales Training

Ziele: Die Vorstellungskraft und das Sprechdenken werden trainiert. Sowohl das Auswendiglernen als auch das Schnellsprechen fallen sehr viel leichter, wenn man weiß, was man sagt.

Durchführung: »Gefühlsreiche Hilfsvorstellungen hauchen sogenannten technischen Übungen Leben ein. Eine technische Übung kann nur dann richtig sein, wenn sie sich nicht ins Maschinelle, Automatenhafte verselbstständigt« (Winter 2007, S. 158).
Stellen Sie sich bitte für einen Moment den Text bildhaft vor. Sehen Sie Fritz und seine Fische vor Ihrem geistigen Auge: Wie alt ist er, wie sieht er aus, was für eine Fischsorte fängt er gerade? Sie dürfen zu dem Zweck gerne auch kurz die Augen schließen. Kindern kann man zudem die (Haus-)Aufgabe geben, ein Bild zum jeweiligen Text zu erstellen.
Wenn man also den Text vor sich hat, so versucht man, das Bild, den Gedanken, die Geschichte oder Idee hinter den Worten zu entdecken beziehungsweise sich einzu*bilden*. Ziel ist, dass man nicht leere Worthülsen herunterleiert, sondern weiß, wovon man spricht. Da kann es dann durchaus sein, dass jeder Sprecher eine andere Vorstellung

von diesem Fritz hat – und das ist der kreative Prozess am Vorgang des sogenannten »Sprechdenkens«, des Mitdenkens beim Sprechen. Machen Sie sich in diesem Sinne ein klares Bild von dem, was Sie sagen. Sie kennen Fritz und seine Fische dann aus dem »F–F« sozusagen. Sprechen Sie den Text einige Male vor sich hin, als ob Sie mit sich selbst sprechen würden, und lassen Sie dabei diese Geschichte vor Ihrem geistigen Auge Revue passieren. »Ich lasse den Text zu mir sprechen – bereit zur Liebe auf den ersten Blick« (Winter 2007, S. 155).

In einer Befragung des Sprechwissenschaftlers Gunnar Pietsch antwortete ein Kabarettist auf die Frage, wie er einen Text übt: »[...] ich lerne mit dem Bild, das ich mit den Worten male / denn jeder Satz schafft ja ein Bild / ich lerne an den Bildern, die [...] ich hintereinandersetze / also ich mache mir einen Film / und diesen Film lerne ich auswendig« (zitiert in: Pietsch 2008, S. 66).

STATION C: KRAFTTRAINING – KÖRPERANSCHLUSS UND LAUTSTÄRKE

Die Stützmuskulatur wird während des Sprechvorgangs einbezogen, nachdem sie im Aufwärmprogramm unabhängig vom Sprechvorgang, aber unter Einbezug der bewusst geführten Ausatmung trainiert wurde. Erforschen Sie mit den folgenden Übungen, was sich – wie nebenbei – am Stimmklang verändert? Jede Silbe des Textes wird so »in den Körper versenkt« (Winter 2007, S. 156).

Gehen Sie die folgenden Übungen durch, während Sie den jeweiligen Text sprechen. Später können Sie diese Übungen beliebig kombinieren oder auch nur eine Einzelne davon durchführen – und zwar die, bei der Sie den größten Effekt hören. Lassen Sie sich Zeit, dabei die Muskeln in der Körpermitte zu spüren! Schulen Sie Ihr Gehör. Sie konzentrieren sich also jetzt auf die Muskulatur in Ihrer Körpermitte und den Klang der Stimme.

Balanceakt

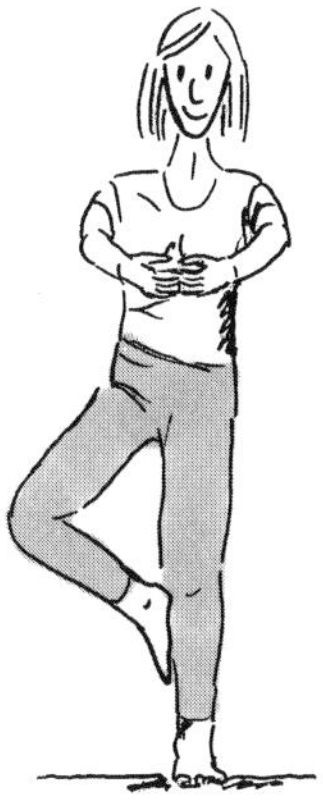

Ziel: Einbeziehung aller Muskeln der Körpermitte während des Sprechens.

Ausgangsposition: Sie balancieren auf einem Bein. Nach einer Weile wechseln Sie die Seite.

Durchführung: Sie sprechen den Text mehrere Male, während Sie so balancieren. Lösen Sie die Position auf. Sagen Sie anschließend den Text erneut, und versuchen Sie, die gerade trainierten Atemmuskeln weiterhin zu benutzen, indem Sie *in Richtung Bauch-Becken-Raum* denken, sich vorstellen, diese Muskeln unterstützen das Sprechen – dabei im restlichen Körper ganz locker bleiben.

Anregung: Alternativ können Sie auch zum Beispiel ein Balancebrett benutzen, das hat sehr gute Wirkung auf die Atemmuskulatur, denn: »Balancieren lässt Verkrampfung oder Schlaffheit nicht zu …« (Coblenzer/Muhar 2003, S. 65).

Bärensitz (vgl. Coblenzer/Muhar 2003, S. 49 f.)

Ziel: Einbeziehung der Bauchmuskulatur während des Sprechvorgangs.

Ausgangsposition: Sitzen.

Durchführung: Sie heben Arme und Beine locker an, während Sie gleichzeitig nur auf den Sitzhöckern balancieren. Der Oberkörper sollte dabei zwar leicht nach hinten geneigt, aber trotzdem möglichst aufrecht bleiben. Sobald Sie Ihre Balance gefunden haben, sprechen Sie den Text oder Teile des Textes einige Male.
Lösen Sie die Position auf. Wiederholen Sie den Text, und versuchen Sie, die eben trainierte Bauchmuskulatur weiterhin zu benutzen, indem Sie *in Richtung Bauchmuskulatur* denken – dabei im restlichen Körper ganz locker bleiben.

Mit dem Rücken an der Wand

Ziel: Einbeziehung besonders der unteren Rückenmuskulatur während des Sprechvorgangs.

Ausgangsposition: Stellen Sie sich etwa zwei Fußlängen entfernt mit dem Rücken vor einer Wand auf, gehen Sie leicht in die Knie und lehnen Sie sich an die Wand an.

Durchführung: Während Sie den Text einige Male wiederholen, stellen Sie sich vor, Sie würden die Wand mit der unteren Rückenmuskulatur wegschieben. Für die Einatmung lassen Sie locker. Wiederholen Sie anschließend den Text, und versuchen Sie, die eben trainierten Atemmuskeln weiterhin zu benutzen, indem Sie *in Richtung Lenden* denken – dabei ganz locker bleiben.

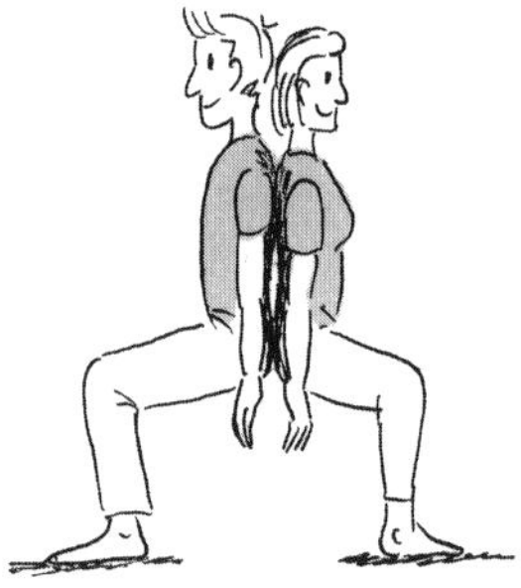

Variante: Mit dem Rücken an der Wand – Alternative zu zweit

Ausgangsposition: Rücken an Rücken stehend in die Hocke gehen.

Durchführung: Man versucht, sich abwechselnd gegenseitig durch den Raum zu schieben. Derjenige, der schiebt, spricht, die andere Person hält stand.

Kraftprotz

Ziel: Einbeziehung der schrägen Bauchmuskeln in das Sprechen.

Ausgangsposition: Aufrecht stehend, vor sich einen Stuhl oder Hocker.

Durchführung: Gehen Sie leicht in die Knie und heben Sie den Stuhl oder Hocker an. Spüren Sie den Kraftzuwachs beziehungsweise die Spannung besonders in den Flanken? Sprechen Sie den Text einige Male. Stellen Sie sich dabei vor, diese Muskeln unterstützen das Sprechen.

Lösen Sie die Position auf. Sagen Sie anschließend den Text erneut, und versuchen Sie, die gerade trainierten Atemmuskeln weiterhin zu benutzen, indem Sie *in Richtung Flanken* denken – dabei im restlichen Körper ganz locker bleiben.

Variante: Kraftprotz – Alternative zu zweit

Ausgangsposition: Aufrecht voreinander stehend.

Durchführung: Man legt die Handinnenflächen aneinander und versucht, sich abwechselnd gegenseitig durch den Raum zu schieben. Derjenige, der schiebt, spricht, die andere Person versucht, sich nicht wegschieben zu lassen.

Achtung! Kein Pressen im Hals oder Druck auf der Stimme! Die Kraft kommt aus der Körpermitte!

STATION D: SCHNELLIGKEITSTRAINING – LOCKERHEIT UND TEMPO

Inhalt und Lautbildung sind eingeprägt, der Körperanschluss ist gewährleistet, nun folgt das Tempo. »Ich genieße die Vorstellung, dass mir die Silben wie eine Perlenschnur aus dem Mund gezogen werden. Allmählich steigere ich die Geschwindigkeit […]. Meine Zunge gerät in eine Eigenschwingung, die mir Lustgefühl vermittelt und mich trägt und beflügelt wie das Trampolinspringen« (Winter 2007, S. 156 f.).

Die extreme Lockerheit und der große Bewegungsradius des Kiefergelenks bei Georg Winter lassen darauf schließen, dass nicht eine Verkleinerung der Bewegung und damit eine Verkürzung der Wege des Unterkiefers für die unglaubliche Geschwindigkeit verantwortlich sind. Vielmehr scheint es eben genau der Aspekt zu sein, der von jeher in einem Sprechtraining für die gesunde (hygienische) Lautbildung angestrebt wird: ein lockerer, beweglicher Unterkiefer.

Auch die Zungenspitze ist äußerst aktiv, wenn Georg Winter seine Zungenbrecher schnell spricht. Seine wichtigste Vorübung ist die einfache Silbe »da« in den verschiedensten Kombinationen. Hierbei sorgt das »a« für die Öffnung des Kiefers und das »d« für das Training der Zungenspitze, die besonders aktiv ist. Zudem trainiert er mit dem »d« den sogenannten »Vordersitz« der Stimme. Bei fast allen Lauten der deutschen Sprache muss denn auch die Zungenspitze – idealerweise – oben oder unten hinter den Schneidezähnen liegen. Das »da«, mit dem auch viele Kinder ihr Sprechwerkzeug mobilisieren, ist also eine äußerst »gesunde« Vorübung.

Sie können mit nun folgenden Übungen experimentieren, und dann den Zungenbrecher oder später den Text einfach anhängen. Man wechselt zwischen »da« und ähnlichen Übungen für den jeweiligen Konsonanten ab. Sobald eine Übung dieser Übungsreihe geläufig ist, gehen Sie zur nächsten über.

Schnelligkeitstraining

ACHTUNG! Für das »A« bitte immer den Unterkiefer locker abwärtsbewegen!

Ausgangsposition: Die Ausgangsposition ist beliebig, achten Sie bitte nur auf die Aufrichtung.

Durchführung: Sprechen Sie bitte unseren Beispieltext, so schnell Sie können: »Fischers Fritz fischt frische Fische.« Wie ist Ihr Tempo? Wie gut »läuft es«?
Sprechen Sie nun die Silbe »da« in einer Dreiergruppe auf einen Ausatmer: »dadada«. Wechseln Sie zu »fafafa«. Und wechseln Sie ab: »dadada – fafafa«, bitte immer auf einen Atemzug. Am Ende lassen Sie jedes Mal den Mund leicht geöffnet und machen weiter, ohne hörbar Luft zu ziehen. Stellen Sie sich vor, die Energie (Luft) kommt aus der Körpermitte, Sie müssen nicht nach ihr schnappen.
Ziehen Sie – in Ihrer Vorstellung – eine Perlenkette aus dem Mund, nehmen Sie die Hand dazu, die das demonstriert.
Sprechen Sie dann die Silbenfolge in einer Vierergruppe:
Einige Male nur »dadadada«, dann »fafafafa«, schließlich abwechselnd: »dadadada – fafafafa«. Stellen Sie sich vor, diese Silben liegen auf Ihrer Ausatmung wie auf einem fliegenden Teppich. Für das »a« lassen Sie bitte den Unterkiefer auch immer wieder locker. Um die Präzision bei höchstmöglicher Schnelligkeit nicht zu verlieren, ist ein lockerer Kiefer wichtig! Dann probieren Sie den gleichen Ablauf mit fünf, dann mit sechs Silben: »dadadadadada – fafafafafafa«, dann sieben, und dann acht »dadadadadadada – fafafafafafafafa« und so weiter, immer mit dem Akzent auf der ersten Silbe. – Wie viele deutlich artikulierte Silben schaffen Sie auf einen Atem? Haben Sie keine Scheu, nehmen Sie zu Beginn gerne die Finger beim Silbenzählen dazu!

Ende: Und zum Abschluss sprechen Sie den Text – wie schnell sind Sie jetzt? Wie locker und geläufig? Hat sich etwas verändert?

STATION E: RHYTHMISCHES TRAINING – FLEXIBILITÄT UND MUSIKALITÄT

»Jetzt betone ich in den Worten bewusst auch unbetonte Silben, damit ich diese später nicht verschlucke. Ich spreche den Text im Zweivierteltakt [...] und im Dreivierteltakt« (Winter 2007, S. 155). In dieser Station werden die Akzente (Betonungen) gewechselt. Gehen Sie mit den Lauten spielerisch um, kombinieren Sie immer neu. Anregungen hierzu finden Sie bei den jeweiligen Lauten.

Fügen Sie dann eine dem Rhythmus entsprechende Bewegung zu, indem Sie zum Beispiel zu jeder betonten Silbe je einen Schritt auf der Stelle machen. Falls Sie sitzen, können Sie dazu stampfen, aber dabei den Körper mitbewegen. Sie können auch mit dem Finger schnipsen oder den Takt mir det Hand schlagen.

Ziel für alle Übungen:
Jede Silbe wird gesprochen, auch die Endungen rücken ins Bewusstsein.

Kleingruppen

Durchführung: Zur Einstimmung nehmen wir eine Dreiergruppe und dann eine Vierergruppe von gleichen Silben und rhythmisieren sie. Der Akzent ist gekennzeichnet.

Die Dreiergruppe:
dádada, dádada, dádada – fáfafa, fáfafa, fáfafa
dadáda, dadáda, dadáda – fafáfa, fafáfa, fafáfa
dadadá, dadadá, dadadá – fafafá, fafafá, fafafá.

Die Vierergruppe:
dádadada, dádadada, dádadada – fáfafafa, fáfafafa, fáfafafa
dadádada, dadádada, dadádada – fafáfafa, fafáfafa, fafáfafa
dadadáda, dadadáda, dadadáda – fafafáfa, fafafáfa, fafafáfa
dadadadá, dadadadá, dadadadá – fafafafá, fafafafá, fafafafá.

Nehmen Sie sich gerne zwischendurch Zeit für eine kurze Verschnaufpause. Lockern Sie zum Beispiel die Kiefergelenke mit dem englischen »thethethe«.
Dann sprechen Sie den jeweiligen Text in einem Rhythmus Ihrer Wahl.

Der Vorturner

Durchführung: Nun verschmelzen Sie bitte vier Dreiergruppen zu einer Einheit (das macht dann ein Dutzend Mal »da«): dadadadadadadadadadadada. Stellen Sie sich nun das jeweils erste »da« jeder Dreiergruppe als »Vorturner« vor, die restlichen zwei sind nur noch die »Nachturner« (Winter 2007, S. 156). Man setzt also folgende Akzente:

dádadadádadadádadadádada
und nun mit F: fáfafafáfafafáfafafáfafa

Dirigieren Sie mit den Händen diesen Rhythmus in der Luft.
Schließlich interessiert uns nur noch der erste Vorturner, die übrigen kommen wie von selbst hinterher:

Dádadadadadadadadadadada – fáfafafafafafafafafafafa

Geben Sie jeweils der ersten Silbe einen körperlichen Impuls wie einen kleinen Hieb durch die Luft.
Nun übertragen wir das Ganze auf den Text. Wechseln Sie einfach ab:

Dádadadadadadadadadadada – Fischers Fritz fischt frische Fische – fáfafafafafafafafafafafa – Fischers Fritz fischt frische Fische.

Text im Rhythmus

***Achtung!* Die präzise Lautbildung nicht vergessen!**

In der nächsten Runde betonen Sie bitte jede zweite Silbe des jeweiligen Textes (leiern Sie also bewusst) und machen Sie dazu kleine Schritte oder eine andere Bewegung auf die Akzente. Sie können auch einfach schnipsen, aber unter Einbezug des ganzen Körpers.

Fischérs Fritz fischt frisché Fisché.
Dann wechseln Sie den Akzent:
Físchers Frítz fischt frísche Físche.

Variationen: Man kann weitere Rhythmen probieren oder auch die gängigen Versfüße der Literatur spielerisch kennenlernen:

Jambus: auf eine unbetonte Silbe folgt eine betonte.
Zum Beispiel: Herbéi! Exákt! Genáu! …
Trochäus: hier ist es umgekehrt! Auf eine betonte folgt eine unbetonte Silbe. Zum Beispiel: Áuto, Jámbus, Áchtung, Náse, Rúmmel …
Daktylus: auf eine betonte folgen zwei unbetonte Silben.
Zum Beispiel: Áchterbahn, Téenager, Dáktylus, Réttungsring, Àutobahn …
Anapäst: Hier ist es umgekehrt! Auf zwei unbetonte folgt die betonte Silbe. Zum Beispiel: Elefánt, Polizéi, Hexeréi …

STATION F: AUSDRUCKSKRAFT – PAUSEN, AKZENTE UND STIMMUNGEN

Man teilt den Text zunächst in zusammenhängende, sinnvolle Einheiten ein und übt so den Umgang mit Pausensetzung und Atemführung. Im nächsten Schritt werden Schlüsselwörter hervorgehoben (Betonung) und Stimmungen erzeugt. »Mit Leib und Seele schlüpfe ich in den Text hinein und gestalte Phrasen, Pausen und Melodie« (Winter 2007, S. 156).

Man unterscheidet Zäsuren, das sind kurze Pausen zwischen sinnvollen Einheiten, die man durch einen Schrägstrich (/) kennzeichnen kann, und längere Pausen (–). Bei den kurzen Pausen differenziert man Staupausen, in denen nicht zwischengeatmet wird, und Lösungspausen, in denen neuer Atem kommt. In Texten gibt es oft Nebeninformationen, die man getrost in Klammern setzen könnte. (Nebeninformationen kann man zum Beispiel durchaus schneller sprechen als den Rest.) Insgesamt kann eine Pause vielerlei Funktionen haben: Pausen ermöglichen zum einen dem Zuhörer, folgen zu können, sie können Pointen vorbereiten und die Spannung insgesamt erhöhen, und sie bieten dem Zuhörer die Möglichkeit, das vermutlich Folgende selbst zu denken (Vgl. Pietsch 2008, S. 56).

Sinneinheiten

Sinneinheiten sind Wortgruppen, die zusammengehören. Normalerweise kann man nachfragen: *Fischers Fritz … (Wer?) … fischt frische Fische (Was tut er?).* Sprechen Sie den Text mit einer Zäsur zwischen den Sinneinheiten. Lassen Sie jeweils am Ende einfach den Mund leicht geöffnet, widerstehen Sie der eventuellen Versuchung, nach Luft zu schnappen: *Fischers Fritz / fischt frische Fische.*

Wenn Sie so sprechen, ist es wichtig, mitten im Satz, also nach *Fischers Fritz /,* die Stimme minimal nach oben zu erheben und nicht auf Punkt zu sprechen. Dieser Melodieverlauf ist nicht so extrem wie am Ende von Fragen, dem sogenannten »Hochschluss«. Vielmehr bleibt die Stimme einfach »im Raum hängen«. Das nennt man »Halbschluss«. Am Satzende sinkt dann die

Sprechmelodie (»Tiefschluss«), wir kommen »auf den Punkt«. Wenn wir das mitten in einem Gedanken tun, nennt man das »Häufchen sprechen«. Durch den Melodieverlauf weiß der Zuhörer, dass der Gedanke weitergeht. Übrigens: Gesprochene Sprache unterliegt anderen Gesetzen als geschriebene, darum sind Satzzeichen nicht immer maßgeblich für Pausen!

Akzentuierung beziehungsweise Betonung

Die Schlüsselwörter sind die zu betonenden Wörter. Im nun folgenden Text habe ich die Wörter, die man betónen könnte, mit einem Akzènt versehen. Bei díesem Akzent (´) tendiert die Stimme nach oben, bei diesem (`) nach ùnten hin. Wenn es Ihnen Spáß macht, lesen Sie laut mít – dann bekommen Sie schnell eine Áhnung von dem, was gemèint ist. Kindern kann man es auch sò erklären: »Wenn ich in einem Buch da und dort ein Wort dick unterstreiche, dann heben sich diese ganz stark hervor; würde ich überall jedes zweite oder dritte Wort unterstreichen, so gäbe das ein ganz unübersichtliches Geschmier« (Drach 1953, S. 168).

Man entscheidet sich also zunächst für die wíchtigsten Begrìffe. Diese für den Inhalt bedeutungsvollen Wörter sind méistens Sùbstantive, aber natürlich nícht ìmmer. In jedem Fall sollte es jeweils das wíchtigste Wort, der Sìnnträger, sein. Und es sollte nèu sein. Auch dás gilt natürlich nícht ìmmer. Manchmal bilden einige wichtige Wörter eine Grúppe oder eine Àufzählung, dabei wird meist das létzte Wort mehr betont als die ànderen. Zum Béispiel:

Weitere Anregungen zum Thema finden Sie unter anderem bei:
Erich Drach, »Sprecherziehung«. Barbara Maria Bernhard, »Sprechtraining«.
Otto Preu, Ursula Stötzer, »Sprecherziehung für Studenten pädagogischer Berufe«.
Marita Pabst-Weinschenk, »Reden im Studium«.
Eberhard Ockel, »Vorlesen als Aufgabe und Gegenstand des Deutschunterrichts«.

> Fischers flotter frecher vierzehnjähriger Vetter Frítz / fischt fünfundfünfzig fantastisch fette, frische Fünffingerfìsche.

Meistens befinden sich die Schlüsselwörter am Satzènde – aber àuch nicht immer. Manchmal gibt es zwéi wichtige Informationen, auch Théma und Rhèma genannt (erstens: Fischers Frítz; zweitens: fischt frische Fìsche). Dann hat man zwèi wichtige Akzente, einen Háupt- und einen Nèbenakzent. Dies gilt auch, wenn ein Gègensatzpaar auftaucht: Bláu oder ròt?
Die Stimme hat grundsätzlich zwei Rìchtungsmöglichkeiten (natürlich mit sehr vielen Nuàncen!). Man kann sie durch Striche in ebendíese beiden verschiedenen Richtungen markìeren.

Betonungen sind selbstverständlich auch abhängig von der Sítuation. Nehmen wir beispielsweise den Satz:

Das Kleid ist líla. Sagt der Gesprächspartner: Nein, ist es nìcht!, so käme eventuell die Antwort: Doch mein Lieber, das Kleid íst lila. Würde der oder die andere hingegen nachhaken: Wás ist lila? So wäre die Antwort mit denselben Worten wohl eher: Das Kléid ist lila. Welches Kleid? Na, dás Kleid …

Sie sehen, es gibt viele Regeln, aber auch viele Abweichungen. »Weiterhin muss beim Sprechen von Dichtungen berücksichtigt werden, dass zwischen Haupt- und unbetonten Silben vielgestaltige Abstufungen existieren […]« (Pietsch 2008, S. 54)

Wichtig ist, dass man darüber diskutiert, ausprobiert, wie es klingt, und sich dann entscheidet, dass man nicht zu viele Wörter hervorhebt, denn dann unterstützt es nicht den Sinn und es klingt »geleiert«. Es macht übrigens sehr viel Spaß, auch mal bewusst falsch zu betonen.

»Können sich wirklich […] einmal die Meinungen nicht einigen, welches Wort Hauptsache ist, so tut das durchaus nichts, im Gegenteil! […] in so einem Fall hüte sich der Lehrer, seine Meinung, selbst wenn es die richtige ist, dem Lesenden aufzuzwingen. Im Gegenteil, die Schüler müssen, je eher, je lieber, erkennen, dass es beim Ausdruckslesen überhaupt nur bis zu einem gewissen Grad gemeingültige Regeln gibt. […] Ein objektives ›Richtig‹ gibt es oft überhaupt nicht« (Drach 1953, S. 169 f.).

Am Ende sollte es vor allem eines: natürlich und lebendig klingen, nicht heruntergeleiert, abgelesen, aufgesagt – aber auch nicht überbetont. Experimentieren Sie damit, lauschen Sie anderen Sprechern, erforschen Sie die Prosodie!

Mündliche Akzente setzen kann man übrigens nicht nur, indem man den Ton in der Höhe beziehungsweise Tiefe variiert, sondern auch, indem man das Wort deutlicher ar-ti-ku-liert oder indem man eine – Pause vor dem betroffenen Wort macht.

Textmarkierungen

Die vorgeschlagenen Zeichen für Betonungen und Pausen werden benötigt für das Chorsprechen, denn hier ist eine Notation sehr wichtig, bis man den Text zusammen auswendig sprechen kann.

/ Zäsur
– Pause
´ Betonung nach oben (am Satzende Hochschluss genannt)
` Betonung nach unten (am Satzende Tiefschluss genannt)

Gestik

Sprechen Sie nun bitte unseren kleinen Zungenbrecher mit einer Zäsur und entschiedener, klarer Betonung. Und fügen Sie dem jeweiligen Satzakzent eine Bewegung zu, zum Beispiel, als ob Sie einem Partner einen kleinen Ball zuwerfen. Natürlich sollte jeder Wurf ein »Treffer« sein. Der Bewegungsimpuls sollte mit der Betonung zeitgleich geschehen, nicht nacheinander, nicht zeitlich versetzt. Denken Sie nicht nach.

TIPP: Probieren Sie verschiedene Bewegungen, kleine und große, und experimentieren Sie so mit der Gestik.

Gestik und Mimik unterstützen den Inhalt dessen, was wir sagen. Dazu sollen wir nicht die Worte demonstrieren, also zum Beispiel nach oben zeigen, wenn wir »hoch« sagen, denn die Zuhörer sind ja nicht dumm. Es sind vielmehr impulsive einfache Bewegungen. Das kann man im Alltag vielfach beobachten. Wobei in Deutschland längst nicht so viel gestikuliert wird wie vielleicht in Spanien oder Italien. Das Prinzip aber ist überall dasselbe: Der Körper unterstützt das Gesprochene energetisch – wenn wir ihn lassen. Wenn man nämlich einen Arm anhebt, um zu gestikulieren, so ist die Rumpfmuskulatur schon aktiviert und unterstützt so den Sprechvorgang – also zeitgleich für den Sprecher und optisch für die Zuhörer. Es gilt grundsätzlich:

Was gut ist für Sprecher, ist auch gut für Hörer!

Stimmung

Zum Abschluss proben Sie den Zungenbrecher mit verschiedenen Emotionen. Denken Sie einen »Subtext«, also einen Gedanken unter dem Text, sprechen Sie den Text zum Beispiel mit dem Gedanken »Ist das nicht wahnsinnig traurig?« oder »Ist das komisch!« oder »Der spinnt wohl!«. Benennen Sie weitere innere Haltungen und Gefühle, und suchen Sie sich dazu einen passenden Gedanken. Sprechen Sie den Zungenbrecher wütend (»Dieser Idiot!«), amüsiert (»Ist das komisch!«), traurig, neugierig, genervt, vorwurfsvoll, beleidigt, neidisch, belächelnd, belustigt, empört, verärgert, überheblich …

Oder sprechen Sie den Text als eine beliebige Figur, zum Beispiel als schüchternes Mädchen, Bodybuilder oder Priester, als Operndiva oder Metzgermeister. Sie werden bemerken, dass jede Figur eine andere Gestik benutzen wird, eine andere Art hat, denselben Text auszudrücken.

Wenn Sie mit einer Gruppe arbeiten, kann jeweils eine Person eine Emotion oder Figur vorgeben, die anderen müssen raten: War die Emotion/Figur erkennbar? Auf diese Weise trainieren Sie verschiedene Ausdrucksformen und werden immer freier in der Gestaltung eines Textes.

STATION G: DIALOGISCHES SPRECHEN – REAKTION UND KONZENTRATION

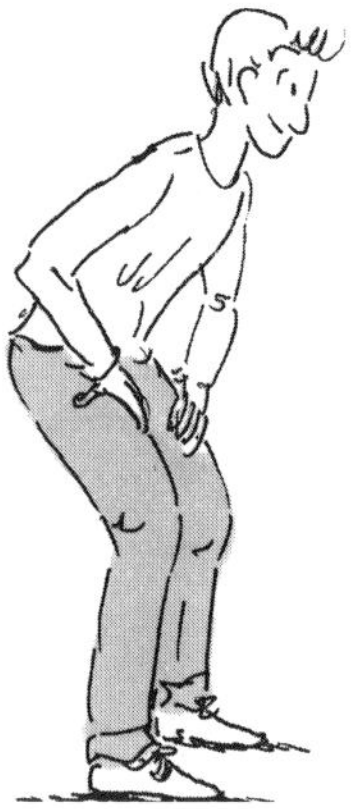

»Schlagfertigkeit«, also Reaktionsbereitschaft wie zum Beispiel bei Baseball oder Tischtennis, beim Fechten oder anderen Kampfsportarten und nicht zuletzt beim Torwart kurz vor dem Elfmeter … all das bedeutet vor allem eines: allzeit bereit sein.

Das Trainieren der Sprechhaltung ist hierbei ein Training der muskulären und kognitiven Bereitschaftshaltung, also der Spannungserzeugung als ein körperliches Ereignis und das ohne unnötige Anspannung an den falschen Stellen wie im Hals oder Nacken.

Allzeit bereit!

Ziele: Training der Reaktionsfähigkeit des genauen Hinhörens und des präzisen Ausdrucks.

Ausgangsposition: Die Teilnehmer stehen im Kreis. Die Füße sind deutlich breiter als hüftbreit positioniert. Alle gehen leicht in die Hocke und stützen sich mit den Händen auf den Oberschenkeln so ab, dass die Daumen nach außen zeigen, damit die Schultern nicht hochgezogen werden. Der Mund ist leicht geöffnet, die Zunge in der L-Position. Die Atmung wird stark im Gürtelbereich wahrgenommen, die ganze Spannung liegt hier. Den Ausdruck »Ich bin gespannt« kann man so als körperlichen Zustand erleben.

Durchführung: Bei kürzeren Texten: Eine Person wendet sich einem Partner zu und teilt ihr den Text mit. Die angesprochene Person muss exakt das Tempo oder den Rhythmus wiederholen. Dann wendet sie sich einem neuen Partner zu und gibt eine neue Interpretation vor. Der jeweils Zweite muss *exakt* das Vorgegebene wiederholen.
Bei längeren Texten wird von der ersten Person eine Sinneinheit gesagt, der Nächste spricht weiter, die nächste Sinneinheit, und so geht es der Reihe nach. Und dann immer schneller.
Bei dialogischen Texten werden die Rollen verteilt.

Achtung! Wer sich verhaspelt, darf kurz einen Heldentod sterben – und gleich wieder auferstehen und es erneut versuchen.

Die folgenden Texte eignen sich speziell für das dialogische Sprechen.

Der Baum am Meer

Der Baum muss weg,
er hemmt den Blick.
    Halt ein,
    er hält den Wind zurück!

Der Baum muss weg,
er wächst zu schnell.
    Halt ein,
    die Blüten leuchten hell!

Der Baum muss weg,
die Blätter stör'n.
    Halt ein,
    ich möcht' sie rauschen hör'n!

Der Baum muss weg,
er wird zu hoch.
    Halt ein,
    die Drossel brütet noch!

Der Baum muss weg,
er stiehlt das Licht.
    Halt ein,
    der Baum bringt uns noch Frücht'!

Der Baum muss weg,
er knarrt im Wind.
    Halt ein,
    dran schaukelt unser Kind!

Gewitter naht,
ein Sturm bricht los!
    Der Baum
    gibt Schutz, er ist schon groß.

Der Deich gibt nach,
der Deich bricht ein!
    Der Baum
    kann uns're Arche sein.

Das Wasser reißt
die Hauswand fort!
    Der Baum
    steht unverrückt am Ort.

Die Flut schwillt an,
wer hilft uns, wer?
    Der Baum
    ragt standhaft aus dem Meer.

Die Welle tobt,
die Sturmflut rast!
    Der Baum
    reicht uns den Rettungsast!

Das Wasser sinkt,
das Land erscheint!
    Leb lange, Baum,
    bleib unser Freund!

Die Schweinegrippe

»Unser Stab hat Schweinegrippe,
schicken Sie die Bodentruppe!«

»Herr Major, die Bodentruppe
hat schon lange Schweinegrippe!«

»Hat schon lange Schweinegrippe?
Schicken Sie die Panzergruppe!«

»Herr Major, die Panzergruppe
hat seit gestern Schweinegrippe!«

»Was? Die ganze Panzergruppe?
Schicken Sie die Eingreiftruppe!«

»Herr Major, die Eingreiftruppe
hat seit heute Schweinegrippe!«

»Donner! Auch die Eingreiftruppe?
Schicken Sie den Helikopter!«

»Der Pilot vom Helikopter,
Herr Major, ist noch vergrippter!«

»Die verdammte Schweinegrippe!
Knallt doch alle Schweine ab!«

»Herr Major, wie Sie befehlen,
doch dann fehlt der Führungsstab!«

STATION H: CHORISCHES SPRECHEN – TEAMWORK

»Mit Chorleiter Bernd Freytag geht es um Sprache pur, um Stimme, Rhythmus. Natürlich immer in Verbindung mit dem Körper, aus dem Körper heraus. […] eins der schlimmsten Vergehen: Über die Zäsur hinwegsprechen! Es passiert natürlich dauernd. […] Wenn der Chor über sich hinauswuchs, ein Klangkörper, im Zusammenklang von achtundzwanzig Stimmen den Raum vereinnahmend. Das spürten wir. Es ist unvergleichlich, unvergesslich« (Kahle-Steinweh in: »Theater heute«, 7/2009, S. 12 f.). Dieses Zitat zeugt von der Kraft, die mit dem Gruppenerlebnis »Chorsprechen« einhergehen kann.

Der Chor

Schritt 1: Zum Chorsprechen gehören unbedingt eine übereinstimmende Aussprache, identische Pausen und gleiche Betonungen. Einigen Sie sich als Gruppe darüber und notieren Sie Zäsuren, Pausen und Betonungen im Text. Üben Sie diese Interpretation gemeinsam, bis alle Teilnehmer möglichst sicher sind. Dann entscheiden Sie sich für eine emotionale Grundstimmung.

Schritt 2: Sprechbereitschaft herstellen. Das heißt:

- Der Kiefer und das Gesicht sind locker bei leicht geöffnetem Mund und der Zunge in der L-Position.
- Der Körper ist in sich aufrecht, aber minimal (!) nach vorne gebeugt wie ein Skispringer vor dem Absprung oder ein Torwart vor dem Elfmeter, sodass man eine leichte Spannkraft im Rücken wahrnimmt (»Jetzt geht's los!«). Bitte darauf achten, dass man nicht in der Körpermitte abgeknickt dasteht, sondern eine Spannung vom Scheitel bis zur Sohle aufbaut.
- Die Fersen werden in den Boden hinein gedacht, damit man den Bodenkontakt nicht verliert.
- Die Blickrichtung ist das Publikum (wenn es nicht anders inszeniert wird).
- Der Oberkörper ist locker, die Kraft und Aufmerksamkeit in der Körpermitte!

Schritt 3: Dann gibt eine vorher zu bestimmende Person das Zeichen zum Einsatz – wie einen Startpfiff. Es kann ein Handzeichen sein, es kann auch ein (für diese Zwecke ausnahmsweise hörbares) Einatmen sein. Das ist dann das Kommando für die anderen, sofort loszusprechen.

Beim Sprechen selbst ist es wichtig, die anderen zu hören, sich unterzuordnen unter die Gruppe. Versuchen Sie nicht, sich selbst herauszuhören und die anderen zu übertönen, die wiederum versuchen, dann vielleicht Sie zu übertönen, und so weiter.

STATION I: SPRECHKUNST – DER GELUNGENE AUFTRITT

Die Prosodie (griech. Zugesang) ist ein ganzes Bündel von Elementen, mit denen man gestalterisch auf den Text einwirken kann. Melodieführung, Akzentuierung, Rhythmik, Zäsuren und Pausen, der Situation und dem Inhalt entsprechendes variierendes Tempo, angemessene Artikulation, passende Lautstärke (Dynamik) werden eingesetzt, Gestik und Mimik werden mit einbezogen. Sprechkunst ist die Kunst, mit allen vorher einzeln trainierten Elementen spielen zu können. »Ich versuche in dem Text so heimisch zu werden, dass Spontaneität und Gestaltung ineinander aufgehen« (Winter 2007, S. 156).

Wenn man alle Elemente einzeln trainiert hat, kann man sie schließlich anwenden. Jede Person probt ihre persönliche Variante und trägt sie vor der Gruppe vor. Jede Interpretation ist erlaubt, die Texte sind wie Knetmasse formbar, gestaltbar, variierbar. Jeder darf alles mit dem Text machen, ihn »rappen«, schnell sprechen, ihn mit übertrieben großem Ausdruck versehen, ihn einfach nur sehr gut artikulieren, ihn sehr leise sprechen (aber in Richtung Zuhörer) oder sehr kraftvoll. So kann jeder alles ausprobieren und seine Stärken entdecken, und die Gruppe ist später in der Lage, für Wettbewerbe die jeweils besten Vertreter zu benennen.

Wichtig sind nun neben Respiration, Phonation, Artikulation und Interpretation auch die Intention und damit der Hörerkontakt. Bevor man zu sprechen beginnt, nimmt man sich einen Augenblick (die Dauer einer Ausatmung) Zeit. Hierbei kann man kurz den eigenen Körper durchchecken und gleichzeitig die Spannung zu den Zuhörern aufbauen, zum Beispiel, indem man denkt: »Ich möchte hier jeden erreichen!« Nehmen Sie den Raum wahr, versuchen Sie dann mit Ihrem Atem, Ihrer Stimme den Raum zu füllen in Ihrer Vorstellung, nicht durch im Hals erpresste Lautstärke. Füllen Sie einfach in Ihrer Vorstellung den ganzen Raum mit Ihrer Sprache, so, wie Sie es schon einmal mit dem H, mit dem Hauchen getan haben.

Am Ende des Vortrags halten Sie die Spannung noch einen Moment – zum Beispiel, indem Sie innerlich 21, 22, 23 zählen – und dann erst lösen Sie den Kontakt auf!

Natürlich geht es nicht darum, einzelne Menschen anzustarren. Sie können von Zuhörer zu Zuhörer wechseln, auch mal zwischen die Leute schauen – konzentrieren Sie sich zuerst auf die Personen, bei denen Sie Unterstützung und Interesse wahrnehmen. Grundsätzlich baut Kontakt zu den Hörern Stress ab. Anders als viele denken, ist es deutlich leichter, mit Kontakt zu sprechen, als ohne.

ZUSAMMENFASSUNG DER STATIONEN

A. Beweglichkeitstraining
Zunächst den Text langsam durchsprechen dabei auf die präzise Lautbildung des jeweiligen Konsonanten achten. Dann jeweils abwechselnd ein Stück des Textes mit Breitmaulfrosch oder Korken sprechen.
Nachspüren, vergleichen.

B. Mentales Training
Machen Sie sich ein Bild vom Vorgang. Sehen Sie alles vor Ihrem geistigen Auge. Was geschieht im Text? Sprechen Sie ihn sich selbst leise vor, bis Sie den Text inhaltlich bis ins Detail durchdrungen haben.

C. Krafttraining
Sprechen Sie den Text in einer der vier Körperhaltung: »Balanceakt«, »Bärensitz«, »Mit dem Rücken an der Wand«, »Kraftprotz«. Klingen Sie dadurch lauter? Vollstimmiger? Tiefer? Welche der Übungen erreicht am ehesten eine der genannten Wirkungen? Variieren Sie, um immer mehr Muskeln beim Sprechen zu aktivieren.

D. Schnelligkeitstraining
Wie schnell geht es? Wechseln Sie Silben und den Text ab. Machen Sie Atempausen da, wo sie Sinn machen, lieber zu früh, als zu spät. Sprechen Sie also nicht zu viel Text auf einen Atemzug. Wenn Sie nach Luft schnappen müssen, verlieren Sie Zeit!

E. Rhythmisches Training

Sprechen Sie abwechselnd Silben und den Text mit verschiedenen Rhythmen durch. Betonen Sie zum Beispiel konsequent jede zweite Silbe und versuchen Sie mit der Zeit auch hier das Tempo anzuziehen. Wenn es geläufig wird, wechseln Sie den Akzent. Spielen Sie mit beliebigen Rhythmen.

F. Ausdruckskraft

Welches sind die Sinneinheiten? Wo kann man Pausen setzen? Welches sind die Schlüsselwörter (Betonungen)? Wenn Sie den Text mit Betonungen sprechen, geben Sie ab und zu einem wichtigen betonten Begriff zusätzlich eine Geste. Dann sprechen Sie den Text in einer klaren Stimmung oder als klar definierte Figur.

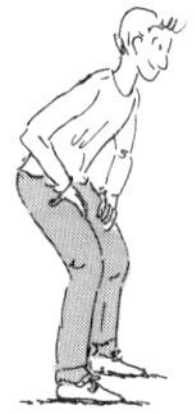

G. Dialogisches Sprechen

Man benötigt mindestens zwei Personen in – »Fecht- beziehungsweise Kampfposition«. Werfen Sie Sinneinheiten, Textblöcke oder ganze Texte hin und her.

H. Chorisches Sprechen

Voraus gehen Absprachen über Zäsuren, Betonungen und die Entscheidung über eine Emotion, also eine innere Haltung. Dann nehmen alle die Sprechhaltung ein, und auf ein verabredetes Startzeichen hin geht es los.

I. Sprechkunst

Einzelne tragen vor der Gruppe den Text vor. Jede Interpretation ist erlaubt!

06
Training der Artikulation: Lautgriff und Lautstärke – die Konsonanten

KONSONANTEN UND VOKALE

Man teilt die Laute in zwei Gruppen ein: Konsonanten und Vokale. Grund ist, dass beide Gruppen vom Prinzip her unterschiedlich gebildet werden.

- ***Konsonanten*** sind Hindernisse im Mund-Rachen-Raum. Sie werden gebildet, indem man mithilfe von Lippen, Zähnen, Gaumensegel und besonders der äußerst aktiven Zunge Hindernisse für die ausströmende Luft bildet. Konsonanten sind muskulär betrachtet ein »Greifen« der dafür zuständigen Muskulatur (Fiukowski 2004, S. 63). Der Rachenraum wird durch den »Griff« der Artikulationsmuskulatur verengt, die Luft wird am freien Ausströmen gehindert, und das erzeugt ein Geräusch. Es findet also eine jeweils spezifische »Schließbewegung« statt: der Lautgriff. Konsonanten gibt es ohne Beteiligung der Stimme (stimmlos/Geräuschlaute), wie zum Beispiel das F, und mit Stimme (stimmhaft/Klanglaute), beispielsweise das W.
- ***Vokale*** hingegen sind »Öffnungslaute«, es findet eine Öffnungsbewegung statt, und der Mund-Rachen-Raum nimmt eine spezielle Form ein. Die in Schwingung gebrachte Luft (der Phonationsstrom) kann ungehindert den Mundraum passieren (ebd. S. 63).

Konsonanten = Griff   Vokale = Form

Wir beginnen mit den Konsonanten, und das aus einem ganz bestimmten Grund: In der Arbeit mit den Konsonanten kann man erfahrungsgemäß weit besser die Beteiligung des Körpers am Geschehen erspüren. Die Hinweise, die zum sogenannten »Körperanschluss« gegeben werden, stammen im Wesentlichen aus der Arbeit von Professor Ilse Middendorf.

Alle Übungen können, wenn nicht anders angegeben, im Stehen ausgeführt werden. Sitzen ist ebenfalls möglich. Achten Sie dabei bitte auf Ihre Körperhaltung, aber auch auf Ihr Wohlbefinden.

STIMMLOS UND STIMMHAFT – DIE REIBELAUTE F UND W

Ausspracheregeln und Besonderheiten

Ph ist immer F: Physik, Philosophie, Phänomen, Phlegma, Phosphor, Philipp, Phrase, Phönix …

V wird manchmal wie F gesprochen: Vater, Vogel, Vers, viel, voll, vier, Veilchen, Vieh, Vesper, Vetter, von, vor; die Vorsilben vor- und ver-: Vorurteil, Vernunft …

V wird manchmal wie W gesprochen: Vase, Visum, Villa, Violine, Veto, Votum, Vulkan, Veronika, Vera, Viktor, Viktoria, Venus, Vagabund, Vakuum, Vampir, Vandalismus, Vanille, Viper, variabel, vegetarisch, Video, vibrieren, vegetieren, vehement, Vene, Veranda, verbal, virtuell, virtuos, Version, Veteran, Volumen …

Im Auslaut wird das V immer wie F gesprochen: brav, Motiv, Stativ, Dativ, Vesuv, Luv, Nerv …

Folgt dem aber ein Vokal, wird es zum stimmhaften W: Bravo, Motive, nervös, Universum …

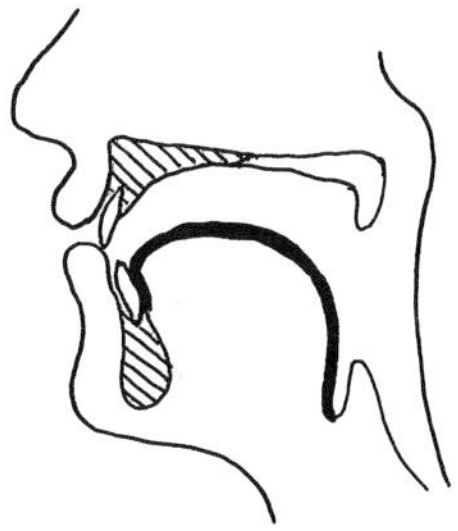

(alle Abbildungen zu den Lauten angelehnt an Fiukowski 2004)

Das F

Wo und womit wird das F gebildet? Die oberen Schneidezähne liegen locker auf der Innenseite der Unterlippe.

Wie wird das F gebildet? Wenn man ausatmet, strömt die Luft durch den Engpass zwischen Zähnen und Lippe, und es entsteht ein Reibelaut. Die Stimmlippen schwingen nicht mit, das F ist stimmlos.

Wie ist der Körperanschluss? Beim F können die meisten Menschen besonders im unteren Bauch-Becken-Raum Spannung und Bewegung der Muskulatur wahrnehmen. Überprüfen Sie, ob es bei Ihnen ebenso ist (Middendorf 1990, S. 68).

Variationen über F

Erstens: Atmen Sie durch das von Unterlippe und Zähnen gebildete Hindernis aus. Stellen Sie sich dabei bitte vor, Sie würden mit Daumen und Zeigefinger dieses »ffff…« aus dem Mund herausziehen wie einen Kaugummi oder eine Perlenkette. Ziehen Sie es bitte ohne Anstrengung ganz lang, so lang, wie Ihre Atemmuskulatur bequem Ausdauer hat. Sobald es nicht mehr geht, lassen Sie das vorgestellte Kaugummi einfach los und den Unterkiefer locker, wobei die Restluft entweicht – und die nächste Einatmung ist schon wieder da, ohne dass Sie etwas dafür tun mussten. Bitte nachatmen!
Insgesamt drei Wiederholungen mit Nachatmung, dabei immer wieder mit der Grenze Ihrer Ausdauer (der Dauer Ihrer Ausatmung) spielen.

Zweitens: Bitte atmen Sie jetzt schubweise mit kurzem »f« aus, so, als ob Sie zehn Kerzen auspusten wollten. Sie können dabei Ihre Finger zu Hilfe nehmen. Stellen Sie sich vielleicht ein kleines »h« (ohne Druck!) hinter jedem »f« vor, sodass auch wirklich bei jedem »f« alle vorhandene Luft entweicht. Der Einatmer geschieht am Ende immer wieder automatisch. Das liegt an Ihrer Absicht (Intention), weitere Kerzen auspusten zu wollen. Spüren Sie kurz nach. Haben Sie das Spiel von Spannung und Entspannung in Ihrer Körpermitte wahrgenommen?

Achtung! Diese Übungen sollten sich angenehm anfühlen. Wenn Ihnen schwindelig wird, pausieren Sie einen Moment lang und massieren Ihre Ohren. Wiederholen Sie diese Übung dann mit »ft« – also einem kräftigen »t« am Ende. Ziehen Sie nach dem »t« nicht extra Luft!

Mit den folgenden Texten können Sie gleich alle Stationen üben.

Win-win

Jan hält viel von Frau von Finn,
Frau von Finn hält viel von Jan.
Wird Jan Fan von Frau von Finn,
Frau von Finn auch Fan von Jan,
hat Jan Fun mit Frau von Finn,
Frau von Finn auch Fun mit Jan.
Jan fühlt viel für Frau von Finn,
Frau von Finn fühlt viel für Jan.
Ist das kein Win-win, was dann?

Variation: Auch Sven hat Fun

Sven hat Fun
mit Frau von Finn,
Frau von Finn
hat Fun mit Sven.

Sven fühlt viel
für Frau von Finn,
Frau von Finn
fühlt viel für Sven.

Sven wird Fan
von Frau von Finn,
Frau von Finn
wird Fan von Sven

und verrät Sven
ihren PIN.
Wo ist Sven?
Wo ist Sven?

Wo ist Sven
denn plötzlich hin
mit dem Geld
von Frau von Finn?

Bei diesem Text macht es keinen Sinn, die Zeilen auf einem Atem zu sprechen – der Inhalt würde auseinandergerissen werden. Man nennt einen solchen Gedankensprung in die nächste Zeile »Enjambement« (Zeilen- oder Verssprung). Suchen Sie nach dem Gedankenbogen im Text, wo machen Zäsuren oder Pausen inhaltlich Sinn und wo nicht? Markieren Sie es im Text.

Verfahrenes Verfahren

Während die Vorfahren
fortwährend
mit dem Pferd fuhren /

(wie die Vorfahren der Vorfahren
fortwährend
mit dem Pferd gefahren waren),

fahren die Nachfahren der Vorfahren
in einem fort
mit dem Ford,/

bis die Nachfahren der Nachfahren
immerfort fortfahren,/
mit dem Pferd zu fahren.

Es gibt bei diesem Text keinen Reim und kein Versmaß, jedoch gedichttypische Strophen. Einen Vorschlag für Zäsuren habe ich eingefügt – ebenso den Vorschlag für einen Nebensatz, den man dann auch als solchen sprechen kann.

Kafkas Käfer

Als Kafkas Käfer »Hilfe« rief,
ergriff sein Ruf Franz Kafka tief,
und die Novelle, die er schuf,
war Kafkas eigner Hilferuf.

Das W

Wo und wie wird das W gebildet? Das W wird exakt so gebildet wie das F, wir fügen nur die Stimme hinzu. So entsteht aus dem stimmlosen ein stimmhafter Reibelaut.

Körperanschluss: Im Körper spüren manche, dass das W den Körper ausfüllt, als ob es sich gegen die Innenwände lehnt. Man kann deutlich Schwingungen spüren (Middendorf 1990, S. 70).

Variationen über W

Erstens: Formen Sie mit Zähnen und Unterlippe das F, nehmen Sie die Stimme dazu und lassen Sie den Kopf einfach sanft winzig kleine Kreise rechtsherum ziehen. Wenn der Ton zu Ende ist, machen Sie bitte eine kleine Pause, lassen den Atem erst einmal kommen und gehen – dann kreisen Sie den Kopf mit einem erneuten W in die andere Richtung.

Achtung! Auf präzise Lautbildung achten! Zähne an die Unterlippe!

Ziel: Lockerung der Halsmuskulatur während der Stimmgebung.

Zweitens: Klopfen Sie, während Sie ein W anstimmen, den Brustkorb ab, wie ein Boxer nach seinem Sieg! Schauen Sie dabei siegesbewusst in alle Richtungen! Nicken Sie den Fans freundlich zu!

Ziele: Nackenmuskulatur dehnen, Lockerung der Brustmuskulatur.

Achtung! Im Sport benutzt man gerne das Prinzip der Kontrastübung: Man führt eine Bewegung bewusst falsch durch, um genau zu spüren, wie man es eben nicht macht. Wenn Sie jetzt noch einmal ein W erklingen lassen, tun Sie es bitte ohne gute Lautbildung, aber mit starkem Druck der Halsmuskulatur. Wie klingt das? Wie fühlt es sich an?

Vorübungen zu Stationen D und E
D: dadada – fafafa - wawawa, dadadada – fafafafa - wawawawa …
E: dádada – fáfafa - wáwawa

Der folgende Text ist ein einziger langer Satz mit vielen Nebensätzen. Was ist der Hauptsatz, was sind Nebengedanken? Hier ein Vorschlag: *Kaum beweisen die (auf dem Anwesen anwesenden) handverlesenen Belésenen / das Ùnwissen der (auf dem Anwesen anwesenden) nícht handverlesenen Únbelesenen, – Pause – da verweisen die Únbelesenen auf das unweise Wésen der handverlesenen Belesenen, – Pause – würden doch álle Wesen / (handverlesen oder nícht handverlesen)/ (belesen oder únbelesen)/ sowiesó verwesen.*

Verwesentlichung

Kaum beweisen
die auf dem Anwesen
anwesenden
handverlesenen
Belesenen

das Unwissen
der auf dem Anwesen
anwesenden
nicht handverlesenen
Unbelesenen,

da verweisen
die Unbelesenen
auf das unweise Wesen
der handverlesenen
Belesenen,

würden doch alle Wesen,
handverlesen
oder nicht handverlesen,
belesen
oder unbelesen,

sowieso verwesen.

Vivaldikult

»Vivat Vivaldi!«, rief die Tebaldi,
welche Vivaldi Huldigung zollte -
wiewohl Vivaldi von der Tebaldi
solchen Vivaldi-Kult gar nicht wollte.

EXPLOSION 1 – DIE SPRENGLAUTE P UND B

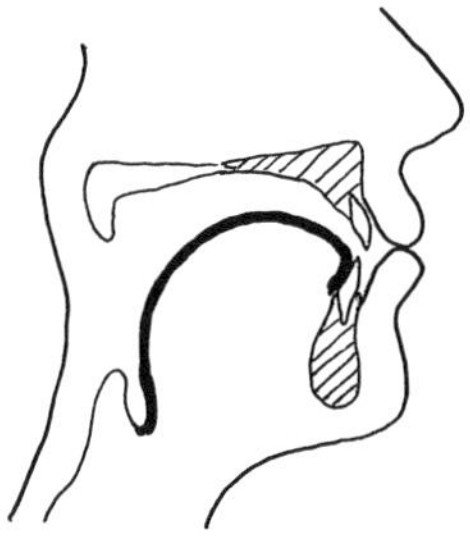

Ausspracheregeln und Besonderheiten

P ist immer P – B hingegen wird am Wortende (Auslaut), wenn nichts mehr folgt, wie P gesprochen.
Beispiele: Lob (aber loben!), ich hob (heben), Hieb (Hiebe), Dieb (Diebe) …

Achtung! Pf wird auch immer Pf gesprochen! Das P wird nicht einfach weggelassen!
Beispiele: Pfeife, Pfosten, Pfirsich, pferchen, Pfuhl, Pfote, Pfund, Pfau …

P und B werden grundsätzlich gleich gebildet: Das P ist – anders als im Alphabet – stimmlos und sehr kraftvoll! Das B ist stimmhaft und weicher.

Wo werden P und B gebildet? Die Lippen liegen locker aufeinander. Der Kieferöffnungswinkel ist gering, die Zahnreihen sind voneinander gelöst. Die Zungenspitze berührt die unteren Schneidezähne. Die Zunge berührt nicht das Gaumensegel. Das Gaumensegel ist gehoben und verschließt so den Weg der Luft durch die Nase.

Achtung! Die Lippen nicht aufeinanderpressen und nicht nach innen ziehen oder vorstülpen.

Wie werden P und B gebildet? Beim P wird der Verschluss der Lippen durch eine Sprengung oder Explosion stimmlos und mit Luft (aspiriert) gelöst. Beim B geschieht eine ebensolche Sprengung, allerdings mit etwas weniger Kraft und ohne Behauchung, sondern mit dem Einsatz der Stimme.

Wie ist der Körperanschluss? Nach Middendorf schwingen die vierten, fünften und sechsten Rippenpaare mit dem P und dem B nach außen. Beim B ist es weicher und man nimmt die Schwingung der Stimme wahr. Zeitgleich reagiert das Zwerchfell (Middendorf 1990, S. 70). Überprüfen Sie, ob es bei Ihnen ebenso ist oder nicht.

Variationen zu P und B

Erstens: Bilden Sie das P. Bevor Sie den Laut explodieren lassen, halten Sie die Lippenposition einen Moment. Sobald es nicht mehr geht, sprengen Sie die Lippen bewusst und lassen den Kiefer locker, wobei die Luft ohne Stimme entweicht. Es klingt vielleicht wie ein P mit einem kleinen H hinterher. Legen Sie dabei die Hände auf den Brustkorb und den Bauch. Spüren Sie die Explosionen im Rumpf?

Zweitens: Bitte atmen Sie jetzt immer wieder mit P aus und werfen Sie dabei kleine vorgestellte Pfeile auf eine ebenfalls nur vorgestellte Dartscheibe. Die Einatmung kommt immer wie von selbst, reflektorisch, unbemerkt und unhörbar. Sie können mit dieser Übung deshalb beliebig lange fortfahren. Machen Sie es zum Beispiel 21-mal hintereinander. Wenn Sie das Gefühl haben, Sie haben zu viel oder zu wenig Luft, dann sprengen Sie das P kräftiger.

Drittens: Nun wechseln Sie bitte P und B ab: Stellen Sie sich vor, Sie hätten einen Ball, mit dem Sie dribbeln, dabei sagen Sie abwechselnd eine Minute lang: p-b-p-b-p-b … abwechselnd mit und ohne Stimme! Legen Sie dazu locker die Hand auf den Kehlkopf, dann spüren Sie den Unterschied zwischen stimmlos und stimmhaft.

Vorübungen zu den Stationen D und E
D: bababa – papapa
E: bábaba, bábaba, bábaba – pápapa, pápapa, pápapa

Gaby und Bobby

Als Gaby Popp im Copyshop
dem Möpschen Bobby Häppchen gab,
da schnappte Bobby Gabys Top
und tobte mit dem Lappen ab.

»Stop«, rief der Boss vom Copyshop,
»Frau Popp, wir sind kein Stripperclub!«,
und Gaby Popp trieb im Galopp
nonstop Mops Bobby durch den Shop.

»Gib her das Top, gib her das Top!«,
warf Gaby Bobby an den Kopp,
»Mach Schluss mit diesem Horrortrip!«
Da schnappte Bobby auch den Slip!

Der Hauptsatz hier ist »Bei dem alten Lappenschuppen […] sollst du nie den Schlitten stoppen«.

Reisewarnung

Bei dem alten Lappenschuppen,
wo die Lappen Schoppen kippen
und für ein paar Robbenhappen
hübsche Lappenpuppen strippen,

bis sich ganze Lappensippen
mit den Rippen von den Robben
um die hübschen Puppen kloppen,
sollst du nie den Schlitten stoppen.

Zweierbob

Vordermann: Pitt.
Hintermann: Bob.
Zwei Männer,
ein Job:
Zweierbob.

Kurzer Trapp,
hop –
und ab.
Gut Bob,
Hut ab!

Bob ist top,
topfit
und Pitt –
ein Hit!
Hundert im Schnitt!

Dampf, Bob!
Dampf, Pitt!
Kämpf, Bob!
Kämpf, Pitt!
Durch – –

Und Stop!
Bravo, Bob,
toller Job!
Super, Pitt,
Teufelsritt!

Was?
Bob gedopt?
Bob ein Flop?
Und Pitt mit?
Shit!!!

Hausaufsatz

Wenn Pappa Grappa schlabbert,
mit schlappen Lippen bibbert
und Mamas Happen knabbert,

beschwipst mit Tellern scheppert
und auf die Kippe sabbert,
scheint Pappa Mamma deppert.

Zur Schweinegrippe

Schlapp, als klapperndes Gerippe,
schwebst du bibbernd auf der Kippe,
doch du hüpfst der Schweinegrippe,
wenn du Schwein hast, von der Schippe!

EXPLOSION 2 – DIE SPRENGLAUTE T UND D

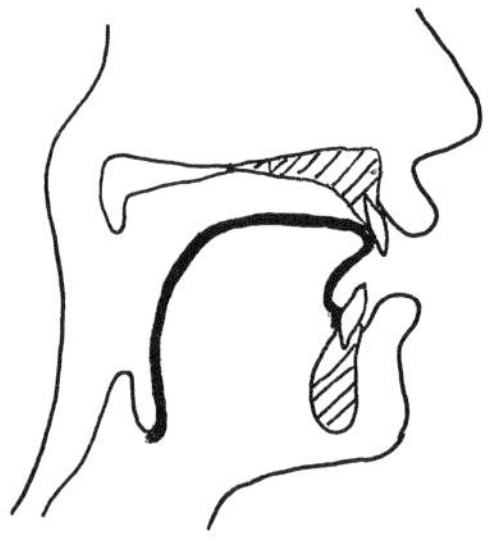

Ausspracheregeln und Besonderheiten

T ist immer T – D hingegen wird am Wortende (Auslaut) wenn nichts mehr folgt, wie T gesprochen.
Beispiele: Hund (aber Hunde), Kind (Kinder), Wand (Wände) Hemd (Hemden) …

T und D werden grundsätzlich gleich gebildet: Das T ist – anders als im Alphabet – stimmlos und sehr kraftvoll! Das D ist stimmhaft und weicher.

Wo werden T und D gebildet? Der Mund ist leicht geöffnet, der Kiefer locker. Der vordere Rand der Zunge liegt am Zahndamm der oberen Zahnreihe, schmiegt sich sozusagen an die Zähne locker an. Die Seitenränder der Zunge liegen an den oberen Backenzähnen. Das Gaumensegel ist gehoben und verschließt so den Weg der Luft durch die Nase.

Achtung! Nicht die Zunge an den Gaumen pressen!

Wie werden T und D gebildet? Beim T wird der Verschluss der Vorderzunge durch eine Sprengung oder Explosion stimmlos und mit Luft (aspiriert) gelöst. Beim D geschieht eine ebensolche Sprengung, allerdings mit etwas weniger Kraft und ohne Behauchung, sondern mit dem Einsatz der Stimme.

Wie ist der Körperanschluss? Nach Middendorf schwingen die siebten, achten und neunten Rippenpaare mit dem T und dem D nach außen. Beim D ist es weicher und man nimmt die Schwingung der Stimme wahr. Zeitgleich reagiert das Zwerchfell. Überprüfen Sie, ob es bei Ihnen ebenso ist oder nicht.

Variationen zu T und D

Erstens: Bilden Sie das T. Bevor Sie den Laut explodieren lassen, halten Sie die Zungenposition einen Moment. Sobald es nicht mehr geht, sprengen Sie bewusst ab und lassen den Kiefer locker, wobei die Luft entweicht. Es klingt vielleicht wie ein T mit einem kleinen »h« hinterher. Legen Sie dabei die Hände auf den Brustkorb und den Bauch. Spüren Sie die Explosionen im Rumpf? Denken Sie bitte daran: Das T hat keine Stimme!

Zweitens: Bitte atmen Sie jetzt immer wieder mit T aus und werfen Sie dabei kleine vorgestellte Bälle auf ein ebenfalls nur vorgestelltes Ziel. Die Einatmung kommt nach jedem T immer wie von selbst, reflektorisch, unbemerkt und unhörbar. Machen Sie es beispielsweise 21-mal hintereinander. Wenn Sie das Gefühl haben, Sie haben zu viel oder zu wenig Luft, dann sprengen Sie das T kräftiger ab.

Drittens: Nun wechseln Sie bitte T und D ab, jedes Mal eine Ausatmung! Stellen Sie sich vor, Sie werfen den Ball und er kommt immer wieder zurück wie ein Flummiball, dabei sagen Sie abwechselnd eine Minute lang: t-d-t-d-t-d-t-d … also abwechselnd ohne und mit Stimme! Legen Sie dazu locker die Hand auf den Kehlkopf, dann spüren Sie den Unterschied zwischen stimmlos und stimmhaft.

Vorübungen zu den Stationen D und E
D: dadada – tatata, dadadada – tatatata, dadadadada – tatatatata …
E: dádada, dádada, dádada – tátata, tátata, tátata

Lametta-Lamento

»Lametta, Lametta, Lametta!«,
so bettelt die Lütte im Gitter.

Nun schüttet der lütten Melitta
doch bitte Lametta ins Gitter!

Denn ohne den Glitter im Gitter
da litte die Lütte so bitter,

so bitter, so bitter!

Generationenkonflikt

Immer,
wenn die tütelige Teetante
den Tee
in die Kaffeetüte getan hatte,

tütete
die patente Nichte der Teetante
den Tee
von der Kaffeetüte in die Teetüte um.

Sandtorte

Kaum stand das Kind
im Sand am Strand,
verschwand so rund
ein Pfund vom Sand
dem Kind im Mund.

Kuddel und Naddel

Schließt der Kuddel seine Naddel
in die schmuddeligen Paddel,
kennt der Kuddel kein Gedaddel,
nein, dann knuddelt er die Naddel.

Commonwealth

Suchen Sie Haupt- und Nebengedanken

Wenn die Briten
die Schotten
mobben

und die Schotten
die Briten
beim Mobben toppen

und die Briten
die Schotten, die die Briten beim Mobben toppen,
foppen

und die Schotten
die Briten, die die – die Briten beim Mobben toppenden – Schotten foppen,
beim Foppen toppen,

dann verspotten
die Hottentotten
Briten und Schotten.

Zeitfahren

Als sich der Vetter von Annette
in der Fahrradkette
verheddert hatte

und gewettert hatte,
er wette
jede Wette,

dass Annette
die Fahrradkette
nicht gefettet hätte,

da schmetterte
der Vetter
auf die Bretter.

EXPLOSION 3 – DIE SPRENGLAUTE K UND G

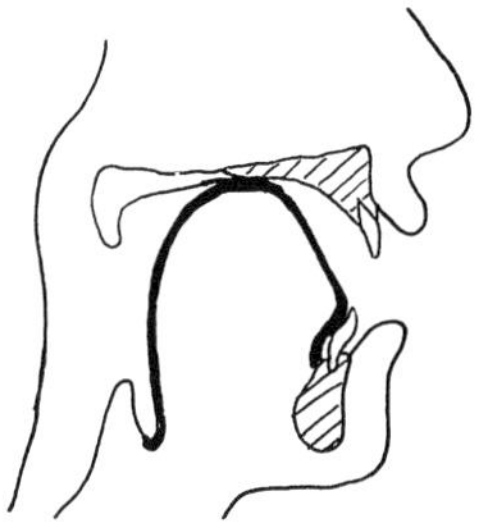

Ausspracheregeln und Besonderheiten

K ist immer K – G hingegen wird am Wortende (Auslaut), wenn nichts mehr folgt, wie K gesprochen. Beispiele: Tag (aber Tage), ich mag (mögen), Burg (Burgen), Zwerg (Zwerge), Sieg (Siege) …
Anders als bei P und T existiert keine Doppelschreibweise für K (»kk«), dies wird mit »ck« verschriftlicht.

Achtung! Die Endung -ig ist eine Ausnahme und wird wie -ch gesprochen! Steht am Wortende (Auslaut) nach dem Wortstamm die Endung -ig oder folgen darauf noch weitere Konsonanten, wird die Endung -ich gesprochen. Folgt ein Vokal, bleibt es beim G.
Beispiele für -ich: König, ewig, selig, häufig, madig, ruhig, gnädig, wenig/wenigstens, Gnädigste, des Königs.
Folgt eine zweite Endung mit -ich, wird -ik gesprochen. Beispiele: königlich, ewiglich.
Folgt ein Vokal, bleibt es beim G: Königin, beruhigen, wenige …

K und G werden grundsätzlich gleich gebildet. Das K ist – anders als im Alphabet – stimmlos und sehr kraftvoll! Das G ist stimmhaft und weicher.

Wo werden K und G gebildet? Der Kieferöffnungswinkel ist relativ groß, der Unterkiefer locker. Die Zungenspitze berührt die unteren Schneidezähne. Der Zungenrücken wölbt sich hoch zum Gaumen. Die seitlichen Ränder der Zunge berühren die oberen Backenzähne. Das Gaumensegel ist angehoben und verschließt so den Weg der Luft durch die Nase.

Achtung! Erfahrungsgemäß bilden die meisten Menschen diese Laute ohne Zungenspitzenkontakt mit den unteren Zähnen. Dadurch fällt die Zunge nach hinten in den Rachenraum!

Wie werden K und G gebildet? Beim K wird der Verschluss zwischen Zunge und Gaumen durch eine Sprengung stimmlos aufgelöst. Beim G geschieht eine ebensolche Sprengung, allerdings mit etwas weniger Kraft und ohne Behauchung, sondern mit dem Einsatz der Stimme.

Wie ist der Körperanschluss? Nach Middendorf schwingen die zehnten, elften und zwölften Rippenpaare mit dem K und dem G nach außen. Beim G ist es weicher und man nimmt die Schwingung der Stimme wahr. Zeitgleich reagiert das Zwerchfell. Überprüfen Sie, ob es bei Ihnen ebenso ist.

Variationen zu K und G

Erstens: Bilden Sie bitte das K. Bevor Sie den Laut explodieren lassen, halten Sie die Zungenposition einen Moment. Sobald es nicht mehr geht, sprengen Sie bewusst ab, wobei die Luft entweicht. Es klingt vielleicht wie ein K mit einem kleinen H hinterher. Legen Sie dabei die Hände auf den Brustkorb und den Bauch. Spüren Sie die Explosionen im Rumpf? Denken Sie bitte daran: Das K hat keine Stimme! Achten Sie immer auf die Zungenposition!

Zweitens: Bitte atmen Sie jetzt immer wieder mit K aus, und stellen Sie sich vor, Sie würden dabei einen Flummiball dribbeln. Die Einatmung kommt immer wie von selbst, reflektorisch, unbemerkt und unhörbar. Und Sie können mit dieser Übung deshalb beliebig lange fortfahren. Machen Sie es zum Beispiel 21-mal hintereinander. Wenn Sie das Gefühl haben, Sie haben zu viel oder zu wenig Luft, dann sprengen Sie das K kräftiger.

Drittens: Nun wechseln Sie bitte K und G ab: Stellen Sie sich vor, Sie hätten einen Ball mit dem Sie dribbeln, dabei sagen Sie abwechselnd: k-g-k-g-k-g-k-g-k-g … also abwechselnd ohne und mit Stimme! Legen Sie dazu locker die Hand auf den Kehlkopf, dann spüren Sie den Unterschied zwischen stimmlos und stimmhaft.

Viertens: Und dann lassen Sie Ihre Zunge Tischtennis spielen. Sie schauen abwechselnd nach rechts und links, die Zunge geht dabei abwechselnd nach oben und unten: t-k-t-k-t-k-t-k-t-k …! Achten Sie bitte darauf, dass Ihre Zunge beim K nun gut und kräftig arbeitet und die unteren Schneidezähne berührt! Spüren Sie die Körperarbeit?

Vorübungen zu den Stationen D und E

D: Gagaga–kakaka …

E: Gágaga–kákaka …

Makaken

Wenn sich Makaken
in kleinen Cliquen
zu Pelze rücken

und dicke Zecken
vom Nacken pflücken,
um sie zu knacken,

kannst du mit Schrecken
in den Makaken
dich selbst entdecken.

Dackel und Bückel

Kaum hat sich der Dackel
den Bückel geschnappt,
beim Knabbern den Bückel
am Wickel gehabt

und nuckelnd die Stückel
vom Bückel zerknackt,
da nippt er am Bückel
mit Wackelkontakt.

Sprachrätsel

Warum heißt Kakao Kakao
und der Kakadu Kakadu?

Wenn der Kakadu Kakao
und der Kakao Kakadu

und der Kaukasus Kakerlak
und die Latsche Bratsche hieße,

glaubst du,
dass sich jemand daran stieße?

Die Weihnachtsgans

Beachten Sie die Ausspracheregel zur Endung -ig!

Die Gans aus Danzig
war gänzlich ranzig,

dann wurd' die Danziger
Gans immer ranziger,

am Vierundzwanzigsten
war sie am ranzigsten.

Verhandlungsprotokoll

Bezüglich der von dem Offizier
mit dem abgezogenen Bettbezug
bezeugten unziemlichen Bettbeziehung
der Bezichtigten mit dem Tapezier

bezeugt die Bezichtigte
den unverzüglich nach Einzug
des Offiziers bei der Bezichtigten
erfolgten Umzug

des Tapeziers nach Zürich.

Vasallentreue – Vasallenreue

Wie dien' ich dem König!
Wie frön' ich dem König!
Wie rühm' ich den König!

Entlohnt mich der König
mit Honig, beschämt mich
der König ein wenig!

Sigmar und Dagmar

Pflegt Sigmar, der Dicke, sein Phlegma,
kocht Dagmar, die Schicke, wie Magma.

Im Phlegma von Sigmar sieht Dagmar
ein bitteres Stigma für Sigmar,
doch Sigmar ein Dogma für Dagmar.

Klagt Dagmar dem Sigmar, sein Phlegma
sei praktisch untragbar, sagt Sigmar
zu Dagmar, ihn plage das Magma
von Dagmar unsagbar.

Das kategorische Drehmoment

Als die Bekannte von Kant
sich zwischen Bettkante und Schrank
verkantet hatte,

drehte Kant die Bekannte
mit dem Vierkant
kurzerhand hochkant.

Hausordnung

Dem Mieter sind untersagt:

Trunksucht beim Einzug,
Klimmzug am Abzug,
Unfug im Anzug,
Unzucht im Aufzug,
Streitsucht beim Auszug.

Der Hausungetümer.

VIBRATION – DIE NASALEN KLINGER M, N UND NG

Ausspracheregeln und Besonderheiten

M und N sollten immer gut artikuliert werden. Im Umgangssprachlichen wird aus dem Wort *einmal* schnell »eima«, aus *Senf* »Sempf«, aus *fünf* »fümpf«. Besonders schön klingt das dann bei Zahlen wie 555 … Auch die Endungen sind besonders nach diesen nasalen Klingern wichtig für das Hörverstehen.
Achtung! Das NG ist *ein* Laut! Die Endung »-ng« wird deshalb auch nicht wie »-nk« gesprochen! Die Zunge hält den Verschluss und sprengt nicht ab wie beim K. Beispiele: Übung, Verzeihung, Entschuldigung, Training, Achtung …
Folgt ein Vokal (kein Endungs-e!), so bildet man das G silbenanlautend. Beispiele: Tango (gesprochen Tang-go), Fango, Bongo, Ingo, Tangente, Ungar, Angina …
Aber vor einer Endung wird das G nicht silbenanlautend gesprochen: singen, fangen, ringen, wringen, hängen, sengen, drängen, bangen, lungern, hungern …
Manchmal gehört das N vor dem G allerdings zu einer Vorsilbe, dann werden die Laute getrennt artikuliert: un-gern, an-genehm, ein-gebildet …
NK wird wie »ngk« gebildet, die Kombination NX wie »ngks«. Beispiele: krank, schlank, Wink, Punk, stinken, hinken, henken und die ägyptische Sphinx.
Differenzieren Sie: singen – sinken, hängen -- henken, junger – Junker.
Übungssätze: Die Sängerin singt, während das Schiff sinkt. Der junge Henker hat den hängenden Gehängten gehenkt.

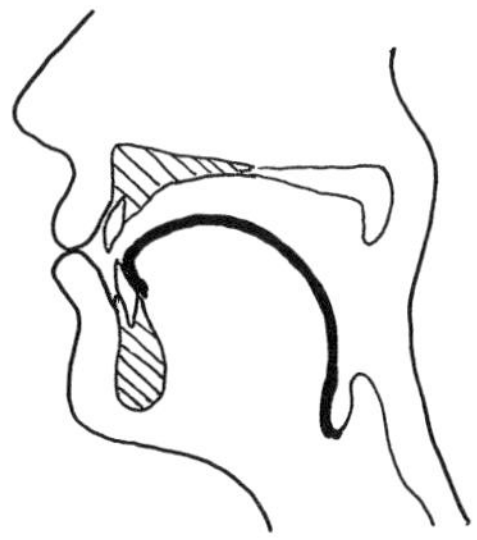

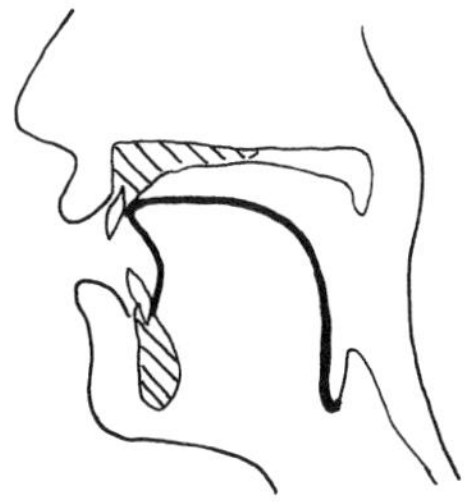

M, N und NG werden an den gleichen Stellen wie P, T und K gebildet!

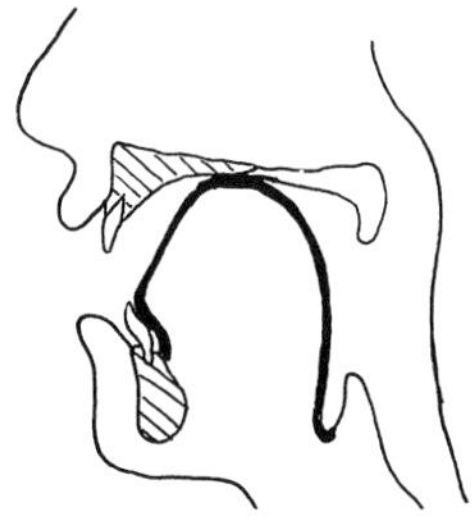

Wo wird das M gebildet? Die Lippen liegen locker aufeinander, der Unterkiefer ist trotzdem locker. Die Zungenspitze berührt die unteren Schneidezähne.

Achtung! Die Lippen nicht aufeinanderpressen, Zähne nicht zusammenbeißen!

Wo wird das N gebildet? Der Mund ist leicht geöffnet, der Kiefer locker. Der vordere Rand der Zunge liegt am Zahndamm der oberen Zahnreihe. Die Seitenränder der Zunge liegen an den oberen Backenzähnen.

Wo wird das NG gebildet? Der Kieferöffnungswinkel ist relativ groß, der Mund geöffnet, der Unterkiefer locker. Die Zungenspitze berührt die unteren Schneidezähne wie beim K. Der Zungenrücken wölbt sich zum hinteren Gaumen und berührt ihn.

Wie werden M, N und NG gebildet? Die Stimmlippen schwingen. Das Gaumensegel ist bei allen drei Klingern nicht angehoben und gibt so den Weg der Luft (Phonationsstrom) durch die Nase frei. Bilden Sie versuchsweise abwechselnd diese drei Laute und halten Sie sich dabei die Nase zu …

Wie ist der Körperanschluss? Nach Middendorf lässt das M alle Zellen vibrieren, das N sorgt für besonders starke Schwingung im Schultergürtel, das NG findet hauptsächlich im Bereich des zwölften Brustwirbels statt (Middendorf 1990 S. 71 f.). Überprüfen Sie, ob es bei Ihnen ebenso ist.

Variationen zu M, N und NG

Erstens: Bilden Sie das M. Summen Sie eine Weile in verschiedenen Tonhöhen und -tiefen. Legen Sie dabei die Hände auf den Brustkorb und den Bauch. Spüren Sie Schwingungen? Beenden Sie es, immer bevor Sie keinen Atem mehr haben, mit T: »Mmmm …t«, und gleich weiter. Kauen Sie, schmatzen Sie auch mal, bewegen Sie den gesamten Mund-Rachen-Raum. Legen Sie die Hände oben auf den Kopf: Gibt es Vibrationen?

Zweitens: Bilden Sie das N. Tönen Sie eine Weile in verschiedenen Tonhöhen und Tiefen »nnnnt …«. Legen Sie dabei die Hände auf die Wangen. Spüren Sie hier Schwingungen?

Drittens: Nun wechseln Sie bitte zu NG. Bilden Sie das NG und tönen Sie, solange es angenehm ist. Beenden Sie es mit »ng …k«, und machen Sie gleich weiter, keine Pause, der neue Atem ist von alleine gekommen. Legen Sie die Finger der rechten Hand sanft um Ihre Nase herum, ohne sie zu verschließen. Gibt es hier auch Schwingungen?

Vorübungen zu den Stationen D und E

D: dadada – manama …

Es folgt eine kleine Beschwörungsformel mit leiser, tiefer Stimme, gehen Sie dafür tief in die Hocke. Verbrauchen Sie alle Luft: Hamananga/hamananga/hamananga …

E: Dádada–mánama, dadáda–manáma, dadadá–manamá

Emmi und Schumi

Emmi träumte oft von Schumi,
aber Schumi nicht von Emmi.
Schließlich jagte Emmi Schumi
wie in einem Ami-Krimi.

Dann fand Emmi einen Brummi
und schlug heftig Remmidemmi,
denn im Führerhaus vom Brummi,
da erkannte Emmi … Schumi!

Doch der Schumi in dem Brummi,
dieser Schumi war ein Dummy,
und der Dummy war aus Gummi.
Arme Emmi, arme Emmi!

Der beste Swing

Sieben Kulis tanzen Swing:
Ning, Näng, Nang, Nöng, Nong, Nung, Nüng.

Jeder wäre gern der King:
Ning, Näng, Nang, Nöng, Nong, Nung, Nüng.

Doch den allerbesten Swing,
ningenängenangenöngenongenungenüng,

tanzt der Kaiser Ming!

Klimaangst

Im warmen Klima
von Oklahoma
fühlt meine Oma
sich immer prima.

Doch spricht Obama
vom Klimadrama,
fällt meine Oma
sofort ins Koma.

Lebensentscheidung

Hast du Zank
mit der Bank,
wirst du krank!

Vielen Dank!
Ich bleib blank
und werd' Punk.

Hummerkummer

Der Büsumer Hummer Tim
und der Amrumer Hummer Tom,
die waren einander gram,
weil der Hummermann Tom dem Tim
und der Hummermann Tim dem Tom
die Hummerfrau Emma nahm.

Warum nur der Jammer?
Warum nur der Kummer?
Warum denn nur immer
der Jammer und Kummer
um Hummerfrau Emma, warum?

War Hummerfrau Emma bei Tom,
dann lungerte Hummermann Tim
voll Jammer um Amrum herum.
War Hummerfrau Emma bei Tim,
dann lungerte Hummermann Tom
voll Kummer um Büsum herum.

Warum nur der Jammer?
Warum nur der Kummer?
Warum denn nur immer
der Jammer und Kummer
um Hummerfrau Emma, warum?

Der Ping-Pong-Pokal

Wenn beim Bangkoker Ping-Pong-Pokal
die Bangkoker auf ihrer Bank hocken
und bange gucken,

wie die Pekinger Ping-Pong-Profis
die Bangkoker von der Platte pauken,

dann kochen die Bangkoker.

Franks Wandschrank

Dass Frank sich krank trank
dank Korn im Wandschrank
und noch vor Landgang
lang auf die Bank sank,

flink einen Schwank sang
und stark nach Brand stank,
war erst der Anfang
und fand kaum Anklang.

Doch an Franks Wandschrank
herrscht nun viel Andrang.

ZUNGENSPITZENTANZ – DAS L UND DAS ZUNGENSPITZEN-R

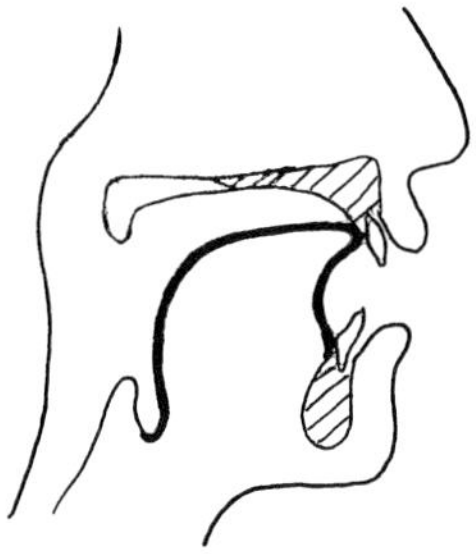

Ausspracheregeln und Besonderheiten

Das L sollte immer gut artikuliert werden. In der Umgangssprache wird schnell aus *solche* »Seuche«, aus *welche* »weiche«, aus Milch »Mech«, Manchmal liegt dies am Tragen einer Zahnspange: Die Zungenspitze weicht seitlich aus, das L wird nicht mehr oder mit seitlich ausweichender Zunge gebildet.
Das Zungenspitzen-R ist kein im Hochdeutschen gebräuchlicher Laut mehr. Es ist in einigen Dialekten in Bayern zu finden. Für viele Sprachen (Spanisch, Italienisch) braucht man es, im klassischen Gesang wird es unter anderem für den »Vordersitz« der Stimme genutzt.

Wo wird das L gebildet? Der Mund ist leicht geöffnet. Der vordere spitze Rand der Zunge berührt den Zahndamm der oberen Zahnreihe. Der Bildungsort ist identisch mit dem N. Die Zunge ist allerdings spitz, nicht flach anliegend wie beim N, eher wie eine Balletttänzerin auf Zehenspitzen. Liegt die Zunge zu flach an, klingt das L plump. Die Seitenränder der Zunge berühren die oberen Backenzähne.

Achtung! Die Zungenspitze muss sich in der Mitte befinden, sie soll nicht seitlich ausweichen!

Wie wird das L gebildet? Die Stimmlippen schwingen. Das Gaumensegel ist angehoben. Die Luft strömt an den Seiten der Zunge vorbei.

Wie ist der Körperanschluss? Nach Middendorf wird das L besonders im Bereich des Beckenbodens empfunden, wie eine »Wanne« oder ein »Nest«. Überprüfen Sie, ob es bei Ihnen ähnlich ist (Middendorf 1990, S. 69). Das L sollte auch deutlich spürbar in der Körpermitte sein.

Wo und wie wird das Zungenspitzer-R gebildet? Man legt die Zunge kurz vor die L-Start-Position, sodass sie noch in der Luft schwebt und noch nicht den

Zahndamm berührt. Dann drängt man den Ausatemstrom in Richtung Zungenspitze und lässt sie im Luftstrom flattern. So entsteht (bestenfalls) das Zungenspitzen-R. Die Zungenspitze vibriert im Ausatemstrom. Das klingt leichter, als es ist. Durch die Lautverbindung d-l soll die Zungenspitze elastisch und beweglich werden (vgl. unter anderem Balser-Eberle 2002, S. 67 f.). Es wird die ganze Zunge bei dieser Lautkombination gelockert, sodass man auch das Zäpfchen-R vorbereitet.

Variationen mit L

Bringen Sie die Zunge in Position für das L. Denken Sie dabei immer wieder an die souveräne Körperhaltung und einen langen Nacken. Singen Sie beliebige Melodien auf »lalala …«; wenn Ihnen keine einfallen, erfinden Sie einfach welche.

Vorübungen zu den Stationen D und E
D: dadada – lalala … dadadada – lalalala …
Für dadla – dadla – dad
E: lálala – lálala – lálala …

Es folgen Texte für das L, Gedichte für das Zungenspitzen-R finden Sie beim R!

Mediales Heldentum

Wer Bild gefällt,
gefällt der Welt.
Wer Bild missfällt,
missfällt der Welt.
Wenn's Bild gefällt,
wird vor der Welt
mit Bildgewalt
ein Held Gestalt.
Der Held von Bild
wird Held der Welt,
der Held wird Kult,
der Kult wird Geld.

Wenn's Bild gefällt,
dann fällt der Held,
wird seine Schuld
der Welt enthüllt,
wird Bild um Bild
mit Schuld gefüllt,
im Bildgehalt
die Schuld geballt,
das Heldenbild
gezielt gekillt,
der Held verprellt
und kaltgestellt.

Die Weihnachtskugeln

Wenn die Mädel edle Kugeln
in die Tannenwedel fädeln
und sich in den Kugeln spiegeln,
die sie in die Wedel tüdeln,

rieseln von den Wedeln Nadeln
in die Schüsseln mit den Knödeln,
bis die Kugeln in die Nudeln
trudeln und auch die versudeln.

Machtkampf

Plötzlich raubte
der Gorilla
der Carola
den Chinchilla,

und so wollte
die Guerilla
dem Gorilla
an die Wolle.

Voller Groll
warf der Gorilla
mit Geröll
auf die Guerilla,

und dann krallte
der Gorilla
samt Chinchilla
die Carola.

Grenzverkehr

Tiefgekühlt im Zug nach Delfte
sprach die elfte Schweinehälfte
leis zur zwölften Schweinehälfte:
»Bist du meine andre Hälfte?«

Sprach die zwölfte Schweinehälfte
leis zur elften Schweinehälfte:
»Pst, ich bin die eine Hälfte,
Liebling, deiner bessren Hälfte.«

Picknick

An seinem Buckel zuckelt
sein Rucksack auf und ab,
um seine Knöchel hechelt
sein Dackel mit im Trapp.

So wackeln sie zum Picknick
am Müggelsee hinaus,
da wickelt er den Bückel
auf Pumpernickel aus.

Sein Dackel jagt Karnickel.
Er räkelt sich im Gras
und hakelt die Mixpickles
aus seinem Gurkenglas.

Profi im Tor

Halt die Pille,
alter Bulle!
Zeig dem Balle
deine Kralle!
Lock die Bälle
in die Falle!

Killst Du alle
Elfer, Kalle,
füll’n dir viele,
viele Mille
schon in Bälde
die Schatulle!

REIBUNG – DER REIBELAUT S

Ausspracheregeln und Besonderheiten

Das S kann stimmlos und stimmhaft sein.
Im Anlaut und im Inlaut zwischen zwei Vokalen ist das S stimmhaft: Sand, Suppe, Sieb, Segen, Sohn, Seuche, Seife, Sau … Ansage, unsicher, Umsicht … Nase, Bluse, Hose, Riese, Esel …
Auch nach den stimmhaften Konsonanten m, n, l, r: Amsel, Pinsel, Linsen, Hülsen, Verse, langsam, seltsam …
Meistens wird das stimmlose S gekennzeichnet durch »ß« (nach langem Vokal und Zwielauten): Spaß, Maß, Fuß, heiß, weiß …durch »ss« (nach kurzem Vokal): Masse, Fluss, Messer, Wissen, müssen, Rasse …
Im Auslaut ist das S immer stimmlos: Gras, Mus, mies, was, nervös, aus, fies …
Besonderheit: Die Lautverbindung »Sp« und »St« finden Sie bei »Sch«.

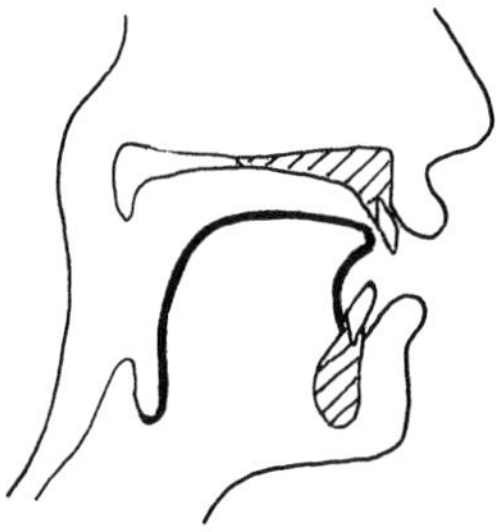

Wo wird das S gebildet? Der Mund ist geöffnet, die Lippen locker. Es gibt zwei korrekte Bildungsweisen für das S:

- Der Zungenrand ist vorne frei schwebend in Richtung *obere Schneidezähne* beziehungsweise zum Zahndamm hin und berührt diese fast, an den Seiten liegt er an den oberen Backenzähnen. So entsteht eine relativ flache Rille. Man kann diese Bildungsweise durch die Lautverbindung mit vorhergehendem L oder N trainieren (also, Ansicht, Else, Ilse, unsicher, ansagen, Insel, unser …).

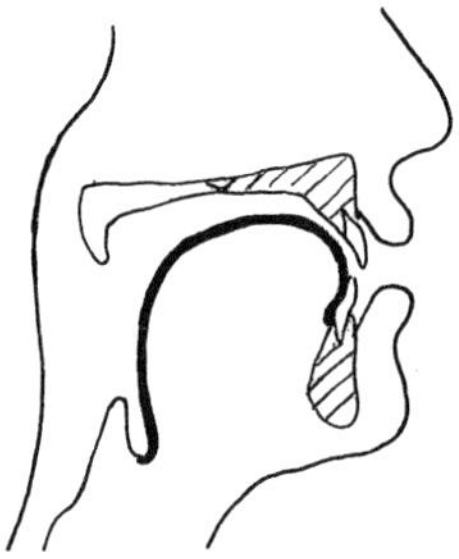

- Der vordere Rand der Zunge liegt leicht vorgewölbt innen an den *unteren Schneidezähnen*. Die Seitenränder der Zunge liegen an den oberen Zähnen. Diese Bildungsweise wird durch die Lautverbindung mit dem vorderen Ch trainiert (Milchsuppe, milchsüchtig …).

In welche Richtung will Ihre Zunge beim S? Arbeiten Sie an der Version, die Ihnen leichter fällt!

Achtung! Die Zungenspitze muss sich in jedem Fall mittig befinden, sie soll nicht seitlich ausweichen!

Wie wird das S gebildet? Das Gaumensegel ist angehoben, die Luft kann nicht in die Nase entweichen. Sie strömt über die Oberseite der Zunge. Das S ist ein Enge- oder Reibelaut.

Wie ist der Körperanschluss? Nach Middendorf wird das S besonders etwa vier Zentimeter unterhalb des Bauchnabels empfunden (Middendorf 1990, S. 69). Überprüfen Sie, ob es bei Ihnen ähnlich ist oder anders.

Variationen über S

Erstens: Stellen Sie sich vor, Sie würden einen Schwertkampf ausführen. Gehen Sie mit dem Körper in eine Kampfposition. Ziehen Sie mit Ihren Armen, als wären es zwei Schwerter, mit kurzen kräftigen Ausatmern auf stimmlosem »sst« Linien durch die Luft, mal von links nach rechts, mal von rechts nach links. Wechseln Sie das Tempo. Achten Sie auf ein kräftiges T am Ende, damit das Zwerchfell gut abspannen kann.

Zweitens: Legen Sie die Zungenspitze an den kleinen Finger, und versuchen Sie, mit der Zunge den Finger wegzuschieben – der hält allerdings dagegen. Dann bringen Sie die Zunge in die S-Position. Formen Sie nun ein sehr leises, stimmloses S und ziehen Sie mit den Fingern einen vorgestellten Kirschstängel aus dem Mund. Am Ende lassen Sie ihn los: »sssst«.

Drittens: Stellen Sie sich vor, um Sie herum schwirrt eine kleine Wespe, schauen Sie ihr zu, wie sie durch die Gegend fliegt, und tönen Sie dazu ein stimmhaftes »sssss…t«. Wiederholen Sie dies einige Male, lassen Sie dabei die Stimme mal hoch, mal tief wandern.

Vorübungen zu den Stationen D und E
D: dadada – sasasa (hier ist das S stimmhaft).
E: àssa assa assa – assa ássa assa – assa assa ássa … (das S ist hierbei stimmlos). Bitte immer mit einem Körperimpuls auf dem Akzent! Achtung: Nicht den Kopf vorstrecken, wenn Sie eine Silbe betonen!

Analysten

Wolkenkratzer sind die Kästen,
wo, geschützt von Starjuristen,
stolz die Analysten nisten.
Eingeschweißt in weiße Westen
halten uns die Analysten
mit der schwarzen Kunst zum Besten.

Was blieb von den Börsenfesten?
Wer sucht in den Pleitewüsten
heut noch nach Vermögensresten?
Die Verluste, die verhassten,
und die Chancen, die verpassten,
danken wir den Analysten.

Sind's Fantasten, die sich brüsten,
dass sie stets am besten wüssten,
wo die Kurse stehen müssten?
Nein, Finanzopportunisten!
Optimisten, Pessimisten –
stets kassier' n die Analysten.

Währ'nd sich Analysten mästen,
müssen Opfer von Verlusten
für den Rest des Lebens fasten.
Irrgeführt von Analysten
werden größte Pazifisten
noch zu Bestien und Sadisten,

die, erfüllt von Rachgelüsten,
danach trachten, Analysten
in den größten Bankpalästen
samt Prognosen auszumisten!
Ach, wenn doch die Analysten
einmal selber zahlen müssten!

Freiherr von Kösel

Pompesel ist eine Wasser- beziehungsweise Sumpfpflanze aus der Gattung der Rohrkolbengewächse

Freiherr von Kösel
trank einen Mosel
auf seinen Diesel,

da schoss sein Diesel
in die Pompesel
beim See von Süsel.

»Mensch, hab ich Dusel«,
rief Herr von Kösel
in seinem Diesel,

»ohne Pompesel
säße ich Esel
im See von Süsel!«

Und Herr von Kösel
trank einen Mosel
auf die Pompesel.

Sachverhalt

Als die Soldaten ihren Sold hatten,
stolperten sie über Soldaten,
die ihren Colt hatten,

sodass die Soldaten,
die ihren Colt hatten,
bald auch den Sold hatten,

was die Soldaten,
die ihren Sold hatten,
natürlich nicht gewollt hatten.

Was wäre, wenn

Na, wer fräß'
wohl das Gras
auf der Wies,
fräß' das Gras
auf der Wies
nicht der Has?

Worauf säß'
wohl der Has
auf der Wies,
wenn der Has
sein Gesäß
mal vergäß'?

Wär's nicht krass,
wenn der Has
durch's Gebläs'
im Gcsäß
all sein Gas
mal entließ?

Röch' das Gras
dann nach Käs
oder Aas?
Hätt' der Has
an dem Fraß
dann noch Spaß?

Der Wilddieb

Ein Wilddieb sattelte sein Pferd,
der musste ganz besessen sein:
Erst saß er auf, dann saß er ab,
dann saß er an, nun sitzt er ein.

REIBUNG – DER REIBELAUT SCH

Aussprácheregeln und Besonderheiten

Das Sch ist stimmlos. Es gibt keinen deutschen stimmhaften Laut hierzu. Das wäre dann ein französischer Laut, zum Beispiel: Jalousie, Genie, Dschungel, Jargon, Djerba … Dieser Laut wird gebildet wie das stimmlose Sch, nur stimmhaft. Sp und St werden im Inlaut und Auslaut mit »S« ausgesprochen: Fasten, Kiste, Küste, Kasten, haspeln, Kasper, lispeln, Wespe …, Mist, Frust, Last, Pest, Fest … Im Anlaut und nach Vorsilben wird S mit Sch gebildet. Sturm, Stelle, stehlen, Sperre, Sprache, Sprung …; Ansturm, Endspurt, unsportlich, entspannt, versprechen, Umstellung, Anstellung, entstellen, bestellen, Gestell, zerstampfen … Besonderheiten: Liegt der Ursprung des Wortes in einer anderen Sprache, wird auch zu Wortbeginn ein S gesprochen. Beispiele: Stiel, aber Stil (aus dem Englischen style), (der Vogel) Star, aber der berühmte Star! Auch Wörter wie Stakkato, Spleen, Stereo, Stilett sollten (vgl. u. a. Balser-Eberle 2002, S. 84) mit S gesprochen werden. Worte, die aus dem Lateinischen stammen, ebenfalls: Respekt, Aspekt, Destillieren …

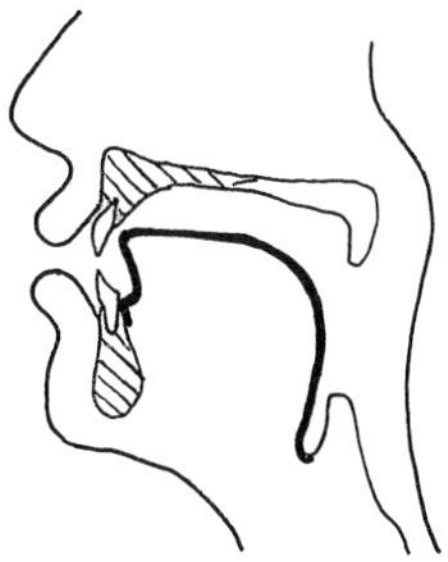

Wo wird das Sch gebildet? Der Mund ist geöffnet, die Lippen leicht vorgestülpt. Der Zungenrand ist vorne frei schwebend in Richtung obere Schneidezähne beziehungsweise zum Zahndamm hin, an den Seiten liegt er an den oberen Backenzähnen an. So entsteht eine Rille. Ist sie zu weit oben, entsteht ein Pfeifgeräusch.

Achtung! Die Zungenspitze muss sich auch hier in der Mitte befinden, sie soll nicht seitlich ausweichen!

Wie wird das Sch gebildet? Das Gaumensegel ist angehoben, die Luft kann nicht in die Nase entweichen. Sie strömt durch die Rille der Zunge. Das Sch ist ein stimmloser Enge- oder Reibelaut.

Wie ist der Körperanschluss? Nach Middendorf wird das Sch besonders etwa vier Zentimeter unterhalb des Bauchnabels empfunden. Die Muskulatur kontrahiert, das Sch fördert damit die Ausbildung des Körperzentrums. Auch im

Bereich des zwölften Brustwirbels im Rücken spürt man die Kontraktion (Middendorf 1990, S. 29). Überprüfen Sie, ob es bei Ihnen ähnlich ist.

Variationen zu Sch

Erstens: Stellen Sie sich vor, Sie würden einen Boxkampf ausführen. Gehen Sie mit dem Körper in eine Kampfposition. Mit kurzen, kräftigen Ausatmern auf stimmlosem »scht« boxen Sie auf einen Punchingball, mal mit der rechten, mal mit der linken Faust. Wechseln Sie das Tempo. Achten Sie auf ein kräftiges T am Ende, damit das Zwerchfell gut abspannen kann.

Zweitens: Kauen Sie vorsichtig auf den Zungenrändern und legen Sie die Zunge dann in die Sch-Position. Den rechten Zeigefinger legen Sie locker an die Unterlippe. Stülpen Sie die Lippen ein wenig vor und formen Sie nun ein sehr leises, feines Sch und stellen Sie sich dabei vor, die Luft entweiche durch einen Strohhalm – das ist Ihr Finger. Am Ende lösen Sie das mit einem T auf: »sch …t«.

Drittens: Stemmen Sie die Fäuste in Ihre Hüften. Stellen Sie sich vor, Sie bestaunen ein Tennismatch und neben Ihnen wird geredet. Schimpfen Sie mit Ihren Nachbarn: »Pscht!« Spüren Sie die Bewegung in der Seite?

Vorübungen zu den Stationen D und E
D: dadada – Scht! Scht! Scht!
dadadada – Sch …t! Halten Sie das »Sch …« so lange, wie die Silben vorher gebraucht haben, Zungenposition dabei wahrnehmen und gegebenenfalls korrigieren!
E: Gehen Sie leicht in die Hocke. Werfen Sie einem vorgestellten Partner eine Frisbeescheibe zu. Wechseln Sie dabei ab, mal mit der rechten, mal mit der linken Hand und sagen Sie kurz und schnell und jedes Mal mit einem kräftigen Ausatmer: scht-sst-scht-sst-schp-ssp-schp-ssp …! (1 Minute)

Der Barkeeper

Noch einen Wunsch, noch einen Punsch?
Für jeden Wunsch von Mensch zu Mensch
stoß an mit Punsch – von Mensch zu Mensch!
Ein Punsch zum Brunch, ein Punsch zum Lunch,
ein Litschi-Punsch, ein Punsch-Orange,
ein Punsch mit Kirsch, ein Zwetschgenpunsch!
Ich pantsch und mantsch den Punsch nach Wunsch!

Noch einen Wunsch, noch einen Punsch?
Ein deutscher Punsch ist niemals falsch,
ein echter Kutscher-Punsch mit Kölsch!
Ein Punsch zum Brunch, ein Punsch zum Lunch,
ein Litschi-Punsch, ein Punsch-Orange,
ein Punsch mit Kirsch, ein Zwetschgenpunsch!
Ich pantsch und mantsch den Punsch nach Wunsch!

Noch einen Wunsch, noch einen Punsch?
Kriegst du mal Knatsch mit deiner Olsch,
dann – zwitscher noch'n Punsch mit Kölsch!
Ein Punsch zum Brunch, ein Punsch zum Lunch,
ein Litschi-Punsch, ein Punsch-Orange,
ein Punsch mit Kirsch, ein Zwetschgenpunsch!
Ich pantsch und mantsch den Punsch nach Wunsch!

Einstellungssache

Bloß nicht so anstellen!

Anstelle
sich bei Tankstellen
um eine Anstellung
anzustellen,

kann man sich krank stellen,
vor eine Bank stellen
und mal was Anständiges
anstellen.

Gerichtsurteil

Wenn der Bestatter
die unstatthafte Bestuhlung
bei dem Bestuhler
abbestellt,

so kann der Bestatter
von dem Bestuhler
wegen Abbestellung
der beanstandeten Bestuhlung

statt einer Ausstattung
mit statthafter Bestuhlung
auch die Bestattung
des Bestuhlers verlangen.

Kleiner Page

Prunkkalesche
mit Bagage,
für Natascha
springt der Page.
»Nur Courage,
kleiner Page!«

Kleiner Page
trägt die Tasche
zur Etage
für Natascha.
»Nur Courage,
kleiner Page!«

Kleiner Page
neckt die Fesche
mit Courage
unterm Tische.
»Nur Courage,
kleiner Page!«

Kleiner Page
zwickt die Fesche
durch Corsage,
Strumpf und Wäsche.
»Nur Courage,
kleiner Page!«

Kleiner Page
lockt die Fesche
zur Massage
in die Dusche.
»Nur Courage,
kleiner Page!«

Kleiner Page
stürmt die Bresche,
Liebesrage
packt Natascha.
»Komm, mein Page,
sei mein Pascha!«

ROLLE VORWÄRTS UND RÜCKWÄRTS – VORDERES UND HINTERES CH UND DAS J

Ausspracheregeln und Besonderheiten

Das Ch hat zwei verschiedene Bildungsweisen, abhängig von dem Laut, der vorangeht. Wir unterscheiden das vordere Ch (der Ich-Laut) und das hintere Ch (der Ach-Laut). In der Schriftsprache gibt es keinen Unterschied. Nach den dunklen Vokalen A, O, U und AU wird grundsätzlich immer das hintere Ch gebildet, in allen anderen Fällen das vordere Ch!
Beispiele hinteres Ch: acht, lachen, Koch, doch, Sucht, Flucht, fluchen, auch, Bauch …
Beispiele vorderes Ch: Gedicht, Pflicht, schlecht, recht, Specht, leicht, scheuchen… Mädchen, Veilchen, Lerche, Storch, durch, Furcht …
Besonderheit: Die Lautverbindung »chs« wird wie »x« gesprochen, wenn das S im Wortstamm enthalten ist und in allen Formen auftaucht: Wachs, sechs, Luchs, Lachs, Dachs, Fuchs, Ochse, Echse, Achse, Deichsel, wachsen (du wächst, wächsern), aber: Du wachst auf! (von wachen).
Wichtig: Der Nächste bitte! (mit ch, Wortstamm ist: nach, also ohne S!). Das Höchste! (mit »ch«, Wortstamm ist: hoch, also ohne S!).
Ch im Wortanlaut
wird mit vorderem Ch gesprochen, besonders bei Wörtern griechischer Herkunft, meist vor hellen Vokalen: China, Chemie, Chinin, Chirurg, Chemotherapie …
wird zu K: Charakter, Chor, Chlor …
wird zu tsch: Champion, Chinchilla …

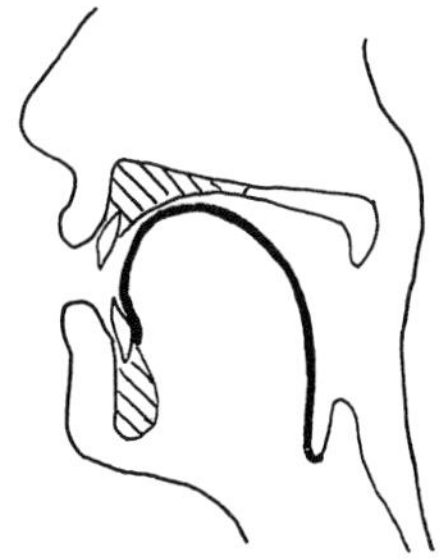

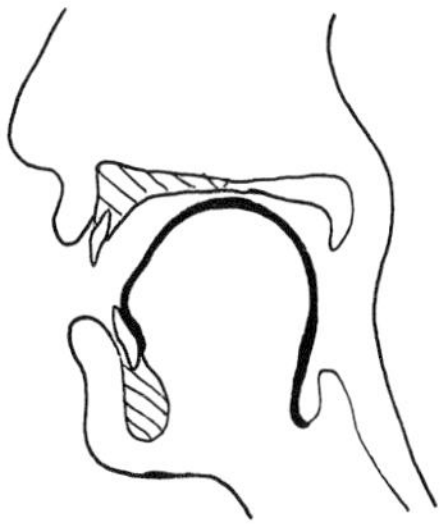

Wo wird das vordere Ch gebildet? Der Mund ist geöffnet, die Lippen locker, der Kieferöffnungswinkel größer als bei S und Sch. Der vordere Rand der Zunge liegt relativ stark vorgewölbt innen an den unteren Schneidezähnen. Die Zunge macht sozusagen eine Rolle vorwärts und wölbt sich insgesamt vor (pleueln). Die Seitenränder der Zunge liegen an den oberen Zähnen.

Achtung! Der Kieferöffnungswinkel darf nicht zu eng sein, dann klingt das Ch nämlich fast wie ein Sch.

Wo wird das hintere Ch gebildet? Der vordere Teil der Zunge hält den Kontakt zu den unteren Schneidezähnen und rollt sich nach hinten hin ab, sodass der Zungenrücken im hinteren Bereich bis zum weichen Gaumen hin hochgewölbt wird (fast wie beim K).

Achtung! Wenn die Zunge zu locker ist, entsteht ein unschönes Schnarchgeräusch.

Wie werden die beiden Ch-Laute gebildet? Das Gaumensegel ist in beiden Fällen angehoben, die Luft kann nicht in die Nase entweichen. Sie strömt über die Oberseite der Zunge und reibt sich an den Engpässen. Beide Chs sind stimmlose Enge- oder Reibelaute.
Nehmen wir beim vorderen Ch die Stimme hinzu, entsteht das J.

Wie ist der Körperanschluss? Nach Middendorf wird das vordere Ch besonders im Kopf bis in die Schultern hin empfunden, das hintere Ch wie eine Verbindung zwischen Kehle und Beckenboden (Middendorf 1990, S. 71). Überprüfen Sie, ob es bei Ihnen ähnlich ist oder anders.

Variationen über Ch

Pleueln Sie Ihre Zunge vor: Legen Sie den Zungenrand an die unteren Schneidezähne mit der Spitze nach unten, und wölben Sie die Zunge vor, als ob sie eine Rolle vorwärts machen sollte. Es entsteht das vordere Ch.
Dann lassen Sie Ihre Zunge langsam nach hinten abrollen – der Zungenrücken rollt sich am Gaumen entlang nach hinten hin zurück. Halten Sie den Zungenrücken ungefähr dort fest, wo Sie auch K und G bilden. Das hintere Ch klingt etwa wie ein brodelnder Espresso oder wie das gefährliche Fauchen einer Katze. Rollen Sie die Zunge langsam vor und zurück, stellen Sie sich dabei vor, Ihre Zunge sei ein Turner am Reck: Rolle vor, Rolle zurück!

Vorübungen zu den Stationen D und E
D: Werfen Sie einem vorgestellten Partner Bälle zu und sagen Sie jedes Mal mit einem kräftigen Ausatmer: Scht-Cht-Scht-Cht-Scht-Cht! (1 Minute).
Dann verbrauchen Sie jeweils einen Ausatmer pro Laut: F-S-Sch-Ch und am Ende ein langes hinteres »Ch«! Und das tun Sie bitte auf einem Bein stehend!
E: dádada – jájaja.

Die Arche Noah

Noah rief, und alle Tierchen
horchten mit gespitzten Öhrchen,
und schon krochen sie als Pärchen
durch die engen Arche-Türchen:
Löwenpärchen, Möwenpärchen
Mäusepärchen, Läusepärchen,
Ziegenpärchen, Fliegenpärchen,
Lerchenpärchen, Storchenpärchen.

Als die Flut stieg, schwamm die Arche,
Wasser drang durch keine Furche.
Doch bald klagten alle Pärchen:
»Hör jetzt auf uns einzupferchen« -
Löwenpärchen, Möwenpärchen,
Mäusepärchen, Läusepärchen,
Ziegenpärchen, Fliegenpärchen,
Lerchenpärchen, Storchenpärchen.

Noah sprach: »Macht unsre Arche
durch Gesang vom Pferch zur Kirche!«.
Und bald sangen alle Tierchen
für den Herrn mit ihrem Herrchen –
Löwenpärchen, Möwenpärchen,
Mäusepärchen, Läusepärchen,
Ziegenpärchen, Fliegenpärchen,
Lerchenpärchen, Storchenpärchen.

Als die Flut fiel, fand die Arche
Halt in einer Bergesfurche,
und schon sprangen alle Tierchen
wohlbehalten durch die Türchen –
Löwenpärchen, Möwenpärchen,
Mäusepärchen, Läusepärchen,
Ziegenpärchen, Fliegenpärchen,
Lerchenpärchen, Storchenpärchen.

und ein neugeborenes Bärchen!

Fundstücke

Kröch' ich durch die Sprüchekwüche
mancher echten Dichterpsyche,
fänd' ich, fürcht' ich, nichts als Flüche.

Rachengeburt

Drei Sachen
erwachen
im menschlichen Rachen:

Die Sprache,
das seufzende Ach
und das Lachen.

Fellachen

Wenn schwache Fellachen
mit ächzenden Knochen
als Knechte malochen
im Schacht,

von reichen Fellachen,
die frech die Gebrechen
der Schwachen verlachen,
bewacht,

dann brechen die schwachen
Fellachen den Wachen
aus Rache die Knochen
bei Nacht.

Rechtsstaat

Linkes Recht
ist schlechtes Recht.

Rechtes Recht
ist schlechtes Recht.

Schlichtes Recht
ist echtes Recht.

Sichtwechsel

Je länger, je lieber!
Ein tolles Kaliber!

Je länger, je lieber?
Ein elender Schieber!

Mittsommernacht

Man sollt' nicht drüber reden:
Mittsommernachts in Schweden
nimmt jeder Schwede jede
und jede Schwedin jeden.

TOTAL LOCKER – DAS R

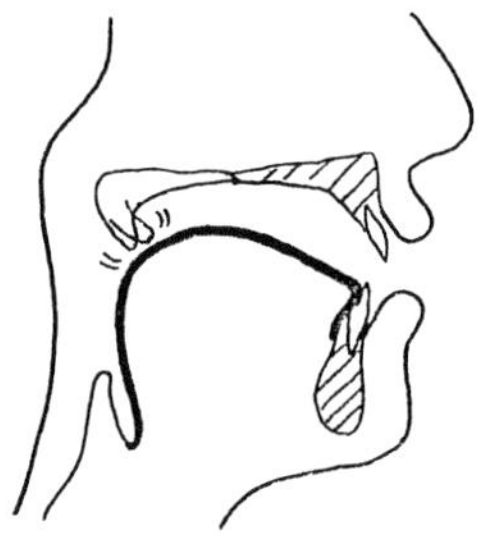

Ausspracheregeln und Besonderheiten

Das R hat verschiedene Bildungsweisen: das bereits erwähnte Zungenspitzen-R, das stimmhafte »Zäpfchen- oder Zungenrücken-R« und das stimmlose hintere Reibe-R. Als Letztes gibt es noch das sogenannte vokalisierte R (vgl. Fiukowski 2004, S. 228–234). Grundsätzlich gilt: Das R wird gesprochen als Zungenrücken-R oder als Reibe-R, das heißt, es soll nicht vokalisiert werden …

- im Anlaut: Rat, Rot, Runde, Riese, Regen, Rüde, Reisig, Raum, Rauch …
- im Anlaut nach Konsonant: Braten, Prag, Krug, Gras, Krieg, Frieden, drei, Trommel, Fressen, Frau, Schraube, Streben …
- bei Doppelschreibweise: Herr, irr, wirr, Narr, Geschirr …
- im Inlaut zu Silbenbeginn: hören, stören, Haare, Bahre, Leere, Heere, Tiere, Biere …
- im Inlaut nach kurzem Vokal: Zwerg, Berg, Hirn, Stirn, Horn, vorn, Turm, Sturm, Wurm …

Achtung! Es gibt viele Ausnahmen, diese finden Sie bei den einzelnen Vokalen!

Im Auslaut (Tier, Tor …) wird das R vokalisiert, das heißt, es wird nicht gebildet, stattdessen spricht man ein A. Allerdings geht der Zungenrücken dabei hoch in Richtung Gaumensegel, so als ob er ein R bilden würde. Besonders wenn das R auf den Vokal A folgt, wie: Wunderbar, Paar, Haar, sonnenklar, Strandbasar, Bar …

Wo wird das »Zäpfchen-R« gebildet? Der vordere Teil der Zunge hält den Kontakt zu den unteren Schneidezähnen und rollt sich nach hinten hin ab, sodass der Zungenrücken zum weichen Gaumen bis zum Zäpfchen hin hochgewölbt wird – fast wie beim hinteren Ch.

Wie wird das R gebildet? Das Gaumensegel ist angehoben, die Luft reibt sich an Zungenrücken und Zäpfchen. Bei größtmöglicher Lockerheit von Zunge und Gaumensegel wird das Zäpfchen in Schwingung versetzt.

Wie ist der Körperanschluss? Bei Kindern von etwa einem halben bis einem Jahr kann man beobachten, dass sie von sich aus das R mit oft großem Vergnügen stundenlang »rollen«. Nach innen hin ist das R ein Lustlaut (das Schnurren der Katze), nach außen hin aggressiv (das Knurren des Hundes).

Nach Middendorf versetzt das gerollte R besonders den Kehlraum und den Beckenboden in Vibration (Middendorf 1990, S. 71). Überprüfen Sie, ob es bei Ihnen ähnlich ist oder anders, falls Sie das R schon rollen können.

Variationen über R

Erstens: Legen Sie den Zungenrand an die unteren Schneidezähne mit der Spitze nach unten, und wölben Sie den Zungenrücken zum Gaumen hoch, wie beim hinteren Ch. Halten Sie Ihre Zunge in dieser Position und spielen Sie nun einen gefährlichen Hund, knurren Sie! Achten Sie darauf, dass die Zungenspitze weiter in Kontakt mit den unteren Schneidezähnen bleibt. Der Nacken ist lang, damit nichts den Rachenraum beengt. Das Zäpfchen soll schließlich schwingen!

Zweitens: Gurgeln Sie morgens und abends beim Zähneputzen. Spüren Sie die Zungenbewegung.

Drittens: Sprechen Sie abwechselnd:
dadla dadla – draußen
dodlo dodlo – droben
dudlududlu – drunten
didlididli – drinnen
dedlededle – drehen
dadladadla – dreiunddreißig

Vorübungen zu den Stationen D und E
D: dadada – dadlada …, dadadada – dadladadla …
E: Schwenken Sie Ihre Hüften hin und her, nach rechts und links, mit: dadla-dadla, dodlo-dodlo, dudlu-dudlu, didli-didli, dedle-dedle

Warnung

Hüte dich beim Schein der Kerzen
stets vor gar zu derben Scherzen!
Scherze über kurze Schürzen
würden Herrenzirkel würzen,

aber zarte Mädchenherzen
mehr bestürzen als bezirzen.
Und wer würd' es schon verschmerzen,
sich's mit Herzen zu verscherzen?

Irrsinnslogik

Sind herrische Irre
irrere Irre
als störrische Irre,

störrische Irre
irrere Irre
als närrische Irre,

und närrische Irre
irrere Irre
als mürrische Irre,

sind herrische Irre,
wenn ich nicht irre, irrere Irre,
als mürrische Irre.

Rotrauds Mundraub

Ruth droht Rotraud,
die auf Brot kaut,

dass sie Rotraud
auf die Pfot' haut,

falls ihr Rotraud
wieder Brot klaut

und rät Rotraud:
»Kau doch Rotkraut!«

Der Tapas-Star

Beim ersten Bissen war schon klar:
Der Küchenchef der Tapas-Bar
war nicht grad ein Dreisternestar.

Er legte mit Palaver dar,
sein Calamar sei gut und gar –
obwohl der ein Kadaver war.

Von seinem rabenschwarzen Haar
und seinem Atemwegskatarrh
fand sich manch Spur im Loup de Mar.

Er machte aus Chow-Chow »Tartar«,
servierte Krähe als »Canard«
und nannte Froschlaich »Kaviar«.

Lebensrhythmus

Sind Uhren unsre Herren,
sind wir die sturen Irren.

Nie soll der Takt der Uhren
dem Herzschlag kommandieren.

Dem Herzschlag schwör die Treue
und folg ihm stets aufs Neue.

STIMMSAUNA – DAS H

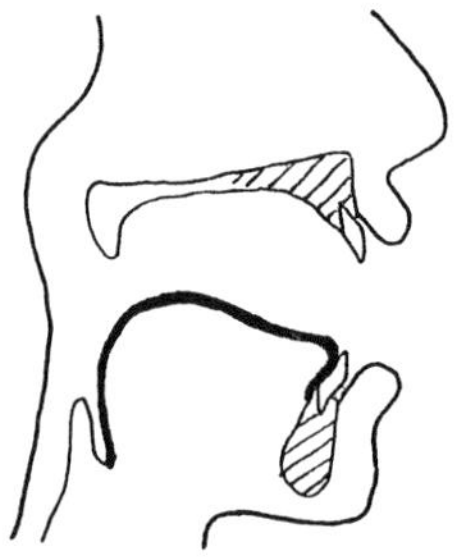

Ausspracheregeln und Besonderheiten

Das H hat verschiedene Funktionen in der Schriftsprache. Zum einen ist es ein eigenständiger stimmloser Hauchlaut. Das H wird gesprochen im Anlaut eines Wortes, nach Vorsilben und vor allen Vokalen, die keine Endung sind: Hand, Hund, Hilfe, Held, Hose, enthalten, erheben, anhören, Inhalt, verhökern, unhaltbar, Alkohol, Ahorn, Uhu …
Zum anderen hat es oft »grafisch-ornamentale Bedeutung« (Fiukowski 2004, S. 350), ist dann ein Dehnungszeichen für den vorhergehenden Vokal und wird nicht gesprochen: Sahne, Sohn, Wahn, Bahn, Mohn, mehr, Lehrer, Fahrer, drohen, ziehen, fliehen, ziehen, wiehern, drehen, gehen, stehen, wehen, Ruhe, ruhig …

Wo wird das H gebildet? Die Zungenspitze hat leichten Kontakt mit den unteren Schneidezähnen, der Zungenrücken liegt möglichst locker im Mundboden. Für den folgenden Vokal wird die Zunge allerdings bereits die entsprechende Position einnehmen (vergleichen Sie: Haaa und Hiii).

Achtung! Wenn der Zungenrücken zu weit oben ist, entsteht das hintere Ch.

Wie wird das H gebildet? Das Gaumensegel ist angehoben, die Luft reibt sich an den Stimmbändern und im Mund-Rachen-Raum. Wichtig ist, dass kein Druck entseht.

Wie ist der Körperanschluss? Nach Middendorf unterstützt das H die darauffolgenden Vokale (Middendorf 1990, S. 71).

Variationen über H

Hauchen Sie in Ihre hohle Hand. Genießen Sie die so entstehende Weite im Rachen. Gegebenenfalls gähnen Sie.

Vorübungen zu den Stationen D und E
D: dadada – hamana …, dadadada – hamanamahamanama …
E: dádada dádada dádada – hámana hámana hámana
dadáda dadáda dadáda – mahána mahána mahána
dadadá dadadá dadadá – manahá manahá manahá

Heldentum

Holger sagt, er sei ein Held,
dem sich jede Frau enthüllt.
Helga will von Holger Geld,
ehe ihre Hülle fällt.

Als nun Holger Helga schilt:
»Man entpellt sich nicht für Geld!«,
setzt ihn Helga schnell ins Bild:
»Bleib ein Held, der sich enthält!«

Bodenhaftung

Heilige, die darauf hofften,
Engeln sich ans Hemd zu heften,
blieben oft an heißen Hüften
oder hohen Hacken haften.

Stoßseufzer

Wo die Hundehalter laufen,
häufen sich die Hundehaufen.
Wär’n die Hundefuttergeber
doch auch Hundehaufenheber!

Herrscherart

Wenn Herrscher sich die Herrschaft neiden,
dann müssen Heere höllisch leiden.
Eh Herrscher ihre Hintern heben,
verheizen sie manch Heldenleben.

Ins Gästebuch

Gehörn Sie zu den hohen Herr'n,
die gerne Lobgehudel hör'n,
dann sollten die, die für Sie büßten,
mal Ihrem Hochmut etwas husten.

Der Dandy

Mehr Knopf und Zwirn
als Kopf und Hirn,

mehr Taft und Schlips
als Kraft und Grips,

mehr Drumherum
als Mumm.

KOORDINATION – DIE LAUTVERBINDUNGEN X, Z, QU UND PF

Ausspracheregeln und Besonderheiten

Es gibt einige Laute in der deutschen Sprache, die bilden eine innige Verbindung. Betrifft dies die Verbindung zwischen Spreng- und Reibelauten, so nennt man sie Affrikaten.
X – das X wird wie »ks« ausgesprochen,
Z – das Z wird wie »ts« ausgesprochen,
Qu – das Qu wird wie »kw« gebildet.
Pf – beim Pf sollte man beide Laute artikulieren, nicht nur das F.

Bei diesen Lautverbindungen sind wir nun fast schon beim *Beatboxen* angelangt! Beatboxen sind ursprünglich Schlagzeugcomputer. Beim menschlichen (human) Beatboxen wurden ungefähr seit Anfang der 1980er-Jahre von Menschen im Mund- und Rachenraum Geräusche erzeugt, die zum Teil wie ein Schlagzeug klingen und auch eher die Funktion von Rhythmusinstrumenten haben. Dieser Stil entstand aus der Hip-Hop-Szene, zum Teil aus dem einfachen Grund, dass kein Geld für Schlagzeugcomputer vorhanden war. Manche Künstler entwickeln hier eine ganz erstaunliche Virtuosität, was die Geräuscherzeugung betrifft. Schauen Sie sich zur Anregung Beatboxer im Internet an, zum Beispiel Felix Zenger. Oder besuchen Sie »Beat Box Battle TV«.

> »You need lipps, you need a throat, you need a tongue, and that's something you all have!«, sagt der Beatbox-Master Georgeous. Du brauchst Lippen, eine Kehle und eine Zunge – und jeder hat's!

www.youtube.com/user/c4mc4st, www.beatboxbattle.com

Nun können Sie alleine oder mit Ihrer Gruppe improvisieren. Sie kennen jetzt alle Konsonanten der deutschen Sprache. Variieren Sie, werden Sie kreativ, und achten Sie dabei – nebenbei – auf die Präzision der Lautbildung!

Vorübungen zu den Stationen D und E

D: Experimentieren Sie mit den folgenden Kombinationen:

- da-da-ks, da-da-ks, da-da-ks … immer schneller werden! Wichtig ist, dass bei jedem ks alle Luft entweicht und die Einatmung reflektorisch folgt.
- da-da-da-ks, da-da-da-ks, da-da-da-ks, da-da-da-da-da-da … ks … Texte mit X einbauen!
- da-da-tz, da-da-tz … da-da-da-tz … Texte mit Z einbauen!
- da-da-kw, da-da-kw … da-da-da-kw … Texte mit Qu einbauen!
- da-da-pf … da-da-da-pf …Texte mit Pf einbauen!

E: Experimentieren Sie mit Rhythmen:

- k-s-k-k-s-k-s-k-k-s-k-s-k-k-s – X!
- t-s-t-t-s-t-s-t-t-s-t-s-t-t-s – Z!
- p-f-p-p-f-p-f-p-p-f-p-f-p-p-f – PF!
- k-f-k-k-f- k-f-k-k-f- k-f-k-k-f – QU!

Kleinanzeige

TARZAN
Suche Zahnarzt, Wurzelfachmann,
notfalls Tierarzt als Ersatzmann.
Welcher Arzt zieht Tarzans Eckzahn
und passt Tarzan Zahnersatz an?

Ersatzspieler

Wer mit dem Balle knolzt,
mit lautem Knalle bolzt
und nicht vorm Zanke flieht,
wenn er die Flanke zieht,
kommt als Vertreter mit,
der den Elfmeter tritt.

Die Ballade von den beiden Schwestern

Zwei Schwestern hatten's häufig mit den Mandeln
und mit den Nieren und dem großen Zeh,
so ließen sie sich oft vom Arzt behandeln,
und der verschrieb mal Pille, mal Dragee:
Phenazetin, Chinin, Aminoglyzeride,
Methamizol, Calziumpanthothenat,
Oxytetracyclin-Hydrochloride,
da fehlte nur ein frischer Kopfsalat.

Amalie schluckte stets, was er verschrieben,
mal Pille, mal Dragee – und sie verschied.
Nun, in der Erde ist sie heil geblieben,
Chemie schlägt Maden auf den Appetit:
Phenazetin, Chinin, Aminoglyzeride,
Methamizol, Calziumpanthothenat,
Oxytetracyclin-Hydrochloride,
da war's Aroma schon ein wenig fad.

Helene wurd' heut hundert Jahr' in Ehren,
der Arzt erschien, als wäre er der Star.
Da schenkte sie ihm hundert Pillenröhren,
von denen keine angebrochen war:
Phenazetin, Chinin, Aminoglyzeride,
Methamizol, Calziumpanthothenat,
Oxytetracyclin-Hydrochloride –
und dankte ihm für seinen guten Rat.

Das Kitz

Der Spitz von Frau von Zitzewitz
stieß auf ein klitzekleines Kitz.
Die Gräfin nahm das Kitz mit Witz
an ihre Brust mit spitzer Zitz'

und schenkte ihm den Waldbesitz.
Ein stolzer Platzhirsch wurd' das Kitz,
der Jäger zieht vor ihm die Mütz'
und spricht zum Spitz ein scharfes »Sitz«.

Staatssicherheit

Laut Akte »Hansi Schwitzel«
schreibt der verdeckte Spitzel
gezeichnet Ignaz Gnitzel
an V-Mann Fritz Scharmützel:
»Genosse Hansi Schwitzel
küsst sich mit Putzfrau Brützel.«

Laut Akte »Fritz Scharmützel«
schreibt der verdeckte Spitzel
gezeichnet Hansi Schwitzel
an V-Mann Ignaz Gnitzel:
»Genosse Fritz Scharmützel
belästigt Britta Brützel.«

Laut Akte »Ignaz Gnitzel«
schreibt der verdeckte Spitzel
gezeichnet Fritz Scharmützel
an V-Mann Hansi Schwitzel:
»Genosse Ignaz Gnitzel
verkehrt mit Putzfrau Brützel.«

Geführt vom Kader Schlitzel,
Kontrollorgan für Spitzel,
ermittelt Jutta Pfützel,
Deckname »Britta Brützel«,
längst gegen Spitzel Schwitzel,
Scharmützel sowie Gnitzel.

Der Sachse

Der schlauste der Füchse,
der flinkste der Luchse,
der frechste der Dachse
ist sicher der Sachse.

Und kannst du nicht tricksen,
dann gleichst du dem Ochsen,
dann bist du dem Sachsen
kein bisschen gewachsen.

Nationalspieler

Und wenn ich für Simbabwe
die schönsten Tore köpf,
vom Schweiße nur so tropfe
und mich total erschöpf –

zu Haus hat meine Schnepfe
doch keinen Klops im Topf,
sie hat nur Pop im Kopfe,
und zupft an ihrem Zopf.

Schon fragt mich halb Simbabwe,
wenn ich ins Tüchlein schnupf,
wann ich mit meiner Schnepfe
denn mal ein Hühnchen rupf.

Parteienstreit

»Du Stimmfang-Freistilkämpfer!
Du Wählerhirn-Verdumpfer
und Stumpfsinn-Übertrumpfer!«

»Mensch, sei kein Nest-Beschimpfer!
Als Steuergeld-Vermampfer
fahr'n wir im selben Dampfer!«

Das Chorkonzert

Ob Quarte, Sexte, Terz und Quint,
Sopran und Alt sind notenblind.
Ob Terz, ob Quinte, Quart und Sext,
auch der Tenor klingt wie verhext.

Ob Quinte, Sexte, Terz und Quart,
der Bass verhunzt auch seinen Part.
Ob Sexte, Quinte, Quart und Terz,
der Chor singt falsch – doch das mit Herz!

Das Netzwerk

Wenn der Rudi den Bodo stützt,
weil ihm Bodo im Bauamt nützt
und der Bodo den Fidi stützt,
weil ihm Fidi im Stadtrat nützt,

und der Fidi den Büdi stützt,
weil ihm Büdi im Rechtsamt nützt
und der Büdi den Rudi stützt,
weil auch Rudi im Dampfbad schwitzt,

dann ist alles vernetzt,
ohne dass einer petzt,
dann ist alles geritzt,
ohne dass einer sitzt.

07
Training der Artikulation: Form und Vollendung – die Vokale

DIE VOKALE

Vokale funktionieren anders als Konsonanten. Vokale bilden eine »Form«, sie gestalten den Mund-Rachen-Raum, sind »Hohlraumgestaltung« (Fiukowski 2004, S. 69) und grundsätzlich stimmhaft. Kein muskulärer »Griff«, kein Hindernis, keine Reibung findet hier an irgendeiner Stelle im Mund-Rachen-Raum statt, nur Form, am besten vollendete, präzise Form, damit es optimal klingt.

Um Ihnen einen ersten Eindruck von diesen Lauten zu geben, stelle ich eine Einführung in die grundsätzliche Bildungsweise der Vokale voran und gehe auf Besonderheiten der einzelnen Laute dann im Einzelnen ein.

Es gibt helle und dunkle Vokale.
Helle Vokale sind E, I, Ä, Ö, Ü, Ei (Ae) und Eu (Äu).
Dunkle Vokale sind O, U und Au.
Das A kann beides sein, hell oder dunkel.

Wo und wie entstehen die Vokale? Die verschiedenen Vokale entstehen durch den Grad der Öffnung des Kiefers (Kieferöffnungswinkel) und eine Positionsveränderung von Zunge und Oberlippe. Die Zungenspitze ist bei allen Vokalen in Kontakt mit den unteren Schneidezähnen, damit sie den Kehlkopf nicht bedrückt und den Klangraum nicht verengt.

Achtung! Denken Sie bei der Arbeit an den Vokalen bitte daran, dass der Nacken immer angenehm gestreckt, die Wirbelsäule insgesamt aufgerichtet bleibt, also knicken Sie den Kopf nicht ab, während Sie die Vokale bilden!

A Beim **A** ist der Mund angenehm weit geöffnet, der Kieferöffnungswinkel ist also relativ groß. Die Zunge passt sich dem Mundboden an und bildet so eine kleine entspannte Kuhle, dabei ist die Zungenspitze in Kontakt mit den unteren Schneidezähnen.

O Für das **O** zieht man die Oberlippe vor, als ob Sie einen kleinen Elefantenrüssel bilden wollten, der Unterkiefer folgt, der Kieferöffnungswinkel verringert sich also, und das O entsteht fast wie von selbst. Dabei wölbt sich der Zungenrücken leicht zum Gaumensegel hin – aber auch das tut sie von selbst. Das O ist ein sogenannter Hinterzungenvokal, ebenso wie das U.

U

Für das **U** formt man die Oberlippe wie zu einem kleinen Kuss. Der Kieferöffnungswinkel verringert sich weiter – also vom A über das O zum U. Der Unterkiefer darf hierbei nicht nach vorne geschoben werden. Sie können, um ein Gefühl dafür zu bekommen, eine Hand locker auf das Kinn legen. Probieren Sie es absichtlich falsch, schieben Sie den Unterkiefer vor, anstatt mit der Oberlippe einen Kussmund zu bilden. Sie können dann vermutlich wahrnehmen, wie hinten im Nackenbereich alles gleich mit eng wird. Die Hauptarbeit bei O und U leistet also die Oberlippe.

I und E

Für die **Vorderzungenvokale I und E** lässt man Oberlippe und Unterkiefer relativ locker. Nun ist nämlich die Zunge der maßgebliche lautbildende Muskel. Bringen Sie die Zunge bitte in die Position für das vordere (stimmlose) Ch beziehungsweise das (stimmhafte) J. Anders als bei den beiden gleich gebildeten Konsonanten darf die Zunge für den Vokal I den Gaumen nicht berühren, sonst entstünde ja Reibung und es wäre ein Reibelaut. Wechseln Sie als Experiment zwischen I und J – es ist nur eine minimale Bewegung des vorderen Teils der Zunge, nur eine kleine Bewegung unterscheidet diese beiden Laute: I–J.

Lässt man dann vom I ausgehend die Spannung der Vorderzunge etwas nach (bei Beibehaltung des Zungenspitzenkontakts mit den unteren Schneidezähnen) und öffnet den Unterkiefer ein wenig, der Erdanziehungskraft folgend, erklingt schon bald das E. Und lässt man dann die Zunge noch lockerer und den Kiefer ebenfalls, so landet man – zurück beim A. Das A lässt sich übrigens nicht in die Differenzierung Vorderzungen- und Hinterzungenvokal einordnen (vgl. Fiukowski 2004, S. 79).

Wenn Sie die Vokalreihe AEIUO einige Male hintereinander bilden, so achten Sie bitte darauf, dass es eine leichte, angenehme fließende Bewegung des Unterkiefers wird. Sie werden bemerken, dass der Unterkiefer einen kleinen Kreis zieht, von A über E zum I und weiter über das U zum O.

Halten Sie sich aus Spaß dabei einmal die Nase zu … die Vokale sollten genauso klingen wie vorher. Wenn sie das nicht tun, so bilden Hinterzunge und Gaumensegel fast einen Verschluss (wie beim NG) und Ihre Stimme wird nasal klingen, weil die Nasenresonanz hinzukommt. Versuchen Sie mit den Übungen zur Rachenweite ein Gefühl für die Öffnung dieses Raumes zu bekommen, und diese gefühlte Weite dann auch auf die Vokalbildung zu übertragen.

Probieren Sie zum Beispiel über den Wechsel Gang-gong-gung-ging-geng den Mund-Rachen-Raum bewusst zu weiten. Stellen Sie sich bei jedem Vokal vor, Ihr Gaumen sei wie eine hohe Kirchenkuppel und der Klang nehme den Raum dort voll und ganz ein.

Es gibt neben den bisher betrachteten aber noch weitere Vokale. Man teilt sie insgesamt ein in drei Gruppen: ***Selbstlaute – Umlaute – Zwielaute***

- A, O, U, I und E sind sogenannte Selbstlaute.
- Ä, Ö und Ü sind Umlaute.
- Ei (Ai), Au und Eu (Äu) sind Zwielaute. (Zwie ist ein altdeutsches Wort für Zwei wie in: Zwiesprache, zwielichtig.)

Die Umlaute Ä, Ö und Ü

Umlaute: Die Umlaute Ä, Ö und Ü werden so genannt, weil sie mit den Lippen zwar das A, das O oder das U bilden, die Zunge aber in die Position der Vorderzungenvokale geht, also E und I (man denke an die alte Schreibweise: oe, ae, ue). Das heißt, der Laut wird *umgebildet*, ein *Um*laut ist entstanden. Wer auf diese Idee gekommen ist, war genial, oder? Alle Umlaute sind wie I und E Vorderzungenvokale, werden also auch über die Spannung der Vorderzunge gebildet.

Die Zwielaute Ei, Au und Eu

Zwielaute: Die letzte Gruppe der Vokale ist die der Zwielaute Ei (Ai), Au und Eu (Äu). Anders als bei den Umlauten, werden hier auch zwei Vokale gesprochen, allerdings nicht die, die geschrieben stehen! Bei Ei (Ai) spricht man Ae, Au klingt wie Ao, und Eu (Äu) spricht man Oe (bestenfalls für einen perfekten Klang sogar Oö). Es findet hierbei eine ziemlich schnelle Bewegung statt vom ersten, grundsätzlich kurz und offen gesprochenen Vokal zum zweiten geschlossenen Laut. Bei den Zwielauten ist der zweite Vokal maßgeblich für die Einsortierung in sogenannte helle (Vorderzungen-) und dunkle (Hinterzungen-)Vokale.

Eine weitere Möglichkeit der Einteilung ist die Eingruppierung in Monophthonge und Diphthonge. Die Umlaute Ä, Ö, und Ü bilden mit den Selbstlauten A, O, U, I, E die sogenannten Monophthonge (griech. Monos – allein, phthongos – Laut). Ei (Ai), Au und Eu (Äu) sind die Diphthonge (griech. dis – zweimal).

- Monophthonge sind Selbstlaute: A, O, U, I, E und die Umlaute: Ä, Ö, Ü.
- Diphthonge sind Zwielaute: Ei, Au, Eu.

Auf den ersten Blick gibt es die Monophthonge in verwirrender Weise, vor allem für Nichtdeutsche, grundsätzlich in verschiedenen Versionen:

- geschlossen oder offen,
- gespannt oder ungespannt,
- lang oder kurz.

Beschrieben werden damit verschiedene an der Lautbildung beteiligte Phänomene:

- Ist der Kieferöffnungswinkel eher geschlossen oder eher offen?
- Sind Zunge oder Oberlippe eher gespannt oder eher ungespannt?
- Klingt der Vokal lang (wie zum Beispiel in Sehne, Saal, Moos, Mut, mies) oder kurz (wie zum Beispiel in senden, Sand, Most, Mund, Mist)?

Glücklicherweise ist es nicht ganz so kompliziert, wie es auf der ersten Blick scheinen mag. In den meisten Fällen treffen diese drei Merkmale nämlich gleichzeitig zu. Es gibt nur wenige Ausnahmen, wie zum Beispiel: Lokomotive, Benediktiner. Hier sind die ersten Vokale (o/e) geschlossen und gespannt, aber kurz. Grundsätzlich geht es um eine Differenzierung, die man vor allem bei O und Ö und bei E und Ä gut hören kann: Ofen – offen, lösen – löschen, fehlen – Feld/fällt.

Das heißt, diese Differenzierung beschreibt *Zwischenstationen* zwischen den verschiedenen Vokalen.

Diese kleinen Variationen in der Lautbildung (geschlossen, gespannt, lang einerseits – offen, ungespannt, kurz andererseits) sind dem geschriebenen Vokal selbst nicht anzusehen. Das macht es für Nichtmuttersprachler oft schwer, einen deutschen Vokal korrekt auszusprechen. Hilfestellung bei der Identifizierung können nur die Laute geben, die dem Vokal folgen.

Ein Vokal wird üblicherweise geschlossen, gespannt und lang gesprochen

- wenn er ein zweites Mal da steht (Saal, Saat, Meer, Tee, Moos …),
- wenn auf das I ein E folgt (Sieb, Krieg und Frieden, sieben …),
- wenn auf einen Vokal das Dehnungszeichen H folgt (Sahne, Sohn, Ruhe, Floh, Reh, Lehrer …),
- wenn auf den Vokal nur ein Konsonant folgt (Bluse, Vase, Lesen).

Ein Vokal wird hingegen fast immer offen, ungespannt und kurz gesprochen wenn zwei Konsonanten folgen (Sand, Mord, Lust, mild, Tipp, Berg …)

Leider gibt es da ein paar Ausnahmen. Die wichtigsten finden Sie bei den einzelnen Vokalen. Vermutlich werden einige für Sie ganz selbstverständlich und normal klingen, andere nicht. Das kann daran liegen, dass in Ihrem speziellen Dialekt oder in Ihrer Umgebung dieses Wort anders ausgesprochen wird, oder daran, dass diese Worte im Allgemeinen eher nachlässig artikuliert werden. Letzteres betrifft vor allem Wörter mit dem Konsonanten R. Dieser scheint aus der deutschen Alltagssprache fast zu verschwinden – was schade ist, denn er bietet uns viele Möglichkeiten, etwas auszudrücken.

Vokaleinsatz

Der letzte zu erwähnende wichtige Punkt sind die sogenannten Vokalanlaute. Beginnt ein Wort oder eine Silbe mit einem Vokal, so sollte der Einsatz nicht mit dem vorhergehenden Wortauslaut verschliffen werden (habich, machich …). Man beginnt in der Hochlautung immer mit dem neu eingesetzten Vokal: Hab ich! Mach ich!

Das Gleiche gilt für zusammengesetzte Wörter wie: er-obern, er-innern, er-übrigen, ver-einen, ver-enden, ver-äußern, ent-erben, her-eilen.

Allerdings trifft das nicht bei folgenden Wörtern zu: herein, herauf, herunter, herüber, heraus. Auch bei Wörtern, die mit da(r)- und wo(r) beginnen: darüber, darein, worauf, woraus … werden die Vokale nicht neu eingesetzt.

Dies ist grundsätzlich anders als bei den Konsonanten. Hier darf gebunden werden, wo zwei gleiche Laute aufeinanderstoßen. Wenn zum Beispiel im Auslaut des ersten Wortes ein -d steht (und) und das folgende Wort ebenfalls mit d beginnt (du) verbindet man die Laute und es klingt wie ein Wort. Der Akzent ist dabei auf dem zweiten Konsonanten. Beispiele sind: Schaffell, ab Berlin, ich mag Kekse, voll Licht, am Meer, ein Nashorn, als solches, Herr Richter …

Üben kann man den Vokaleinsatz mit dem folgenden Text:

Ulf

Isst Ulf ein Ei,
isst er auch zwei,
und isst Ulf zwei,
isst er auch drei,

und wer Ulf kennt,
der achtet drauf:
Ulf isst am End'
auch alle auf.

Ballgeflüster

»Du bist mein Ein und Alles!«,
entfuhr es ihrem Mann
im Auf und Ab des Balles,
»Erahn es ab und an!«

Um eine gewisse Unabhängigkeit zwischen Vokalen und Konsonanten zu erreichen und somit eine zusätzliche Anforderung an die Variabilität zu stellen, kann man den Text Gaby Popp umwandeln, indem man immer andere Vokale einsetzt, zum Beispiel:

Gobo Popp – Variante von Gabi Popp

Angelehnt an »Drei Chinesen mit dem Kontrabass ...«

Ols Gobo Popp om Coposhop
dom Mopschon Bobbo Hoppchon gob,
do schnoppto Bobbo Gobos Top
ond tobto mot dom Loppon ob.

»Stopp«, rof dor Boss vom Coposhop,
»Fro Popp, wor sond kon Stropporclob!«,
ond Gobo Popp trob om Golopp
nonstop Mops Bobbo dorch don Shop.

»Gob hor dos Top, gob hor dos Top!«,
worf Gobo Bobbo on don Kopp,
»Moch Schloss mot dosom Horrortrop!«
Do schnoppto Bobbo och don Slop!

KIEFERÖFFNUNGSWINKEL – DAS A

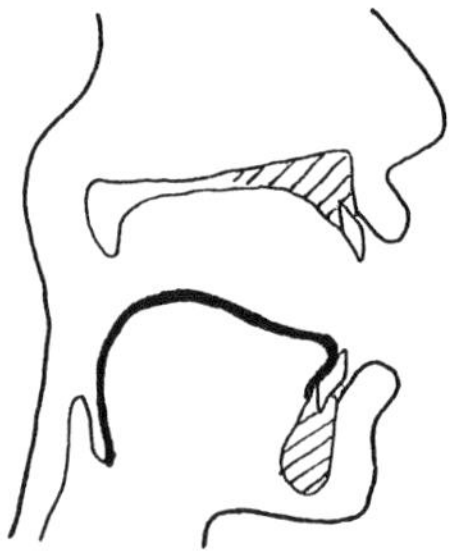

Ausnahmen

A wird lang, geschlossen und gespannt gesprochen obwohl zwei Konsonanten folgen bei: Magd, Jagd, nach, Schmach, das Gemach, artig, Art, zart, Bart, ihr habt gehabt.

Wo und wie wird das A gebildet? Beim A ist der Mund angenehm weit geöffnet. Die Zunge liegt locker im Mundboden und bildet so eine kleine entspannte Kuhle, dabei ist die Zungenspitze in Kontakt mit den unteren Schneidezähnen.

Wie ist der Körperanschluss? Nach Middendorf ist das A die ganze Gestalt einnehmend, den ganzen Körper ausfüllend und entsteht in der Körpermitte (Middendorf 1990, S. 64).

Bilden Sie das A und klopfen Sie dabei den Brustkorb ab.

Vorübungen zu den Stationen D und E

D: Nun verbinden wir verschiedene Konsonanten mit den jeweiligen Vokalen. Die folgenden Verbindungen sind Vorschläge:
lamana – lamana – lamana … lamanama – lamanama – lamanama …
pataka – pataka – pataka … patakata – patakata – patakata …
wabama …/ wabamana …
zapata …/ zapataba …
salana …/ salananda …
karamba …/ karamamba …

E: lámana, lámana, lámana – pátaka, pátaka, pátaka
mit wechselndem Akzent: lamána … patáka, lamaná … pataká
lámanalámanalámanalámana – pátakapátakapátakapátaka

Handel und Wandel

Abends traf Adebar
an der Bar Barbara.
Adebar sah ganz nah
Barbaras schwarzes Haar.

»Oh, là, là! Barbara!«
»Sei mein Schah, Adebar!«
»Sei mein Star, Barbara!«
»Zwölf Dinar, Adebar.«

»Acht Dinar, Barbara.«
»Elf Dinar, Adebar.«
»Neun Dinar, Barbara.«
»Zehn Dinar, Adebar.«

»Das geht klar, Barbara.«
»Aber bar, Adebar!«
»Hab nichts da, Barbara.«
»Alter Narr!«

Retourkutsche

Als Barbaras Papa
Barbara in der Bar sah

und fragte, warum Barbara
in der Bar ohne BH war,

fragte Barbara, warum Papa
in der Bar ohne Mama war.

Hole Aale!

Hallo Ole, hole Aale,
hole Aale von der Mole!
Denn im Priele vor der Mole
suhlen Aale sich im Öle.

Hole Aale, alter Ole,
hole viele, viele Aale,
aber Ole, das Fatale:
Ich bezahle nichts für Aale!

Reportage

Am Ballermann tippte ein Katamaran
beim Wendemanöver ans Küken vom Schwan.
Das filmte per Zufall ein Kameramann,
der zoomte das Küken ganz riesig heran.
Die Nachricht hieß: »Küken rammt Katamaran.«

Der Hasennarr

Der Begriff »Wasen« bezeichnet eine sehr feuchte Wiese oder ein Moor

Es war einmal ein Hasennarr,
schnitt Hasen stets das Nasenhaar.

Sobald er auf dem Rasen war,
war'n Hasen auf dem Wasen rar.

OBERLIPPE HOCHRUND – DAS O

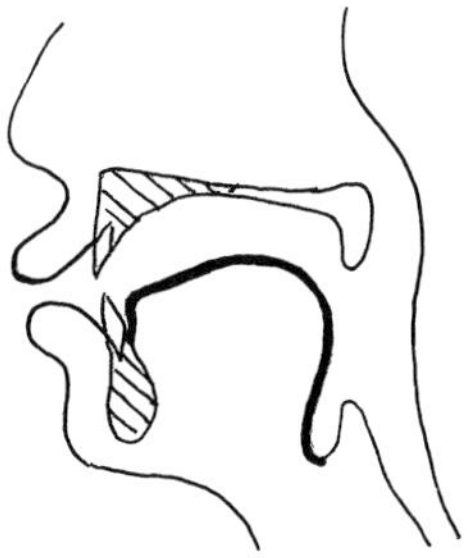

Ausnahmen

O wird lang, geschlossen und gespannt gesprochen, obwohl zwei Konsonanten folgen bei: hoch, Obst, Probst, Trost, Kloster, Ostern, Mond, Montag, Lotse, Vogt, Knoblauch, vor (!). Aber kurz und offen: Lorbeer!
Kurzes, geschlossenes O: Lokomotive, Herzog, Motor

Wo und wie wird das O gebildet? Die Oberlippe ist gespannt und etwas lang gezogen. Dabei wölbt sich der Zungenrücken wenig zum Gaumensegel hin, die Zungenspitze ist in Kontakt mit den unteren Schneidezähnen.

Wie ist der Körperanschluss? Nach Middendorf ist das O in der Mitte des Rumpfs besonders stark spürbar (Middendorf 1990, S. 64).

Wechseln Sie zwischen A und O und klopfen Sie dabei den Brustkorb ab.

Vorübungen zu den Stationen D und E

D: lomono - lomono - lomono …
lamanama – lomonomo – lamanama …
patako – patako – patako … patakato – patakato – patakato …

E: lómono, lómono, lómono – pótoko, pótoko, pótoko mit wechselndem Akzent.
lómonolámanalómonolámana – pótokopátakapótokopátaka

Radwechsel

Wenn Konrad etwas vorhat,
dann mit dem Rennmotorrad.
Fast täglich wächst sein Vorrat
an Werkzeug fürs Motorrad.

Und wer für ihn ein Ohr hat
und einen Schuss Humor hat,
bestaunt, dass sein Motorrad
ein neues Auspuffrohr hat.

Jedoch seit seiner Heirat
hat Konrad einen Beirat,
sodass er kaum noch frei hat.
Heut' schiebt er meist ein Dreirad.

Zeitenwechsel

Wir lebten in der Notzeit
und träumten von der Brotzeit.
Heut gibt es Schwarz- und Weißbrot,
doch leben wir in Zeitnot.

Hiphopper und Popper

Der Hiphopper
liebt Hiphop
und lehnt Pop
und Popper ab.

Der Popper
liebt Pop
und lehnt Hiphop
und Hiphopper ab.

Aber Hiphopper
und Popper
fahrn auf Puppen
mit Pep ab.

Eidgenössische Kooperation

Die Solothurner Turner tarnen
vor Winterthurern, wie sie turnen!
Die Winterthurer Turner tarnen
vor Solothurnern, wie sie turnen!

Sollten nicht Solothurner Turner
vom Winterthurer Turnen lernen,
wenn Winterthurer Soloturner
in Winterthur ihr Solo turnen?

Sollten nicht Winterthurer Turner
vom Solothurner Turnen lernen,
wenn Solothurner Soloturner
in Solothurn ihr Solo turnen, od'r?

OBERLIPPENSPANNUNG – DAS U

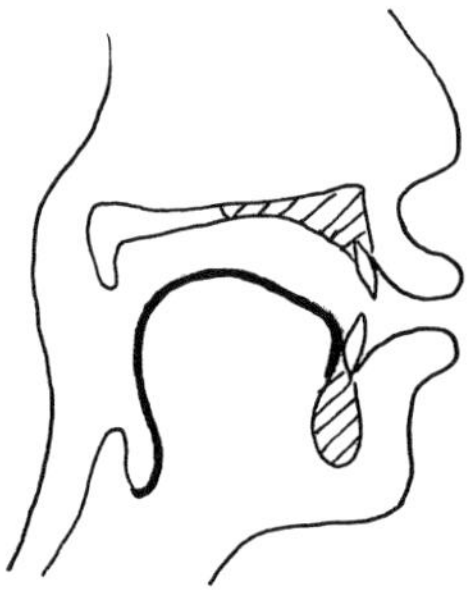

Ausnahmen

U wird lang, geschlossen und gespannt gesprochen, obwohl zwei Konsonanten folgen: suchen, fluchen, Wucher, Wuchs, Geburt, Ursache, Urlaub, Ursprung, husten, pusten, prusten, Wust, Schuster, knutschen …

Wo und wie wird das U gebildet? Die Oberlippe ist wie zu einem lockeren Kuss geformt. Dabei wölbt sich der Zungenrücken wenig zum Gaumensegel hin, die Zungenspitze ist in Kontakt mit den unteren Schneidezähnen.

Wie ist der Körperanschluss? Nach Middendorf wird das U besonders im Beckenbereich stark gespürt (Middendorf 1990, S. 63).

Wechseln Sie zwischen O und U, indem Sie nur auf die Oberlippe achten, klopfen Sie dabei den Brustkorb ab.

Vorübungen zu den Stationen D und E

D.: lumunu – lumunu – lumunu …
lamanama – lomonomo – lumunumu …
pataku – pataku – pataku, patakatu – patakatu – patakatu
pataka-patako-pataku

E: lúmunu … – pútuku … und mit wechselndem Akzent
lúmunulámanalómonolúmunu – pútukupátakapótokopútuku

Der kleine Hund Filou

Der kleine Hund Filou
trat unter eine Kuh.
Ein Fladen platschte, puh!

Der kleine Hund Filou
verschwand in einem Schuh.
Da roch's nach Käse, puh!

Der kleine Hund Filou
hielt endlich Mittagsruh'.
Ein Donner krachte, puh!

Dem kleinen Hund Filou
gab ich ein Stück Ragout.
Seither sind wir per du.

Klassenausflug

Vieh hält Ruh,
Kuh bei Kuh.

Hier ein Muh,
dort ein Muh,

Kälbchen, du,
sag mal Muh!

Vieh hält Ruh,
Kuh bei Kuh.

Die Kuh und das Gnu

Wie übt die Kuh Ski?
Das Gnu zeigt der Kuh, wie.

Ruft das Gnu der Kuh zu:
»Schließ die Schuh', du Vieh!«,
löst die Kuh die Schuh'.

Ruft das Gnu der Kuh zu:
»Schieb die Ski, du Vieh!«,
zieht die Kuh die Ski.

Ruft das Gnu der Kuh zu:
»Bieg die Knie, du Vieh!«,
fliegt die Kuh aufs Knie.

Ruft das Gnu der Kuh zu:
»Gib dir Müh, du Vieh!«,
zuckt die Kuh, guckt die Kuh, spuckt die Kuh –

liegt die Kuh im Schnee.

Knut und Ruth

Rutscht Ruth zu Knut,
ruht Ruths Knut gut,
rutscht Knut zu Ruth,
ruht Knuts Ruth gut,

und knutscht Knut Ruth,
und knutscht Ruth Knut,
tut's Ruths Schnut gut
und Knuts Schnut gut.

Verdächtiges Duzen

Duzt du Dodo,
da dich Dodo duzt,
oder duzt dich Dodo,
da du Dodo duzt?

Ballung dunkler Vokale

Die Glasmarmeln

Glasmarmeln sind Murmeln, und Spinell ist ein seltenes Mineral

Von dunklem Honig trunken
schlummert ein Marmelmond.
In seinem Bauch versunken
ein Volk von Blasen wohnt.

Zwei Eulenaugen schauen:
Ein grünes Brüderpaar
aus Gletschereis gehauen,
so grün und kühl und klar.

Warm glimmt die Purpurkugel,
die Traube von Spinell.
Es wölben bunte Spiegel
sich übers Traumgeröll.

Dämmerung in Griechenland

In heißem Jubel rollte sie zu Tal
und schleuderte ihr Feuer durch die Räume,
hellgrünes Laub durchschlug es tausendmal,
vor Blätterlämpchen brannten alle Bäume.

Die Abendsonne liebte dieses Land,
ließ es aus Strahlenarmen sehnend gleiten,
mit dunklen, samtnen Fingern griff die Hand
der Nacht schon nach den Tälern, Hügeln, Weiten –

herauf zu mir. Getragen schwand die Glut,
um noch in fernen Wolken zu verweilen
und im Verlöschen mit der Schattenflut
und ersten Sternen sich ihr Land zu teilen.

ZUNGENSPANNKRAFT – DAS I

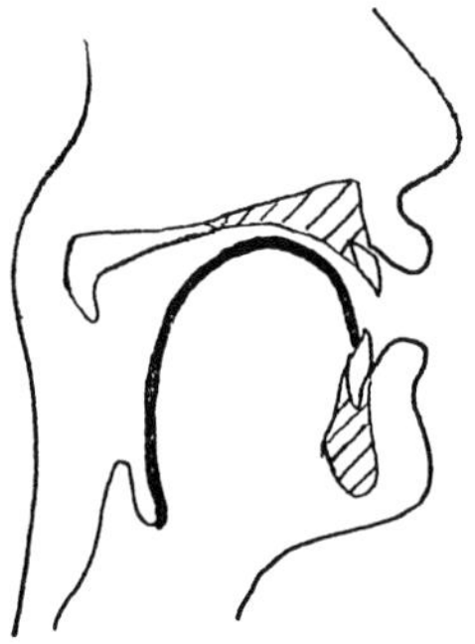

Ausnahmen
I wird lang, geschlossen und gespannt gesprochen, obwohl zwei oder mehr Konsonanten folgen: Nische.
I wird kurz, ungespannt und offen gesprochen, obwohl ein e folgt: Viertel, vierzehn, vierzig.
I wird kurz, gespannt und geschlossen gesprochen: vielleicht.

Achtung! I wird immer I gesprochen, nicht wie in Norddeutschland manchmal Ü (Tüsch statt Tisch, Küache statt Kirche …)

Wo und wie wird das I gebildet? Die Lippen bilden ein minimales entspanntes Lächeln, sind dabei aber sehr locker. Die Zunge wölbt sich vorne gegen die unteren Schneidezähne. Die Zungenspitze ist in Kontakt mit den unteren Schneidezähnen.

Wie ist der Körperanschluss? Nach Middendorf wird das I besonders in den Bereichen Schultergürtel, Kopf und Hals empfunden (Middendorf 1990, S. 64)

Wechseln Sie zwischen I und U, indem Sie abwechselnd auf Zunge und Oberlippe achten, klopfen Sie dabei den Brustkorb ab.

Vorübungen zu den Stationen D und E

D: limini – limini – limini …
lamanama – lomonomo – lumunumu – liminimi …
pataki – pataki – pataki, patakati – patakati – patakati

E: límini … – pítiki … und mit wechselndem Akzent
líminilámanalómonolúmunu – pítikipátakapótokopútuku

Liegewagen

Ob wir uns im Liegewagen
beide auf die Liege wagen?
Würd' uns nicht das vage Liegen
in manch schräge Lage wiegen?

Könnten wir der Liege wegen
uns nicht gar im Wege liegen?
Liegen wir im Liegewagen
wie wir in der Wiege lagen!

Safari

Wer mit dem Ziel
zum Nil fährt,
zu zielen
auf das Nilpferd,

sich auf dem Nil
dem Ziel näh'rt,
und kühl
das Magazin leert,

legt auf Gefühl
nicht viel Wert.

Dichten

»Sag mir, was gehört zum Dichten?«

»Alles sichten und gewichten,
tief Geschichtetes belichten.

Nur berichten, statt zu richten,
keiner Richtung sich verpflichten.

Nie sich nach der Mode richten,
Form und Stil nicht überzüchten.

Ausgerichtet sein am Schlichten,
aber nicht ins Seichte flüchten.

Doch das Wichtigste beim Dichten:
Lausch dem Windhauch durch die Fichten!«

Alibi

Kolibri, Kolibri,
Ali fehlt ein Kilo Brie,
und dir fehlt ein Alibi!

Kolibri, Kolibri,
Lilo fehlt ein Goldetui,
und dir fehlt ein Alibi!

Kolibri, Kolibri,
Lola fehlt das linke Knie,
und dir fehlt ein Alibi!

Kolibri, Kolibri,
frei spricht dich der Richter nie
ohne Alibi.

Wechsel zwischen I und U

Gute Sicht

Sah Susi Lisa
vis-à-vis,
sah Lisa Susi
nah wie nie.

Sah Susi Lisa
nah wie nie,
sah Lisa Susi
vis-à-vis.

Das Küken

Der Kran-ich schloss sein Herz erst zu,
doch mauserte sich zum Kran-du.
Der Kaka-du kam nie zu sich,
doch rang sich durch zum Kaka-ich.

Die beiden wurden Frau und Mann,
ihr Küken war ein Kaka-kran.
Das lebte ohne Du und Ich
im Einklang mit der Welt und sich.

Kleine Seelenkunde

Ein Kaka-du verirrte sich
zutiefst in seinem Kaka-ich.
Ganz ohne Du auf sich gestellt,
verzweifelte er an der Welt.

Kaum sprach sein Weib: »Mein Kaka-du!«
fand er zurück zu Herzensruh.
Ein Enter-ich sah neidisch zu
und sprach: »Wie enter ich das Du?«

ZUNGENBREITE – DAS E

Sonderstatus E!

Das E hat eine Sonderstellung inne, Denn es gibt vier verschiedene E-Laute:
- Das lange, geschlossene, gespannte E: See, Reh, Segen, Leben, Rede …
- Das kurze, offene, ungespannte E: Geld, Feld, fällt (wird gleich gesprochen!)
- Das lange offene, ungespannte Ä: Säge, träge, spät, Mädchen, Fädchen …
- Das Endungs-e, auch »Schwa« genannt, weil es ein »schwacher« Vokal ist: Bitte, Masse, Rosen, Mantel …

Ausnahmen: E wird lang, geschlossen und gespannt gesprochen, obwohl zwei oder mehr Konsonanten folgen: Krebs, nebst, du lebst, stets, beredt, Erde, Pferd, Herd, Schwert, Wert, Herde, werden, erst, zuerst.
E wird kurz, ungespannt und offen gesprochen: weg! (aber der Weg), es, des (aber: er, der, wer); Achtung: Rebhuhn!
E wird kurz, gespannt und geschlossen gesprochen: Benediktiner …

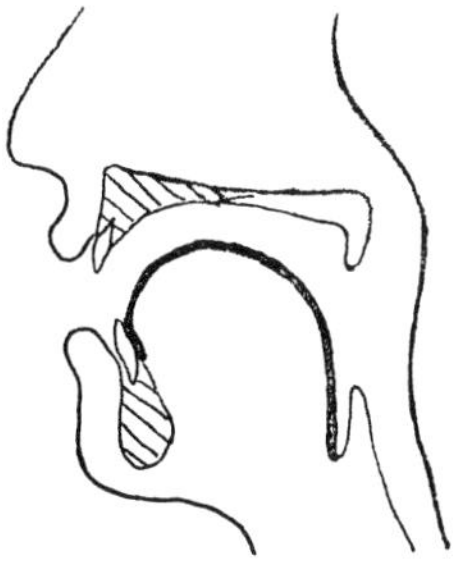

Wo und wie wird das E gebildet? Die Lippen sind entspannt. Der Kieferöffnungswinkel ist etwas weiter als beim I. Die Zunge wölbt sich vorne etwas gegen die unteren Schneidezähne, aber weniger als beim I. Die Zungenspitze ist in Kontakt mit den unteren Schneidezähnen.

Wie ist der Körperanschluss? Nach Middendorf wird das E besonders im Bereich der Flanken und der Achselhöhlen wahrgenommen (Middendorf 1990, S. 63).

Wechseln Sie zwischen I und E, indem Sie auf den Kieferöffnungswinkel achten, und klopfen Sie dabei den Brustkorb ab.

Vorübungen zu den Stationen D und E

D: lemene – lemene – lemene …
lemeneme – lamanama – lomonomo – lumunumu – liminimi …
patake – patake – patake, patakate – patakate – patakate

E: lémene … – péteke … und mit wechselndem Akzent.
lémenelámanalómonolúmunu – pétekepátakapótokopútuku

Zuhören

Wenn die Hörer fairer wären,
würden sie sich nicht beschweren,
sondern ihren Lehrer ehren
und auf seine Lehren hören.

Würden Hörer ernsthaft hören,
statt den Lehrer sehr zu stören,
könnten sie sich kaum erklären,
wie gelehrt sie plötzlich wären.

Das Mädchen und der Wegerich

Ich beugte mich
zum Wegerich.
Da merkte ich:
Sein Staub entwich.

Der Wegerich
bestäubte mich,
als wäre ich
ein Wegerich,

und mich beschlich
die Freud', dass ich
dem Wegerich
ein wenig glich.

KLUG KOMBINIERT – DAS Ä

Ausnahmen

Ä wird lang, offen und ungespannt gesprochen: nämlich und dämlich, zärtlich, Bärte, Gebärde, Grätsche, hätscheln und tätscheln, gemächlich, Rätsel, Städte, aber kurz: Stätte.

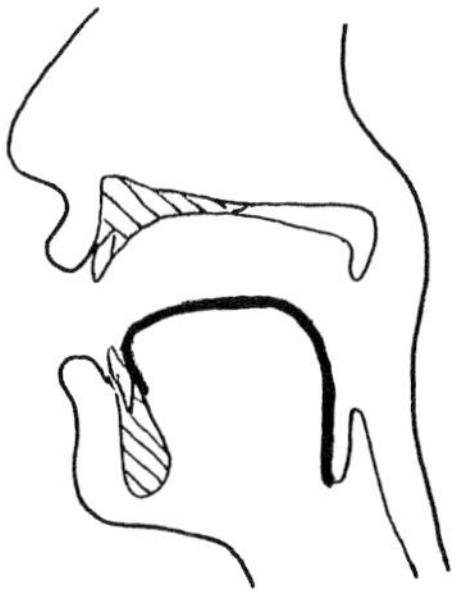

Wo und wie wird das Ä gebildet? Das Ä liegt zwischen E und A. Bildet man das E und lässt die Zunge etwas locker, öffnet auch den Unterkiefer etwas weiter, so entsteht das Ä. Die Zungenspitze ist in Kontakt mit den unteren Schneidezähnen. Bitte nicht die Lippen in die Breite ziehen!

Wie ist der Körperanschluss? Nach Middendorf füllt das Ä den Rumpf (Middendorf 1990, S. 65).

Wechseln Sie zwischen E, Ä und A, indem Sie auf den Kieferöffnungswinkel und auf die vom E ausgehend immer lockerer werdende Zunge achten. Klopfen Sie dabei den Brustkorb ab.

Vorübungen zu den Stationen D und E

D: lemene – lämänä – lamana …
lemeneme – lämänämä – lamanama …
patakä – patakä – patakä, patakatä – patakatä – patakatä

E: lämänä … – pätäkä … und mit wechselndem Akzent.
lémenelámanalämänä – pétekepátakapätäkä

Die dänische Frage

Auf bequemen
Lehnen gähnen
träge Dänen.
Können Dänen
sich das Gähnen
abgewöhnen?

Müssen Dänen
sich nicht schämen,
so zu gähnen,
dass die Sehnen
sich beim Gähnen
überdehnen?

Liegt das Gähnen
bei den Dänen
an den Zähnen?
Nein! Bei denen
steckt das Gähnen
in den Genen.

DER »SCHWA« – DAS ENDUNGS-E

Ausnahme Endungs-e

Das Endungs-e ist kein vollstimmiger Vokal, sondern schwach, auch »Schwa« genannt. Es wird gesprochen:

- im Auslaut: Gabe, Liebe, Name, Bluse, Rose, Düse …
- in den unbetonten Vorsilben be- und ge-: bedienen, beraten, gelingen …

Bei den Endungen -en und -em hängt es von vorherigen Lauten ab. Nach Vokalen (säen, hauen), nach den nasalen Klingern M, N, NG (kommen, Wonnen, meinen, singen), nach L und R (rollen, Willen, Herren, Wirren) sollte die Endung schwachtonig gesprochen werden. Es darf beim Endungs-E allerdings kein Ä entstehen, das wäre überartikuliert. Es ist eher, als würde man von einem Konsonanten zum anderen springen.
Die Endung -el wird zu: Übl, Priml, Mantl, das schwachtonige -e wird nur gesprochen, wenn ein Vokal vorausgeht (Knäuel).
Die Endung -er verbindet das schwache -e mit dem vernachlässigten R und wird vokalisiert (Vater, Mutter, Kinder). Hierbei dürfen die Lippen nicht, wie in einigen Dialekten, in die Breite gezogen werden! Orientieren Sie sich eher am A, wobei der Zungenrücken leicht nach oben gewölbt wird, wie zum Zäpfchen-R (vgl Fiukowski 2004, S. 392).

Wie wird dieser schwachtonige Laut gebildet? Indem man einfach locker lässt! Den Kiefer öffnet nach unten, zum A hin. Man kann sich auch ein sehr schwaches Ö oder ein kaum artikuliertes I vorstellen.

Versuchen Sie bei den folgenden Texten den Konsonanten vor der Endung gut zu artikulieren, dann entsteht der Laut wie von selbst.

Fabel: Der Hase und der Igel

Der Hase und der Igel, die schlossen eine Wett',
wer schneller wohl könnt' laufen und wer mehr Puste hätt'.
Am nächsten Morgen frühe, da sollt' der Wettlauf sein,
vorm Tor von Buxtehude, wohl über Stock und Stein.
Der Has' sprang aus dem Startloch und stürzte blindlings los,
er rannte wie ums Leben, in Sätzen riesengroß.

Durch Klee und Kartoffeln
mit flinken Pantoffeln,
durch Kohl und Karotten
mit fliegenden Zotten,
durch Rüben und Roggen
mit sausenden Socken,
durch Felder und Koppeln
und Dornen und Stoppeln,
ein Laufen und Wetzen,
ein Schnaufen und Hetzen
und immer nicht eilig genug.

Am Ziele angekommen, wischt' er sich Aug' und Ohr:
Da saß doch schon der Igel und grunzt': »Ick bün all dor!«
Nur Stacheln sah der Hase, nur Stacheln grau in grau.
Dabei ist ihm entgangen: Das war des Igels Frau!
Der Hase keuchte wütend: »Du hattest diesmal Glück!
Nun bleibt dir keine Chance. Auf geht's, die Bahn zurück!«

Durch Dornen und Stoppeln
und Felder und Koppeln,
mit sausenden Socken
durch Rüben und Roggen,
mit fliegenden Zotten
durch Kohl und Karotten,
mit flinken Pantoffeln
durch Klee und Kartoffeln,
ein Laufen und Wetzen,
ein Schnaufen und Hetzen
und immer nicht eilig genug.

Am Ziel erschrak der Hase und wischt' sich Aug' und Ohr:
Da saß doch schon der Igel und grunzt': »Ick bün all dor!«
Nur Stacheln sah der Hase, die blickt' er ratlos an,
dabei ist ihm entgangen: Das war der Igelmann!
Der Has' konnt' nicht ertragen, dass man ihn überbot.
Er lief noch viele Male und hetzte sich zu Tod!

Durch Klee und Kartoffeln
mit flinken Pantoffeln,
durch Kohl und Karotten
mit fliegenden Zotten,
durch Rüben und Roggen
mit sausenden Socken,
durch Felder und Koppeln
und Dornen und Stoppeln,
ein Laufen und Wetzen,
ein Schnaufen und Hetzen,
zurück durch die Stoppeln
und Felder und Koppeln,
mit sausenden Socken
durch Rüben und Roggen,
mit fliegenden Zotten
durch Kohl und Karotten,
mit flinken Pantoffeln
durch Klee und Kartoffeln,
ein Laufen und Wetzen,
ein Schnaufen und Hetzen …
Pardauz! Jetzt hatt' er genug!

Die Igel aber lachten, gestreckt ins Sonnenbad:
»So geht's halt, wenn es einer nur in den Beinen hat.
Wer sich aufs kühle Köpfchen und heißen Tee versteht,
der weiß, wie er zum Ziele auf kurzem Wege geht!«

Alle auf dieser Seite genannten Orte sind auf der Landkarte zu finden.

Sittensener Sitten

Sittensen ist unbestritten
eine Hochburg guter Sitten.
Aber hört, wie Hottentotten
unser Sittensen verspotten:

»Lümmeln sich nicht all die fetten
Sittensener in den Betten?
Flattern nicht aus den kaputten
Sittensener Matten Motten?

Trotten da nicht Ratten mitten
durch die Sittensener Hütten?
Ja, verrotten nicht die Quitten
in den Sittensener Pötten?«

Viele Sittensener litten
unterm Spott der Hottentotten.
Doch wer soll die Menschheit retten,
wenn nicht Sittensener Sitten?

Übungssache

Üben Sindelfinger Ringer
ihre Ringerfinger länger
als die Überlinger Ringer,

bleiben Sindelfinger Ringer
länger als die Überlinger
in der Ringer-Oberliga.

Flinker als die Überlinger
und die Sindelfinger Ringer
ringen nur die Wolpertinger.

Das Ottensener Rennen

Wenn beim Ottensener Rennen
um den Ottensener Brunnen
all die Ottensenerinnen
auf der Innenbahn beginnen,

können andre Sprinterinnen
wie die Sittensenerinnen,
oder Vögelsenerinnen
oder Putensenerinnen

auch, wenn sie schon ganz von Sinnen
mit den Ottensenerinnen
Runden um den Brunnen rennen,
dieses Rennen nie gewinnen!

KLUG KOMBINIERT – DAS Ö

Ausnahmen

Ö wird lang, geschlossen und gespannt gesprochen, obwohl zwei Konsonanten folgen: höchst, Gehöft (von Hof), Vögte (von Vogt), Österreich, Behörde (von hören), trösten, rösten.

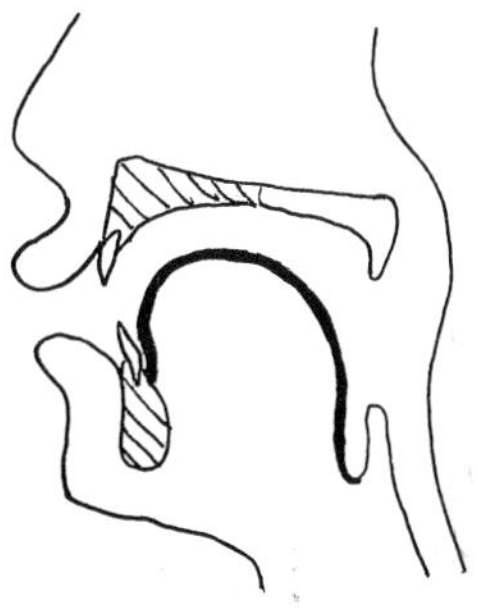

Wo und wie wird das Ö gebildet? Bildet man das O und bringt die Zunge in die E-Position, so entsteht das Ö. Die Zungenspitze ist in Kontakt mit den unteren Schneidezähnen.

Wie ist der Körperanschluss? Nach Middendorf beginnt das Ö im O-Raum, öffnet sich dann aber nach oben hin (Middendorf 1990, S. 65).

Wechseln Sie zwischen O, Ö und E, indem Sie auf Oberlippe und Zunge achten, klopfen Sie dabei den Brustkorb ab.

Vorübungen zu den Stationen D und E

D: lomono – lömönö – lemene …
lemeneme – lömönömö – lomonomo …
patakö – patakö – patakö, patakatö – patakatö – patakatö

E: lömönö … – pötökö … und mit wechselndem Akzent.
lémenelómonolömönö – pétekepótokopötökö

Die Beete von Goethe

Als Goethe die Kröte erspähte,
die tödlich Tomaten bedrohte,
die Goethe im Beete einst säte,

gebot der Beredte der Kröte,
voll Güte, dass sie ohne Nöte
die Beete nie wieder beträte.

Lurchlyrik

Im Röhricht
hör' ich Chöre röhren
mit Lyrikspuren,
die mich rühren,
und meine Ohren
Hören lehren.

Das Schöne

Beim Christsein ist das Schöne,
dass ich mich oft versöhne.
Doch ist es auch nicht schlechter,
wenn ich mich oft vertöchter'.

KLUG KOMBINIERT – DAS Ü

Ausnahmen

Ü wird lang, geschlossen und gespannt gesprochen, obwohl zwei Konsonanten folgen: Rüsche, Wüste, hüsteln, düster, Nüstern.
Achtung! Y ist Ü! Mystik, Mythos, mysteriös, Syrien, Mykonos, Asyl, Pyramide, Labyrinth, lynchen, Tyrann, Psyche, Psychologe, Psychiater …

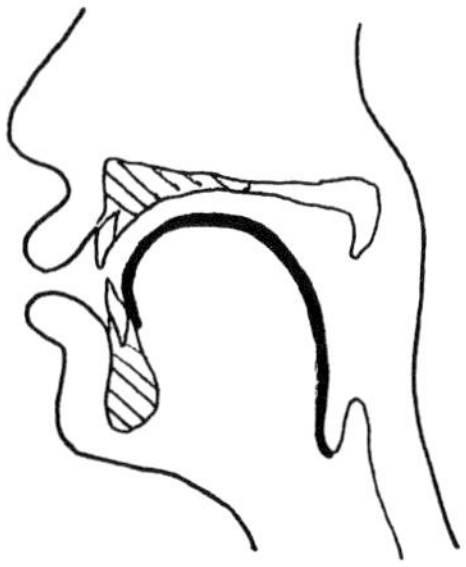

Wo und wie wird das Ü gebildet? Bildet man das U und bringt die Zunge in die I-Position, so entsteht das Ü. Die Zungenspitze ist in Kontakt mit den unteren Schneidezähnen.

Wie ist der Körperanschluss? Nach Middendorf berührt das Ü die Wirbelsäule und schwingt hinab bis in die Füße (Middendorf 1990, S. 65).

Wechseln Sie zwischen U, Ü und I, indem Sie auf Oberlippe und Zunge achten, klopfen Sie dabei den Brustkorb ab.

Vorübungen zu den Stationen D und E

D: lumunu – lümünü – limini …
Lumunumu – lümünümü – liminimi …
patakü - patakü – patakü, patakatü – patakatü – patakatü

E: lümünü … – pütükü … und mit wechselndem Akzent.
líminilúmunulümümü – pítikipútukupütükü

Propaganda

In dem Lichte
griechischer Berichte
über türkische Geschichte
ist der Türke

nur ein Schurke

wie der Grieche
in dem Lichte
türkischer Berichte
über griechische Geschichte.

Auf der Lügenliege

Wenn ich auf der Psycholiege
eines Psychologen läge
und der Psychologe löge,

meine Psycholage trage
Züge einer Psycholüge,
die sich auf die Psyche lege,

stieg' ich von der Psycholiege,
denn statt meiner Psyche löge
nur der Pseudo-Psychologe.

An meinen Bleistift

Wenn ich dich zücke
im Augenblick,
sei meine Krücke
im Missgeschick
und meine Brücke
zum kleinen Glück!

Fliegender Wechsel zwischen Vokalen

Eifersucht

Gäbe Gabi Tobi Liebe,
gäbe Bubi Gabi Hiebe.
Gäbe Gabi Bubi Liebe,
gäbe Tobi Gabi Hiebe.

Bliebe Gabi nah bei Robi,
gäbe Robi Gabi Liebe,
aber Bubi sowie Tobi
grobe Hiebe vor die Rübe.

© René Menges

Als Sport erweckt Sprechen Begeisterung. An den Sprechsport-Meisterschaften für norddeutsche Schulen, die im Hamburger Christianeum ausgetragen wurden, beteiligten sich Teams von 23 Schulen aus fünf Bundesländern.

FLIEGENDER WECHSEL – DAS EI

Wo und wie wird das Ei gebildet? Man bildet ein offenes kurzes A, die Zunge verändert ihre Position und bildet das E, allerdings nur kurz. Der Akzent liegt auf dem ersten Vokal. Die Zungenspitze bleibt in Kontakt mit den unteren Schneidezähnen.

Wechseln Sie zwischen A und E, indem Sie auf die Zunge achten, klopfen Sie dabei den Brustkorb ab.

Vorübungen zu den Stationen D und E

D: lamanae – lamanae – lamanae …
lamanamae – lamanamae – lamanamae …
patakae – patakae – patakae, patakatae – patakatae – patakatae

E: lámanae … – pátakae … und mit wechselndem Akzent lámanaelámanaelámanae – pátakaepátakaepátakae
Wechseln Sie ab zwischen den Silben und einem Text.

Die bayerischen Farben

Blau-weiß liebt's der Bayer
bei der Heimatfeier:
Wird dem Bayern heißer,
schäumt sein Bier noch weißer
und er wird auf Dauer
dadurch selbst noch blauer.

Amtshandlung

Die Polizei von Paraguay
ergreift den kleinen Papagei
und schreibt in die Kartei, er sei
verbotnerweise nackedei.

Kaum kreischt der kleine Papagei,
er hätt' sein Federkleid dabei,
bescheinigt ihm die Polizei,
in dem Kleid sei er jugendfrei.

Der lachende General

Ich kenne einen General,
der lacht bei Witzen stets dreimal:

einmal, wenn man den Witz erzählt,
dann klingt sein Lachen noch gequält,

einmal, wenn man den Witz erklärt,
dann klingt sein Lachen unbeschwert,

einmal, wenn er den Witz begreift,
dann klingt sein Lachen ausgreift.

Doch wird was Ernstes vorgebracht,
dann lacht er, dass die Schwarte kracht.

So stellt der General sich dumm,
täuscht jeden Feind und lacht sich krumm.

Er ist es, der bei jeder Schlacht
– grob unterschätzt – als Letzter lacht.

Der Peitschenkreisel

Hei, wie sich im Farbenschmerz
der gepeitschte Kreisel windet,
seine Zehe bodenwärts
steif gerichtet! Wie es zündet,
wenn die Peitschenschnur ihn beißt
und, bevor er Ruhe findet,
wieder in den Wirbel reißt.

FLIEGENDER WECHSEL – DAS AU

Wo und wie wird das Au gebildet? Man bildet ein offenes kurzes A, die Lippen verändern ihre Position und bilden ein offenes O. Der Akzent liegt auf dem ersten Vokal. Die Zungenspitze bleibt in Kontakt mit den unteren Schneidezähnen.

Wechseln Sie zwischen A und O, indem Sie auf die Oberlippe achten, klopfen Sie dabei den Brustkorb ab.

Vorübungen zu den Stationen D und E

D: lamanao – lamanao – lamanao …
lamanamao – lamanamao – lamanamao …
patakao – patakao – patakao, patakatao – patakatao – patakatao

E: lámanao … – pátakao … und mit wechselndem Akzent.
lámanaolámanaolámanao – pátakaopátakaopátakao
Wechseln Sie ab zwischen den Silben und einem Text.

Mittagsruhe

Du liegst müd da,
dein Vieh ruht nah,
ruht Kuh bei Kuh,
Pan raunt dir zu:

Schau auf zum Blau,
lausch auf die Saat,
tief aus dem Mohn
ein Traum dir naht.

Der Pfau

Kaum trägt der Pfau in grün und blau
sein aufgespreiztes Rad zur Schau,
bestaunt ihn jede Pfauenfrau.
Der Maulwurf taucht aus seinem Bau
und raunt aus off'nem Munde: »Wow!«

Rauchvergiftung

Musst du rauchen,
musst du schmauchen,
unverbrauchte
Luft verbrauchen
und mir Rauch
ins Auge hauchen?

Krauche ich
in deinem Rauche,
raucht's vor Wut
in meinem Bauche!

Du verlachst
mein Wortgefauche?
Wart, ich stauch dich
in die Jauche!

Gewissensfrage

Der Tausendsassa unsrer Zeit
tritt Tausendfüßler achtlos breit.
Kannst du ein Tausendherzler sein,
dich auch am kleinsten Tier erfreun?

Die erste Stimme

Kaum vernehm' ich deinen Laut,
der aus Silberzwirn gedreht,
noch bevor der Morgen graut
aus dem Wald herüberweht.

Bist noch nicht ganz aufgewacht,
Vöglein, doch ich hör' dich schon,
noch getaucht in Traumesnacht
tastest du nach deinem Ton,

so wie wenn am Schöpfungstag
vor dem Wort »Es werde Licht«,
das, was tief im Dunkel lag,
leis' schon mit sich selber spricht.

FLIEGENDER WECHSEL – DAS EU

Wo und wie wird das Eu (äu) gebildet? Man bildet ein offenes kurzes O, die Lippen verändern ihre Position kaum, aber die Zunge geht in die E-Position. Es ist eine Mischform zwischen E und Ö. Der Akzent liegt auf dem ersten Vokal. Die Zungenspitze bleibt in Kontakt mit den unteren Schneidezähnen.

Wechseln Sie zwischen O und E, indem Sie auf Oberlippe und Zunge achten, klopfen Sie dabei den Brustkorb ab.

Vorübungen zu den Stationen D und E

D: lamanoe – lamanoe – lamanoe …
lamanamoe – lamanamoe – lamanamoe …
patakoe – patakoe – patakoe, patakatoe – patakatoe – patakatoe

E: lamanoe … – patakoe … und mit wechselndem Akzent.
lómonoelómonoelómonoe – pótokoepótokoepótokoe

Neufundland

Als man in Neufundland
einen neuen Hund fand,
den man nach Neufundland
den Neufundlandhund nannt',
nannte man Neufundland
schlicht Neufundlandhundland.

Eulenfreuden

Eulenmännchen, du musst heulen,
um dein Weibchen anzupeilen!
Lasst mich eure Freude teilen,
wenn neun kleine Eulen heulen!

LITERATURVERZEICHNIS

Aderhold, Egon (1998): Sprecherziehung des Schauspielers. 5. Auflage, Berlin: Henschel.

Aderhold, Egon/Wolf, Edith (1989): Sprecherzieherisches Übungsbuch. Berlin: Henschel.

Bauer, Joachim (2008): Warum ich fühle, was du fühlst. 11. Auflage, München; Heyne.

Blech, Jörg (2007): Heilen durch Bewegung. Frankfurt am Main: Fischer.

Brügger, Alois (1987): Gesunde Körperhaltung im Alltag. Zürich: Brügger.

Caspary, Ralf (2008): Lernen und Gehirn. 5. Auflage, Freiburg, Basel, Wien: Herder.

Coblenzer, Horst/Muhar, Franz (2003): Atem und Stimme. 19. Auflage, Wien: Österreichischer Bundesverlag.

Czermak, Barbara (2/2005): Lachen heißt die Lösung. In: »Focus-Schule«, S. 11–18.

Drach, Erich (1953): Sprecherziehung. 12. Auflage, Frankfurt am Main, Berlin, Bonn: Moritz Diesterweg.

Eckert, Hartwig (2/2010): Aufsatz zu Sprechwissenschaft, Sprecherziehung und Persönlichkeitsentwicklung, Newsletter der Deutschen Gesellschaft für Sprechwissenschaft und Sprecherziehung e.V.

Ernst, Stefanie (1998): Phänomen Haltung. In: »Haltung und Bewegung 18«, S. 5–16.

Feldenkrais, Moshe (1992): Körperausdruck. 2. Auflage, München: Bibliothek der Feldenkrais-Gilde e.V.

Feldenkrais, Moshe (1990): Die Wiederherstellung der Leistungsfähigkeit. München, Bad Salzuflen: Bibliothek der Feldenkrais-Gilde Nr. 3.

Feynman, Richard (2002): Sechs physikalische Fingerübungen. München: Piper.

Fiukowski, Heinz (2004): Sprecherzieherisches Elementarbuch. Tübingen: Niemeyer.

Friedmann, Elly D. (1993): Laban, Alexander, Feldenkrais – Pioniere bewusster Wahrnehmung durch Bewegungserfahrung. Paderborn: Junfermann.

Gallwey, Timothy/Kriegel, Bob (1977): Besser Ski fahren durch Inner-Training. München: Mosaik.

Geese, Rolf/Hillebrecht, Martin (1995): Schnelligkeitstraining. Aachen: Meyer & Meyer.

Geißler, Dürthen (1993): Atem holen. Stuttgart: Georg Thieme.

Gelb, Michael (1986): Körperdynamik. Frankfurt am Main, Berlin: Ullstein.

Grosser, Manfred/Starischka, Stephan/Zimmermann, Elke (2008): Das neue Konditionstraining. München: BLV.

Gutenberg, Norbert/Pietzsch, Thomas (2/2003): Keine Stimme, kein Unterricht. Pilotstudie zur Lehrerstimme. Campus-Ausgabe der Universität des Saarlands.

Gutzeit, Sabine/Neubauer, Anna (2010): Auf Ihre Stimme kommt es an! Weinheim und Basel: Beltz.

Hammann, Claudia (2/2000): Stimmausbildung an Universitäten – Verschenktes Geld? In: »Die Sprachheilarbeit« Jg. 45 (1), S. 29–33.

Hannaford, Carla (1996): Bewegung, das Tor zum Lernen. Kirchzarten: VAK.

Herrmann, Christoph/Fiebach, Christian (2005): Gehirn und Sprache. 2. Auflage, Frankfurt am Main: Fischer.

Hüther, Gerald (2006): Die Macht der inneren Bilder. 3. Auflage. Göttingen: Vandenhoeck & Ruprecht.

Hyams, Joe (1979): Der Weg der leeren Hand. Darmstadt: Schirner.

Jäger, Ludwig (3/2006): Ohne Sprache undenkbar. In: »Gehirn und Geist«, S.8–15.

Jannedy, Stefanie/Fuchs, Susanne/Weirich, Melanie (2010): Articulation beyond the usual: Evaluating the fastest German speaker under laboratory conditions. In: Fuchs, Susanne/Hoole, Philipp/Mooshammer, Christine/Zygis, Marzena (Hrsg.): Between the regular and the particular in speech and language. Frankfurt am Main: Peter Lang, S. 205–234.

Kahle-Steinweh, Ulrike (7/2009): Jeder Chor begründet eine Welt. In: »Theater heute«, S. 12–13.

Kia, Romeo Alavi (1992): Stimme, Spiegel meines Selbst. Braunschweig: Aurum.

Klawitter, Klaus/Minnich, Herbert (1991): Sprechen. In: »Schauspielen – Handbuch der Schauspieler-Ausbildung«, S. 257–273, Hrsg. Ebert, Gerhard/Penka, Rudolf. 3. Auflage, Berlin: Henschel.

Krech, Eva-Maria/Kurka, Eduard/Stelzig, Helmut/Stock, Eberhard/Stötzer, Ursula/Teske, Rudi (1974/2009): Wörterbuch der Deutschen Aussprache, (4. Auflage) Leipzig: VEB Bibliographisches Inistitut.

Kuhn, Katja/Nüsser, Stephan/Platen, Petra/Vafa, Ramin (2004): Richtig Ausdauertraining. München/Wien/Zürich: blv.

Lang, Rudolf E. (2004): Warum Tränen salzig schmecken. München: Beck.

Lemke, Sigrun (2006): Die Funktionskreise Respiration, Phonation, Artikulation – Auffälligkeiten bei Lehramtstudierenden. In: »Sprache, Stimme, Gehör« 30, S. 24–28.

Linklater, Kristin (1997): Die persönliche Stimme entwickeln. München: Ernst Reinhardt.

Mangold, Max (1990/2006): Duden Nr. 6. Das Aussprachewörterbuch. 3. Auflage, Mannheim, Leipzig, Wien, Zürich: Dudenverlag. Die 6. Auflage (2006) ist die aktuellste Ausgabe.

Meyners, Eckart (1996): Bewegungsgefühl – das innere Auge des Reiters. Düsseldorf: Walter Rau.

Meyners, Eckart (2008): Aufwärmprogramm für Reiter. Stuttgart: Kosmos.

Meyners, Eckart (2009): Übungsprogramm im Sattel. Stuttgart: Kosmos.

Middendorf, Ilse (1990): Der erfahrbare Atem. Paderborn: Junfermann.

Moriabadi, Uschi (2005): Pilates. München: blv.

Müller-Wohlfahrt, H.-W./Schmidtlein, Oliver (2007): Besser trainieren. München: Zabert Sandmann.

Neuber, Baldur (1999): Sprechwissenschaft und Sprecherziehung in der Lehrerbildung der ehemaligen DDR. Frankfurt am Main: Peter Lang.

Nienkerke-Springer, Anke (1997): Zur Prävention von Stimmstörungen – oder: Ist es Luxus, eine gesunde Stimme zu haben? In: »Die Sprachheilarbeit«, Jg. 42, S. 209–220.

Ockel, Eberhard (2000): Vorlesen als Aufgabe und Gegenstand des Deutschunterrichts. Hohengehren: Schneider.

Pietsch, Gunnar (2008): Pointiert sprechen wie ein Kabarettist. Saarbrücken: VDM Dr. Müller.

Quadflieg, Will (1976): Wir spielen immer. Frankfurt am Main: Fischer.

Robinson, Sir Ken (2009): The Element – How finding your passion changes everything. New York: Penguin Books.

http://www.ted.com/talks/ken_robinson_says_schools_kill_creativity.html

Röthig, Peter u. a. (Hrsg.) (1992): Sportwissenschaftliches Lexikon: 6. Auflage, Schorndorf: Hofmann.

Ruge, Nina/Dekkers, Horst (2007): Das Geheimnis eines gesunden Rückens. Berlin: Ullstein.

Saatweber, Margarete (1990): Einführung in die Arbeitsweise Schlaffhorst-Andersen. Bad Nenndorf: Schule Schlaffhorst-Andersen.

Schulz von Thun, Friedemann (2000): Miteinander reden: Kommunikationspsychologie für Führungskräfte. Reinbek: Rowohlt.

Schulz von Thun, Friedemann (2004): Klarkommen mit sich selbst und anderen. Reinbek: Rowohlt.

Schwandner, Markus (3.3.2009): Ein Lehrer ohne Stimme ist wie ein Maurer ohne Kelle. Köln: WDR.

Selye, Hans (1988): Stress. 2. Auflage, München/Zürich: Serie Piper.

Siebs, Theodor (1969): Deutsche Aussprache. Reine und gemäßigte Hochlautung mit Aussprachewörterbuch. Hrsg. Boor, Helmut de/Mooser, Hugo/Winkler, Christian. 19. Auflage, Berlin: Walter de Gruyter.

Stevens, Chris (1989): Alexander-Technik. Basel: Sphinx.

Stolze, Cornelia (5/2006): Einatmen (und dabei ganz locker in den Schultern bleiben) und ausatmen (schön tief aus dem Bauch heraus). In: »Stern – Gesund Leben«.

Stroh, Wilfried (2009): Die Macht der Rede. Berlin: Ullstein.

Thienes, Gerd (2000): Beweglichkeitstraining. München: blv.

Traufetter, Gerald (21.10.2002): Stimmen aus der Steinzeit. In: »Spiegel« Nr. 43, S. 218–222.

Wachsmuth, Ipke (3/2006): Ohne Worte. In: »Gehirn und Geist«, S. 54–61.

Waldersee, Niels Graf von (2008): Ach ich fühl's – Gewalt und die hohe Stimme. Berlin: Kulturverlag Kadmos.

Wangner, Hans Jörg/Groß, Friederike (2005): Feine Teile. Stuttgart: Trias.

Watzlawik, Paul (1983): Anleitung zum Unglücklichsein. München: Piper.

Weidner, Jens (2005): Die Peperoni-Strategie. Frankfurt am Main, New York: Campus.

Wildman, Frank (1995): Feldenkrais – Übungen für jeden Tag. Frankfurt am Main: Fischer.

Winter, Elisa: Schweigende Schildkröten. Förderprinzipien hinsichtlich des selektiven Mutismus, aufgezeigt an einer exemplarischen Therapiestunde. In L.O.G.O.S INTERDISZIPLINÄR, Jg. 15, 2/2007.

Winter, Georg (2007): Zungenbrecher. München: Goldmann.

Wolf, Brigitte (12/2001): Damit der Schnauf nicht ausgeht. In: »Fit for Life«, S. 64–66.

Zimmer, Dieter E (2008): So kommt der Mensch zur Sprache. München: Heyne.

Zimmer, Renate/Vahle, Frederik (2005): Kinder – Körper – Sprache. 2. Auflage, Freiburg i. Br.: Herder.

Weitere Anregungen findet man unter anderem bei:

Balser-Eberle, Vera (2002): Sprechtechnisches Übungsbuch. 28. Auflage, Wien: öbv & hpt.

Bernhard, Barbara Maria (2002): Sprechtraining. Wien: öbv & hpt.

Drach, Erich (1953): Sprecherziehung. Frankfurt am Main, Berlin, Bonn: Moritz Diesterweg.

Pabst-Weinschenk, Marita (1995): Reden im Studium. Berlin: Cornelsen.

Preu, Otto/Stötzer, Ursula (1989): Sprecherziehung für Studenten pädagogischer Berufe. Berlin: Volk und Wissen.

Weitere Zungenbrecher-Gedichte:

Winter, Georg (2007): Zungenbrecher. München: Goldmann. Eine Reihe der dort veröffentlichten Zungenbrecher-Gedichte findet sich auch in dem vorliegenden Buch »Sprechsport«.

Hörbeispiele zum Schnellsprechen im Sprechsport auf CD:

Winter, Georg (2006): Zungenbrecher – Brich dir die Zunge und nicht das Herz. Random House Audio.